KB102089

그리스인
이야기 I

ギリシア人の物語 I 民主政のはじまり
GIRISHIAJIN NO MONOGATARI I MINSHUSEI NO HAJIMARI
Copyright ⓒ Nanami Shiono 2015
All rights reserved.
Korean translation rights arranged with SHINCHOSHA Publishing
Co., Ltd. Tokyo through Japan UNI Agency, Inc., Tokyo and Korea
Copyright Center, Inc., Seoul

민주주의가 태동하는 순간의 산고 産苦

그리스인 이야기 I

시오노 나나미

이경덕 옮김

살림

독자에게 보내는 편지

먼저 지금 시점에서 왜 그리스인의 역사를 쓸 생각을 했는가 하는 물음에 대답하려고 한다. 이유는 두 가지다.

그동안 내 작품에서 고대 그리스인을 너무 소홀하게 다룬 것이 아닌가 하고 생각하기 시작한 것이 첫 번째 이유다.

훗날 뿌리를 내린 그리스도교와 함께 서양 문명의 두 축 가운데 하나가 '그리스·로마 시대'라고도 불리는 그리스·로마 문명인 것은 모르는 사람이 없다.

그중 로마에 관해서는 책 15권에 이르는 글을 이미 마쳤다. 그런데 그리스의 경우에는 『로마인 이야기』 첫 권에, 단행본으로 치면 270쪽 가운데 52쪽 정도만 다루는 데 그쳤다. 그 부분은 로마 쪽에서 본 그리스에 관한 글인데 그 후 그들 간에 관계가 이어졌다면 계속 글을 썼을 것이다. 하지만 기원전 453년 로마의 원로원 의원 세 명이 전성기를 맞이한 그리스를 시찰한 이후 그리스와 로마 사이에 관계라고 할 만한 가치가 있는 것이 별로 없는 상태로 2세기가 지나가고 말았다. 그리스와 로마는 지리적으로 매우 가까웠는데, 이들 사이에는 단지 아드리아 해가 있을 뿐이었다.

왜 그랬을까? 간단히 말하면 당시 그리스인들이 보기에 로마는 상대할 가치가 없는 존재였기 때문이다. 기원전 6세기 말, 즉 아테네가 클레이스테네스의 개혁을 거쳐 명확하게 민주정치로 방향을 정했을 무렵, 로마는 왕정에서 벗어나 공화정치로 이행하고 있었지만 아직 그리스의 상대가 될 정도는 아니었다.

고대 그리스를 탐색하기 위해 반드시 거쳐야 할 저작으로 헤로도토스, 투키디데스, 크세노폰, 그리고 플라톤과 아리스토텔레스에 더해서 당시 민심을 아는 데 필요한 풍자희극 작가인 아리스토파네스 등, 여러 작가의 작품을 들 수 있다. 그러나 그들의 저작을 모두 꼼꼼하게 살펴봤자 로마인의 'R' 자도 나오지 않는다. 이탈리아 반도에 살던 사람들 가운데 그리스인을 상대라고 여긴 이들은 그리스인이 남이탈리아에 건설한 식민도시 시라쿠사와 타란토에 사는 그리스인 주민들뿐이었다. 시라쿠사에서 500킬로미터 이상 동북쪽으로 가면 도달할 수 있는 그리스 본토의 도시국가들이 흥성했다가 쇠퇴하기까지 오랜 세월 동안 로마인들은 그리스인들로부터 무시당했다. 정확하게 말하면 상대조차 해주지 않았다. 로마인들이라면 "로마는 하루아침에 이루어지지 않았다"라고 항변할 텐데, 그 모습을 떠올리니 웃음이 터져 나온다.

육상에 비유하면 그리스인은 단거리 주자였고 로마인은 장거리 주자였다. 대왕이라 불리는 알렉산드로스의 빛나는 시대를 뒤로하고 그리스가 조용히 침체기에 빠져들 때 로마는 마침내 이탈리아 반도를 제패했다. 게다가 통치 지역의 넓이도 크게 달랐다. 그리스에 전혀 상대가 되지 않았던 로마였지만 원로원 의원 3명으로 구성된 시찰단을 보낸 뒤에도 필요할 때마다, 앞서가는 그리스인의 모습에 주의를 기울였을 것이다. 무엇을 배워야 할지 또는 무엇을 배우지 말아야 할지를 고민하면서 말이다.

그리고 개혁의 화신이라 일컬을 수 있는 그리스인이 유일하게 개혁하지 못한 '그 무엇'의 중요성을 알아채고 그것을 현실화하는 과정에서 로마는 그리스를 삼키고 드넓은 제국을 세우는 데 성공했다.

이들 로마인에 관한 내용은 이미 『로마인 이야기』에 모두 썼다. 그로부터 9년이 지난 현재 내 마음속에서 로마인을 무시했던 시대의 그리스인에 관해 쓰고 싶다는 생각이 끓어올랐다. 그래서 이번에는 그리스인을 주인공으로 삼아서 그 시대에 기록된 그리스인의 저작을 토대로, 로마 따위는 상대로 여기지 않던 그들과 마찬가지 자세로 글을 쓰려고 한다.

이 작품은 지금이야 웃음이 나오지만 "로마는 하루아침에 이루어지지 않았다"라고 못 박은 『로마인 이야기』 첫째 권에서 그리스인에 관해 쓴 부분을 더 확장하고 상세하게 쓴 것이다.

『그리스인 이야기』는 그리스 쪽에 서서 쓰다 보니 등장인물이 다채롭고, 당연한 말이지만 『로마인 이야기』에서 언급하지 않은 수많은 사건도 첨가되어 50여 쪽의 분량에서 무려 세 권으로 늘어났다.

물론 더 이상 늘어나지는 않을 것이다. 그것은 인간에 비유하면, 30세를 전후한 시기의 로마인을 쓴 글이 제1권이 되었는데 시기만 따지면 거의 비슷하지만 그리스인은 급속하게 융성했다가 급속도로 쇠퇴했기 때문이다. 그래서 막 청년기를 맞았다가 곧바로 인생의 최종 단계로 접어들었다는 느낌이 든다. 경과한 세월만 따지면 『로마인 이야기』 제1권에서 다룬 시기와 비슷한 때에 그리스인의 역사는 사실상 끝나고 말았다. 역시 그리스인은 단거리 주자였다. 물론 지금까지 누구도 깨지 못한 세계기록을 보유한 것도 그리스인이다.

그리스인에 대해 쓰려고 마음먹은 두 번째 이유를 간단하게 말하려고 한다.

최근 들어 자주 들려오는 민주주의란 과연 무엇인가, 민주정치를 주도하는 지도자는 어떠해야 하는가 하는 논쟁이 글을 쓰게 된 발단이었다. 이 문제를 소리 높여 떠드는 사람은 정치가와 대중매체에 자주 등장하는 이른바 지식인이다. 나도 얼마간 여기에 참여했지만 이내 거부반응이 생겨 이에 대해 논의하는 방송이 나오면 텔레비전 채널을 돌렸고 신문이나 잡지조차 읽지 않게 되었다. 소란스럽게 논쟁을 벌여도 유효한 대안은 거의 나오지 않는다고 생각했기 때문이다.

그러나 민주정치와 그 정치체제 아래에서 지도자들의 능력 유무는 한 개인에게도 중요한 문제다. 개인의 노력으로 해결 가능한 문제가 있지만 국가가 나서지 않으면 해결되지 않는 문제도 존재한다. 그래서 내가 선택한 것이 고대 그리스, 특히 아테네를 찾아가는 것이었다. 뭐라 해도 그들은 민주정치의 창시자였다.

이런 이유로, 민주주의는 어떠해야 하는지, 민주정치 체제 아래에서 지도자는 어떻게 행동해야 하는지, 또한 유권자는 어떻게 관여해야 하는지에 관해서는 이 책에서 다루지 않는다.

그 대신에 왜 그리스인은 그 전에는 아무도 생각하지 못한 민주정치를 만들었고 언제 누가 어떻게 민주정치가 작동하게 만들었는지, 또한 국가가 존망 위기에 처했을 때 유권자는 어떻게 했으며 어떻게 그것이 가능했는지, 그 이후에 어떤 결과를 낳았는지에 관해 다루려고 한다.

내가 『로마인 이야기』를 관통하는 주제로 삼은 것은 그들의 언어였던 라틴어로 'Res Gestae Populi Romani(로마인의 행적)'이었다. '행적'을 탐색해가는 것이 나의 최대 목표였기 때문이다. 이 때문에 주인공이 그리스인으로 바뀌어도 그들의 '행적'을 탐색해간다는 나의 자세는 바뀌지 않는다. 또한 그것이 현대인에게 어떤 의미가 있는지는 독자에게 맡긴다는 태도 또한 바뀌지 않는다.

이제부터 고대 그리스인의 세계에 함께하기를!

2015년 여름
시오노 나나미

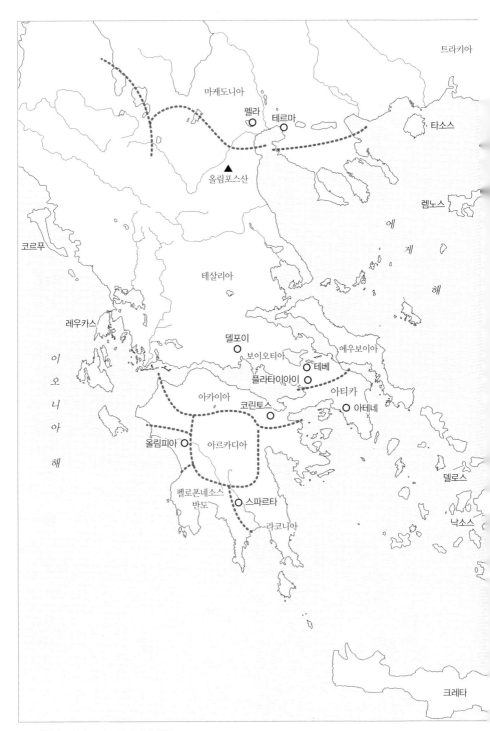

마케도니아

펠라 ○　테르마 ○

타소스

▲ 올림포스산

렘노스

코르푸

에
게
해

테살리아

레우카스

이
오
니
아

해

델포이 ○
보이오티아

에우보이아

테베 ○
플라타이아이 ○

아카이아

아티카

코린토스 ○

아테네 ○

올림피아 ○
아르카디아

델로스

펠로폰네소스
반도

스파르타 ○

라코니아

낙소스

크레타

● 기원전 5세기 그리스와 에게해 주변

흑   해

비잔티온

헬레스폰투스 해협
(현재 다르다넬스 해협)

트로이

레스보스

오스

사르디스

에페수스

사모스

이
오
니
아

밀레투스

로도스

지   중   해

1

올림픽

그리스에서 4년에 한 번씩 열리는 경기의 개최지를 올림피아로 정한 것은 상당히 교묘한 선택이었다. 올림피아는 펠로폰네소스 반도 서쪽 끝에 위치하기 때문에 힘을 가진 유력한 도시국가였던 스파르타와 아테네, 코린토스, 테베로부터 적절한 거리를 두고 떨어져 있었다.

게다가 올림피아는 그리스에 사는 사람들이 늘 동경했던, 나무가 울창한 숲이 에워싸고 있었다. 그리스인은 대체로 바위로 덮인 땅에서 살았기 때문에 숲에 발을 들여놓으면 깊은 안도감을 느꼈다. 또한 올림피아의 숲은 낮에도 어둑어둑한 북유럽의 숲과는 달랐다. 남유럽의 숲은 나무 사이로 반짝이는 햇살이 비치기 때문에 맹수보다 요정과 더 잘 어울렸다. 그리스인은 올림피아의 숲을 '성스러운 숲'이라고

불렀다.

이 '성스러운 숲'에서 기원전 776년에 제1회 올림픽 경기가 개최되었다. 이 시기를 선택한 것도 우연이 아니었을 것이다. 얼마 전부터 지중해 곳곳에 식민지를 세운 일이 일단락되고 본토에 남아 있던 그리스인이 각자 자신들이 속한 주민공동체인 '폴리스polis'의 일원임을 한층 강하게 의식하게 된 무렵이기 때문이다. 올림피아에서 개최된 경기에 개인이면서 동시에 국가(폴리스)의 일원으로 참가한 것이다.

먼저 경기장을 만들었다. 경기장 양쪽은 관람객이 차지했다. 달리기 시합을 치르는 중앙에 있는 트랙 길이는 1스타디온stadion이었다. 이 길이는 오늘날의 미터법에 따르면 약 185미터다. 오늘날 경기장을 '스타디움'이라고 부르는데 이 말은 2,700년 이전부터 사용된 것이다.

최초 트랙에서 치른 경기는 갔다가 돌아오는 달리기뿐이었던 듯하다. 그러나 그리스인은 개혁의 화신이었다. 곧바로 경기 종목이 늘어났고 멀리뛰기, 원반던지기, 창던지기, 무엇을 해도 반칙이 아닌 레슬링, 뭘 해도 반칙이 될 걱정이 없는 복싱 등이 생겼다. 곧이어 한 사람이 달리기와 멀리뛰기, 원반던지기, 창던지기, 레슬링 다섯 종목에 모두 참가해 경쟁하는 '펜타틀론pentathlon(5종경기)'이 만들어져 경기의 마지막을 장식하면서 관중을 열광시켰다.

얼마 후 그리스의 주신인 제우스에게 바치는 신전이 완성되었다. 경기 첫날 선수 전원이 신전에 참배하고 정정당당하게 싸우겠다고 맹세하는 의식도 정착되었다.

경기 종목은 계속해서 다채롭게 변화했다. 그리스의 도시국가를 지키는 병사는 '호플리테스hoplites'라고 불리는 중무장 보병이었는데, 그들은 머리 부분과 얼굴 반쪽을 덮는 투구를 쓰고 가슴과 다리를 보호하는 무구를 입고 원형 방패와 긴 창을 들었다. 그들은 그대로 전쟁터에 나갈 수 있는 모습으로 스타디움을 몇 바퀴 도는 경주를 벌였다. 경기 가운데 가장 눈길을 끈 것은 말 네 마리가 끄는 사두전차 경주로 이때는 관중들이 모두 자리에서 일어났다.

사두전차 경주가 올림픽에서 처음 행해진 것은 기원전 680년으로 제25회 고대올림픽 때다. 사두전차 경주는 워낙 인기가 높았기 때문에 경기의 마지막을 장식하는 종목으로 점차 정착했다. 사두전차가 일제히 달려 나가는 것만으로 장관이 연출되었다. 그들은 경기장을 열 바퀴 돌았다. 기능보다는 내구력을 다투는 싸움이었다. 그리스의 도시국가 사람들은 남자가 30세가 되어야 비로소 어른이 된다고 생각했기 때문에 사두전차 경주는 장년기 그리스 남자가 전력을 다해 다투는 경기였을 것이다.

이때 선수들은 나체로 참가해야 했다. 그리스인은 단련된 인간의 균형 잡힌 육체만큼 아름다운 것이 없다고 생각했다. 그래서 건전한 육체에 건전한 정신이 깃든다는 믿음이 있었다. 게다가 올림피아에서 경기가 7월과 8월에 걸쳐 치러졌기 때문에 나체로 경기하기에 무리가 없었다. 참고로 그리스의 여름은 매우 쾌적한 계절이다.

관중석에는 그리스인 이외에 외국인이나 노예도 앉을 수 있었지만 여자는 앉을 수 없었다. 그리스인의 세계는 로마인의 세계 이상으로 남자들의 세계였다.

발명하고 창조하는 능력이 탁월하지만 지속성은 떨어지는 고대 그리스인이 어째서 올림피아에서 열리는 경기를 그토록 오랫동안 매회 성실하게 개최한 것일까. 그것은 올림픽이 그리스인에게 필요했기 때문이다.

고대 그리스에는 그리스라는 나라가 존재하지 않았다. 그리스 땅에 사는 사람들은 있지만 그리스는 없었다. 규모가 작은 데까지 포함하면 500개가 넘는 도시국가들로 나뉘어 있었다. 아테네인, 스파르타인은 있지만 그리스인은 없었다.

그럼에도 올림픽에 참가하는 자격은 그리스인에게만 주어졌다. 이 경우 '그리스인'이란 그리스어로 말하는 사람과 그리스의 신들을 신앙하는 사람을 가리키는 말이었다.

신들의 세계

그리스의 신들은 『그리스신화』를 통해 우리에게 알려진 신들로 주신은 제우스다. 그는 그리스 북동부에 있는 올림포스산에 살면서 그리스 전체를 지키는 신으로 여겨졌다. 제우스는 화가 나면 번개를 던지는 습관이 있어서 번개가 그의 상징이 되었다.

제우스의 아내인 헤라는 전업주부의 수호신이라는 느낌을 주는 여신으로 질투심이 많았는데, 틈만 나면 바람을 피워 아이를 만드는 남편 때문에 생긴 습성이었다. 헤라의 상징은 공작과 석류다.

제우스가 다른 여신과 바람이 나 얻은 딸들 가운데 아테나가 있다. 그녀는 도시국가 아테네의 수호신으로 상징은 올빼미와 올리브다. 다만 아테나의 담당 분야로 인정받는 것이 '지혜'인데 그것을 정의하기가 쉽지 않다. 호메로스가 쓴 서사시 『일리아스』와 『오디세이아』를 보면 아테나가 여러 영웅 가운데 특히 사랑하고 원조를 아끼지 않은 사람이 『오디세이아』의 주인공 오디세우스다.

트로이를 침공한 그리스 연합군의 총사령관 아가멤논도 아니요, 미남에 용맹하고 과감한 아킬레우스도 아니었다. 아테나가 아낀 영웅은 '트로이 목마'를 생각해내고 그것을 이용해 10년 동안 이어진 트로이 전쟁에 마침표를 찍은 오디세우스였다. 이렇듯 여신 아테나가 주재하는 '지혜'란 '영악함^{astuteness}'이라고 해도 좋을 정도다. 아테나를 수호신으로 삼았던 도시국가 아테네 사람들도 이런 사정을 잘 알고 있었을 것이다.

늘 아름다운 젊은이로 표현되는 아폴론은 제우스가 헤라가 아닌 다른 여신 사이에서 얻은 아들로, 태양과 음악의 수호신이다. 상징은 월계수와 하프다. 아폴론은 인간에게 반드시 있어야 할 기쁨까지 주재하는 신이었기에 아폴론에 대한 그리스인의 신앙심은 두터웠다. 올림피아에 제우스에게 봉헌한 신전이 있다면 델포이에는 아폴론에게 봉헌한 신전이 있었다. 델포이 신전은 4년에 한 번이 아니라 늘 참배자로 붐볐다. 물론 델포이 신전은 기도를 하기 위해서보다는 신탁을 받기 위해 찾는 사람으로 붐볐다는 점이 다르다. 따라서 델포이에 간다고 하면 여사제의 입을 통해 전해지는 아폴론의 신탁을 들으러 간다는 것을 의미했다.

신탁을 어떻게 받아들일지는 당시에도 사람마다 의견이 달랐다. 나는 일본의 신사에서 얻는 점괘와 비슷하다고 해석하고 싶은데, 고대 그리스인 대부분은 신탁을 믿었다. 유명한 철학자인 소크라테스도 자기에게 관심 없는 내용을 상담하러 오면 델포이로 가라고 말했다고 한다.

아폴론에게는 아르테미스라는 쌍둥이 남매가 있었다. 라틴어로 하면 디아나고 영어로는 다이애나가 되는 아르테미스는 젊은 여자만 보면 쫓아가는 아폴론과 달리 사냥감의 뒤를 쫓았다. 사냥의 여신으로 불리는 그녀의 상징은 당연하게도 활과 화살이다. 아르테미스는 남자에게 전혀 관심이 없었다. 아르테미스가 처녀의 수호신이 된 것은 아폴론을 적대시했기 때문이지 싶다. 페미니스트들이 수호신으로 삼으면 좋겠다고 생각해보지만 일신교를 믿는 서구에서는 무리가 아닐까.

역시 제우스가 헤라가 아닌 다른 여신과 관계를 맺어 얻은 딸로 아프로디테가 있다. 라틴어로는 베누스, 영어로는 비너스인 아프로디테는 신들 가운데 가장 아름다운 미의 여신으로 유명하다. 특별한 상징이 따로 없는 것은 아프로디테의 달리 비교할 수 없는 여체 자체가 상징이기 때문일 것이다. 아프로디테는 활과 화살을 시닌 에로스와 늘 함께 다닌다.

아프로디테의 아름다움을 질투한 헤라는 자기와 제우스 사이에서 태어난 추남 헤파이스토스를 그녀와 결혼시켰다. 당연히 그들은 부부 사이가 좋지 않았고 아프로디테는 매일 바람을 피웠다. 아프로디테는 마음에 드는 남자가 있으면 에로스에게 활을 쏘라고 명령해 자기 것으로 만들었기 때문에 아프로디테의 바람기는 끝이 없었다.

오쟁이를 진 남자의 대명사가 된 헤파이스토스지만 사실 그는 견실하고 능력이 뛰어난 신으로, 금속을 다룰 때 불을 사용하는 법을 인간에게 가르쳐준 신으로 알려져 있다. 대장장이의 수호신으로 상징은 망치다.

한편 제우스와 형제면서 경쟁에서 패해 올림포스산에서 떨어진 바다에 살게 된 포세이돈이 있다. 영어로는 넵튠이라 부른다. 제우스와의 다툼에서 패한 탓에 그에게는 분노가 많다. 포세이돈이 화를 내면 바다가 거칠어지기 때문에 선원들은 제물과 기도를 빼놓지 않는다. 장년의 남자로 표현되는 포세이돈의 상징은 삼지창으로, 이를 휘두르면 폭풍우가 휘몰아칠 뿐 아니라 지진까지 일어난다. 쓰나미도 포세이돈이 일으키는 것일지 모른다.

헤르메스 또한 제우스와 다른 여신 사이에서 태어났다. 영어로는 머큐리고 젊은 남자로 묘사된다. 헤르메스의 특별한 능력은 빠른 발로, 그 때문에 제우스의 전령이 되었다. 상징은 날개가 달린 지팡이다. 그는 여행자뿐 아니라 상인의 수호신이고 왠지 도둑의 수호신으로도 알려져 있다. 상인과 도둑을 동일시한 그리스인의 비유에 웃음이 나지만 이렇게 신들까지 인간적인 모습을 드러내는 것이 그리스인의 세계였다.

여기에 전쟁의 신 아레스와 가정의 여신 헤스티아 그리고 곡물과 수확의 여신 데메테르를 더해 그리스신화의 상위 신들을 이룬다. 그 외에 하위 신으로 평가되는 술의 신 디오니소스와 의술의 신 아스클 레피오스, 사랑의 신 에로스를 더해 그리스신화의 세계가 구성된다. 즉 이 신들이 고대 그리스인의 신앙 대상이었다.

신들의 세계니까 다툼 따위는 일어나지 않을 것이라고 생각하면 큰 오산이다. 트로이를 둘러싼 전쟁이 10년 동안 결말을 내지 못한 것은 트로이 쪽을 응원하는 아프로디테와 포세이돈에 맞서 그리스 연합군 쪽을 응원하는 아테나가 한발도 물러나지 않았기 때문이다. 조정자 역할을 맡은 제우스는 자주 짜증을 부려서 그때마다 인간세계는 뇌우에 시달려야 했다.

트로이전쟁은 '목마'에 의해 결말이 났지만 현실의 인간세계에서는 그렇게 간단하지 않았다. 인간세계에는 제우스처럼 권위 있고 강력한 조정자 구실을 할 사람이 없었기 때문이다. 그렇다고 거의 매년 전쟁을 하는 것도 비인간적이었다. 휴전을 하면 되지 않느냐고 생각하겠지만 인간끼리 맺은 휴전을 곧바로 깨버리는 것이 또한 그리스인이었다.

그래서 나온 결론이 올림피아에서 개최하는 경기 대회였다. 그리스인이 무엇보다 좋아하는 몸으로 경쟁하는 경기이므로 그때만은 휴전을 깨지 않으리라고 생각한 것이다.

그러니 올림피아 땅에 세운 신전 중앙의 제우스상 앞에서 각 도시국가를 대표하는 선수들이 '정정당당하게 싸울 것을 맹세합니다'라고 선언한 것이 충분히 이해된다. 다른 신도 아니고 신들의 조정자인 제우스를 향해 선서한 뒤 자기들이 좋아하는 경기에 전력을 다했던 것이다.

고대올림픽은 정확하게 4년에 한 번씩 개최되었다. 경기가 열리는 7일을 포함해서 1개월 동안은 휴전이었다. 그리고 고대 그리스인은 전쟁에서 패한 나라의 참가를 허용하지 않거나 마음에 들지 않는다는 이유로 특정 나라를 배척하거나 하지 않았다. 현대의 자동차경주에서 안전자동차safety car가 들어오면 추월이든 뭐든 할 수 없는 것처럼 어제까지 전쟁터에서 싸웠더라도 1개월 동안은 싸움을 멈췄다.

이렇듯 그리스인에게는 올림픽이 필요했다. 그렇지 않았다면 그 오랜 세월 동안 고대올림픽이 지속되었을 리 없다. 제우스에게 한 맹세를 인간 따위가 깰 수 없다는 생각도 고대올림픽 지속을 뒷받침했을지 모른다. 고대올림픽은 늘 다투던 고대 그리스인에게서 꽃핀, 인간성에 깊이 뿌리를 둔 '지혜'였다.

고대올림픽의 마지막을 장식한 것은 우승자에 대한 표창이었는데, 우승자의 머리에 그리스 어디에나 있는 월계수 가지와 잎을 엮어 만든 월계관을 씌워주는 것이 전부였다. 그러나 우승한 선수는 그가 속한 도시국가의 자랑이었다. 전 시민의 열광 속에 귀국한 우승자는 그때부터 먹고살 걱정은 하지 않아도 되었을 것이다. 식사 시간에 누군가의 집을 방문하면 늘 환영받았을 테고 천을 사러 포목점에 가면 주인이 돈을 받지 않고 옷감을 주었을 것이다. 고대 그리스인들의 저작에는 일개 병사일 뿐인데도 이름이 기록된 사람이 있다. 그런 경우에는 늘 관용구처럼 몇 회째 올림픽 우승자라고 함께 기록되어 있다.

올림피아에서 개최된 고대올림픽의 우승자는 고향 사람들의 마음을 끓어오르게 만드는 기쁨이었다. 만약 올림픽이 시작되는 바람에 그대로 멈춘 전투에서 불리했던 쪽이 올림픽에서 승리의 기운을 얻으면, 전투가 재개되었을 때 이전의 열세를 만회하는 일도 있었을 것이다. 이처럼 고대 그리스인에게 올림픽은 중요한 행사였다. 연도를 세는 방법 가운데 몇 회째 올림픽의 해라고 말하는 법이 있을 정도였다.

기원전 776년에 올림피아 땅에서 시작된 고대올림픽은 기원후 393년 폐지 명령을 받을 때까지 무려 1,169년 동안 계속되었다. 4년에 한 번 열렸으니 모두 292회나 개최한 셈이다.

393년에 고대올림픽 폐지를 명령한 것은 테오도시우스 황제였다. 세례 받은 그리스도교 신자가 된 로마제국 황제 테오도시우스는 그리스도교 외에는 국교가 없음을 선포하고 다른 모든 종교를 사교라고 규정했다.

그리스도교는 일신교다. 일신교는 다른 종교를 인정하지 않는다. 그리스도교 신자인 테오도시우스가 보기에 사교의 우두머리인 제우스에게 바치는 올림픽은 인정할 수 없는 것이었다. 게다가 초기 그리스도교 신자는 나체를 싫어했다. 또한 스포츠의 이름을 빌렸다고는 하지만 서로 경쟁하는 것도 싫어했다. 올림픽은 이중 삼중으로 존속의 의의를 상실했다.

그러나 폐지되기 600년 전부터 이미 고대올림픽은 생기를 잃었다. 로마가 그리스를 삼키고 지중해 제국을 세운 이후에도 그리스 문명을 사랑하고 존경했던 로마인은, 위대한 업적을 남겼다는 이유로 아테네와 스파르타를 국내 자치권이 있는 자유도시로 대우했다. 다만 한 가지, 전쟁할 권리만은 인정하지 않았다.

올림픽이 지닌 가장 큰 의미는 전쟁터에 '안전자동차'가 들어오는 것이었다. 그러니 전쟁이 없음을 가리키는 '팍스로마나(로마의 평화)' 시대가 되면서 열광의 분위기가 바뀐 것은 당연한 일이었다. 게다가 도시국가를 대표해서 고대올림픽에 참가해왔는데 이제는 개인 자격으로 참가해야 했다. 그래도 지속할 이유는 있었다.

첫 번째로 균형을 갖춘 단련된 육체에 대한 찬미가 그 이후에도 지속되었다.

두 번째로 그리스어를 못하는 사람들도 참가할 수 있게 되었다.

로마제국의 두 번째 황제로 취임한 티베리우스 역시 제위에 오르기 전에 사두전차를 끌고 고대올림픽에 참가해서 우승을 차지하고 월계관을 머리에 썼다. 그 시대에는 북아프리카나 서아시아에서도 참가하는 사람들이 있었기 때문에 고대올림픽이 개최된 올림피아에서는 그리스어만이 아니라 라틴어, 페니키아어를 들을 수 있었을 것이다. 하지만 그것은 이제 몸을 이용해 경기를 벌이는 행사에 불과했다.

해외로 웅비

그리스처럼 '도시국가(폴리스)'라고 부르든 로마처럼 '국가(레스 푸블리카$^{Res\ Publica}$)'라고 부르든 일반 상식에 따르면 당시 '미성년' 상태에 있던 주민공동체가 먼저 해야 할 일은 내부 체력을 충실하게 키우는 것이었다. 그러나 그리스인은 달랐다.

그리스의 내륙지역을 여행하면서 든 느낌 가운데 하나는 그리스 신전도 그곳에 무수히 많은 암석을 둘 장소를 그저 왼쪽에서 오른쪽으로 옮겨놓은 것이 아닐까 하는 것이었다. 그만큼 땅이 척박했다. 게다가 좁았다. 평야다운 평야는 중부의 테살리아 지방 정도였다.

다만 겨울에는 비가 내리고 여름에는 엄청난 햇빛이 내리쬐기 때문에 올리브나 포도 재배에 적합하고 바위틈에 자라는 풀을 먹여 양이나 산양을 키울 수 있었다. 주식인 밀의 생산성은 낮았을 것이다.

또한 좁은 계곡 사이 땅에 찰싹 달라붙은 듯이 마을이 있었고 그 마을을 덮을 듯이 보이는 산 저쪽에도 폴리스가 있었다. 그들은 4년에 한 번 고대올림픽이 개최될 때를 제외하고는 끊임없이 되풀이해서 공격을 하거나 당해야 했다.

예전에 마르세유에서 도버 해협까지 프랑스를 종단한 적이 있다. 그때 절감한 것이 두 가지다. 하나는 농업이 주요 산업이던 시대의 프랑스가 지닌 풍요로움이었다. 다른 하나는 프랑스에서 일찍이 중앙집권을 이룰 수 있었던 것은 당연하다는 생각이었다. 이탈리아도 프랑스에 비해 지세가 복잡한데 그리스는 그런 이탈리아보다 지세가 더 복잡했다.

장이 뒤틀릴 듯한 산길을 버스를 타고 여행한 다음 바다에 도착했을 때 시야가 넓어지는 쾌감이 가슴을 가득 채웠다. 더욱이 에게해는 수평선이 끝없이 펼쳐지는 바다가 아니었다. 에게해는 눈앞에 섬이 펼쳐지는 다도해였다. 수많은 섬이 점처럼 찍혀 있는, 평소에는 잔잔한 바다였다. 헤르메스처럼 날개 달린 구두를 신고 허공을 날면 맞은편에 있는 소아시아까지 쉽게 날아갈 수 있을 듯했다. 사정이 이렇다 보니 누구든 육로를 정비하기보다는 배를 만드는 편을 선택했을 것이다.

왕정 또는 군주정은 한 사람에게 권력이 집중되는 정치체제다. 이 체제의 장점은 그대로 계속되면 할거하는 부족이나 호족을 억누를 수 있다는 것이다. 하지만 그리스의 지세는 왕정의 확립을 허용하지 않았다. 좋게 평가하면 군웅할거 시대가 오랫동안 지속되었던 것이다.

그리스 역사에서는 아테네나 스파르타와 같은 도시국가 시대를 '그리스 고전기'Classical Greece'라고 부르고 그 이전을 고풍스럽다는 뜻으로 '그리스 고졸기古拙期, Archaic Greece'라고 부른다. '그리스 고졸기'는 달리 '그리스의 중세'라고 부르기도 한다. 다만 중세라고 하면 아직 꽃이 피지 않았어도 뿌리는 깊이 박혀 있는 시대다. 그리스 역사의 '중세'를 특징짓는 지중해 각지로의 식민 활동을 다루지 않고는 그 이후에 나타나는 '그리스 고전기'를 이야기할 수 없다.

여하튼 그 좁은 그리스 안에서 티격태격하며 독립심은 강해도 협조 정신은 어디서도 찾아볼 수 없는 그리스인이었기 때문에 어디론가 나가지 않으면 사태는 해결될 가망이 없었다. 이전투구의 내란 상태로 가지 않은 것은 불행 중 다행이지만 그렇다고 그것이 그들의 식견이나 판단이 뛰어났기 때문은 아니었다. 무엇보다 '고졸기' 그리스는 만사 제쳐놓고 스스로를 사수해야 할 만큼 풍요롭지 못했다. 이런 이유로 일족을 거느리고 해외로 진출하는 것이 그리스 민족을 드높인다는 생각이 생겨났다.

그들은 이집트처럼 이미 국가가 확립된 땅을 피했고, 사람이 살지 않는 땅에도 들어가지 않았다. 원주민을 내쫓거나 노예로 삼은 다음 그 땅에 철저하게 자기들만을 위한 도시와 항구를 건설했다.

아테네인의 식민지 건설로 도시가 세워진 나폴리, 스파르타인의 식민지 건설로 건국한 타란토, 코린토스인의 식민지 건설로 발전을 이룬 시라쿠사 등이 대표적인 식민의 사례다. 이 도시들의 입지 조건에 대한 그리스인의 안목은 감탄할 정도로 훌륭했다. 이 도시들은 바다를 향해 열려 있는 풍요로운 배후지를 갖추고 있었다. 그러니까 경작에 적합한 땅을 갖춘 항구였다. 그 이후에 본가로부터 '분점을 내는' 것과 같은 느낌으로 식민도시(콜로니colony)의 숫자를 늘려갔다.

그리스인이 식민지로 삼은 남이탈리아와 시칠리아는 곧 본국인 그리스에서 '대大그리스Magna Graecia'라고 불릴 정도로 번영을 구가했다. 또한 지적인 면에서도 피타고라스가 학교를 세우고, 유클리드가 학설을 발표하고, 플라톤이 찾아오고, 아르키메데스가 탄생할 정도로 수준이 높아졌다.

다만 바다로 나간 동기가 앞에서 본 것과 같은 사정 때문이어서 이들 식민도시와 모국의 관계는 느슨했고 심지어 냉담할 정도의 관계를

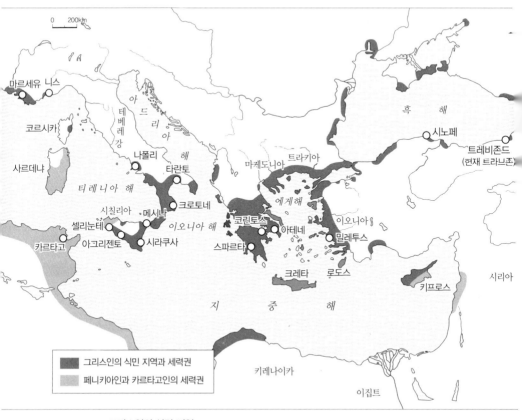

● 그리스인의 식민 지역

그리스인 이야기 I

유지했다. 통치 기구나 사회계급도 달랐다. 비록 아테네인이 건설한 식민지였지만 모국과 같은 민주화의 길을 걷지도 않았다. 이 또한 그리스인이 지닌 독립적인 정신의 증거였다.

물론 그리스어를 쓰고 그리스의 신들을 신앙하는 점에서는 변함이 없었기 때문에 올림피아에서 열리는 고대올림픽에 참가할 자격이 있었고 실제로 참가했다.

한편 이보다 더 중요한 것은 식민 활동에 의해 그리스인의 경제권이 에게해에 국한되지 않고 지중해 전역까지 확대되었다는 점이다. 당시 이런 그리스인에게 대항할 수 있는 상대는 페니키아인이 식민지를 세운 카르타고뿐이었다.

그리스인의 식민 활동은 먼저 가까운 거리에 있는 에게해가 보이는 언덕이나 기슭, 즉 얼마 후에 이오니아 지방이라고 불리게 되는 소아시아 서쪽 언덕에서 시작해 차츰 남이탈리아와 시칠리아 지역으로 퍼져나갔다. 이 시기를 제1차 식민 활동 시기라고 부른다. 그리고 이것이 일단락된 뒤 다시 시작된 제2차 식민 활동은 식민지가 건설된 이후 급속도로 도시국가로 성장한 이오니아 지방의 여러 도시들과 아테네를 필두로 하는 그리스의 폴리스들에 의해 북부 그리스에서 흑해의 남쪽까지 그 대상이 되었다. 에게해는 말 그대로 '그리스인의 바다'가 되었다.

제2차 식민 활동에 스파르타는 참가하지 않았다. 내륙지역에 위치한 스파르타는 원래부터 해외 웅비의 기운이 희박했다. 아테네인의 식민도시는 여러 곳에 많았지만 스파르타인의 식민지는 타란토 한 곳 뿐이었다. 스파르타는 나름대로 사정이 있어서 그리스의 '중세'가 거의 종착역에 다다른 기원전 8세기 말까지 자기들의 체력을 충실하게 길렀던 것으로 보인다. 즉 국가체제의 정비를 우선시하는 분위기였지 않았을까 싶다.

이런 이유로 '그리스 고졸기'가 끝나고 '그리스 고전기'로 이행하는 단계에서 앞서 나간 것은 아테네가 아니라 스파르타였다.

2

나 라 만 들 기 의 여 러 모 습

리쿠르고스의 '헌법': 스파르타

스파르타가 그리스의 다른 도시국가들과 비교해서 특이한 것은 북쪽에서 침공해 온 도리아인이 정복해서 세운 국가라는 점이 아니다. 스파르타가 가장 특이한 점은 그 이후에도 오랫동안 정복자와 피정복자가 명확하게 분리된 채로 있었다는 것이다. 그리고 이 국내의 격차는 리쿠르고스의 개혁을 통해 완벽할 정도로 고착화되었다.

올림피아에서 열린 고대올림픽이 15회째를 맞이한 기원전 8세기 말경 스파르타에 리쿠르고스라는 남자가 있었다. 리쿠르고스의 나이를 알 수 없고 태어난 해나 얼굴도 알려지지 않은 것은 '그리스 고전기'로 들어서기 전인 기원전 8세기 말경 그리스가 아직 전설의 세계였기 때문이다. 전설이나 전승의 시대에서 정확한 정보를 찾는다는 것 자체가 무리다. 왕은 아니었지만 사회적 지위가 높았던 사람인 듯하고 식견이 높아서 스파르타인의 존경을 받았다고 전해진다.

리쿠르고스는 장년기에 접어들고 얼마 후로 추정되는 시기에 여러 나라를 여행했다. 유람 여행은 아니었다. 확실한 목적을 가진 시찰 여행이었다. 당시 대국이던 이집트는 물론이고 동지중해의 파도를 맞고 있는 지역 모두를 여행한 듯하다. 리쿠르고스는 귀국 후에 '리쿠르고스의 개혁'이라는 이름으로 알려진 법령을 제출했다.

후세 연구자들 가운데 그것을 '개혁reform'이라고 부르는 사람이 많은데 나는 그것이 '헌법constitution'이었다고 생각한다. 개혁이라면 그 이전에 이미 법률이 존재해야 한다. 그러나 리쿠르고스 이전 스파르타에는 관례는 있었지만 법률이라고 부를 만한 것이 존재하지 않았다.

또한 리쿠르고스의 '개혁'은 스파르타의 국가체제를 명확하게 만들었고 스파르타인의 생활을 확실히 규정했다. 그 후에 나타난 아테네의 '솔론의 개혁'이 연상되기 때문에 '리쿠르고스의 개혁'이라고 명명했을 것으로 생각하는데, 솔론의 개혁은 '개혁'이었지만 리쿠르고스의 개혁은 스파르타에 '헌법'을 제시한 것과 다를 바가 없었다.

리쿠르고스의 개혁 이후 스파르타인은 자주 '법을 지킨다'라는 말을 하게 되었는데 그것은 '리쿠르고스 헌법'에 명기된 법률을 지킨다는 의미였다.

리쿠르고스는 스파르타 특유의 사회계층에 손을 대지 않았다. 오히려 고정된 것으로 만들었다.

도시국가 스파르타에는 침략해 와 정착한 오랜 정복자인 '스파르타인'과, 스파르타인의 침략을 받고 곧바로 항복했는지 어떤지 알려지지는 않았지만 그들의 지배를 받으며 지배층에 편입될 수 없는 '페리오이코이Perioikoi'라고 불리는 사람들이 존재했다. 여기에 최하층에 속한 '헬롯Helot'을 더해 사회계층이 정해져 있었다. 사는 장소도 나뉘어 있었고 역할도 확실하게 구분되어 있었다.

스파르타인: 시민권은 이들에게만 있었고 군사 일만 맡았다. 이들은 도시국가의 시민인 이상 국정 참여 권리를 완벽하게 보유했다. '스파르타 시민'이란 이들을 가리키는 말이었다.

페리오이코이: 스파르타 시민들이 필요로 하는 것을 만들거나 조달하는 것이 이들의 주요 역할이며 수공업이나 상업에 종사했다. 국정 참여 권리는 전혀 인정받지 못했지만 주요 전력인 스파르타 병사를 보조하는 전력으로 전쟁에 나가는 일도 있었다. 인간의 권리 가운데 가장 중요한 이동과 결혼의 자유 등은 인정되었다.

헬롯: 노예는 아니었지만 스파르타 국가 소유의 농노였고 농사나 목축과 함께 간단한 옷감을 짜는 일을 맡았다. 결혼의 자유 정도는 있었지만 다른 시민 권리는 전혀 인정받지 못했다고 보는 것이 적절하다. 전쟁터에 나갈 때도 전투에는 참여할 수 없었다. 스파르타 전사에게 속한 종복인 양 정통 스파르타인의 잡다한 일을 할 뿐이었다. 스파르타 군대의 주요 전력인 중무장 보병이 전쟁에 나갈 때는 병사 1명이 7명 정도의 헬롯을 거느렸다.

도시국가 스파르타를 구성하는 세 계층인 '스파르타 시민' '페리오이코이' '헬롯'의 비율은 1 대 7 대 16 정도였다고 한다. 이 주장이 맞는다면, 전체 인구가 1만 명을 넘긴 일이 좀처럼 없었던 '스파르타 시민'에 대해 '페리오이코이'는 7만 명, '헬롯'은 16만 명이 되는 셈이다.

고대사회에서는 조국 방위를 담당하는 것이 시민의 첫 번째 의무였기에 여자나 성년 전의 아이는 시민에 포함하지 않는 것이 일반적이었다. 따라서 20세 이상 되는 스파르타 시민의 수가 1만 명 전후였다는 것이 사실이라면, 페리오이코이나 헬롯의 인구수가 단지 성년을 넘은 남자만을 헤아린 것이냐 하는 의문을 풀어준 사람은 아직 없다. 다만 그들의 직업인 수공업이나 상업, 농업에 당시 여자나 아이도 참여했다는 점에서 7만이나 16만은 여자나 미성년 소년을 포함한 수였을 것으로 생각한다.

여하튼 1 대 7 대 16의 비율은 지배자인 스파르타 시민에게 늘 상당한 스트레스를 주었을 것이다. 거주지역을 엄격하게 분리한 것도 그 대처 방안 가운데 하나였을 것이다.

스파르타의 도시 내에는 스파르타 시민만 살았다. 도시를 둘러싼 농경지는 헬롯의 거주지역이었다. 페리오이코이는 그 바깥에 여기저기 흩어져 있는 마을에 살았다.

도시 주변에 헬롯을 살게 한 것은 페리오이코이보다 헬롯을 더 신뢰했기 때문이 아니다. 그것은 헬롯을 항상 가상의 적으로 여겼기 때문으로, 그들이 다른 나라 주민과 공모해서 반란을 일으키는 것을 예방하기 위해서였다.

아테네 시내의 인구가 10만에 이르렀을 때 아테네와 어깨를 나란히 했던 스파르타의 시내 인구는 3만 정도에 머물렀다. 도시 내부에 스파르타 시민과 그 가족 이외의 사람이 사는 것을 싫어했기 때문이다. 스파르타는 강력한 군사 국가로 유명한데 그것은 외적보다는 내부의 적을 방어할 필요에서 비롯된 것이다.

스파르타에서는 아이가 태어나면 '에포로스ephoros'라고 불리는 5명의 감독관이 주관하는 시험을 치렀다. 그 결과 스파르타의 전사로서 부끄럽지 않은 육체를 지닌 존재로 성장할 것이라고 판정된 아이만이 그 후에도 스파르타 시민으로 자랄 수 있었다. 장애가 있는 아이는 이 단계에서 탈락했고 장애의 정도가 경미하더라도 페리오이코이나 헬롯으로 떨어질 수밖에 없었다. 장애가 중증인 경우에는 그대로 낭떠러지 아래로 던져졌다.

시험에 합격한 아이는 7세가 될 때까지 어머니의 보살핌을 받으며 자랐다. 7세가 되면 집단생활이 시작되었다. 그곳에서 간단한 읽기와 쓰기를 배우는 것 외에는 매일 육체를 단련하고 무술 훈련을 하면서 보냈다.

기숙사는 천막으로 지었는데 자기 손으로 직접 만든 건초가 들어간 매트리스를 땅에 깔고 잠을 잤다. 식당 같은 것은 없었다. 땅바닥에 앉아서 철제 접시를 들고 먹었다. 철제 접시에는 급식 일을 맡은 헬롯이 냄비를 들고 다니며 나눠주는, 고깃덩어리와 야채를 넣고 끓인 수프가 가득 채워질 뿐이었다.

검고 탁한 수프 가운데 딱딱하고 맛없는 고깃덩어리가 떠 있는 이것이 바로 유명한 '스파르타 잡탕'인데 스파르타인조차 최악임을 인정했다. 그러나 스파르타 시민이 되기 위해서는 맛을 추구하는 것은 해서는 안 되는 일이었다. 빵 또한 돌처럼 딱딱한 검은 빵을 먹었다. 음료는 물밖에 없었다.

열악한 환경을 견디고, 실전을 방불케 하는 훈련을 이겨내고, 최악의 경험을 끝까지 버텨내는 자만이 '스파르타 전사'가 될 수 있다고 리쿠르고스는 생각했을 것이다.

또한 리쿠르고스의 '헌법'에서는 7세에 시작해서 20세에 끝나는 미성년기의 마지막에 어른이 되기 위한 '통과의례'도 정해놓았다.

20세가 되면 곧바로 활과 검, 창과 방패를 갖고 반나체로 산야에 던져졌다. 혼자서 7일 동안 살아남아야 했다. 헬롯을 상대로 하는 도둑질은 죄가 되지 않기 때문에 그들의 가축을 훔치거나 멧돼지와 같은 야생 짐승을 사냥해서 연명해야 하고 잘 곳도 스스로 찾아내야 했다. 20세가 된 때가 겨울철이라면 상당히 어려운 훈련이었을 것이다.

기숙사로 돌아가기 전 7일 동안 감당해야 하는 '통과의례'는 인간성의 한계를 초월한 것이었다. 그래도 스파르타인은 그것을 한계라고 생각하지 않았다. 7일이 지나고 기숙사로 돌아가는 젊은이는 헬롯을 불시에 습격해서 살해하고 그 머리를 가져가는 것이 의무였다. 이 모든 과정을 마쳐야 비로소 스파르타의 남자는 어른으로 인정받았다.

어른이 되더라도 30세까지는 그 전에 하던 집단생활을 계속해야 했다. 30세가 되어서야 비로소 기숙사 바깥에 집을 가질 수 있었고 아내와 아이들과 함께 사는 가정생활을 영위할 수 있었다. 그러나 이때도 밤이 되면 기숙사로 돌아가 잠을 자야 했다.

스파르타에서는 20세부터 60세까지가 '현역'이었다. 따라서 스파르타 남자는 일생 대부분을 남자들끼리 집단생활을 하며 보내야 했다.

스파르타에서는 강건한 남자아이를 낳아야 한다는 이유로 여자도 근골이 좋은 사람이 우대받았다. 스파르타에서는 마음이건 육체건 '여자다운' 것은 별로 가치를 인정받지 못했다. 트로이의 왕자 파리스와 야반도주하는 바람에 트로이전쟁이 일어나는 발단을 제공한 절세 미녀 헬레네도 스파르타의 왕비였지만 이는 리쿠르고스 때보다 500년 전의 옛이야기였다.

남자들만의 집단생활을 오래 하다 보면 어쩔 수 없이 딴생각이 나기 마련이다. 실제로 스파르타에서는 그리스의 다른 도시국가들보다 동성애 취향이 강했다. 어쩌면 당연한 일이었다. 7세에 부모와 떨어졌으니 누군가에게 의지하고 싶다고 생각하는 것은 너무나 인간적이다. 더구나 연장자는 바로 옆에, 게다가 얼마든지 있었다.

아무튼 감시는 해야 하므로 '에포로스(감독관)'가 종종 기숙사를 시찰하러 왔다. 하지만 에포로스가 정작 걱정한 일은 그런 종류의 관계로 인해 스파르타 남자들이 유약해지는 것이 아니었다. 동성애 취향이 지배적이면 반드시라고 해도 좋을 만큼 아이가 줄어드는 현상이 나타나는데 그들은 그것을 우려한 것이다.

그리고 어릴 때부터 장년이 될 때까지 단련을 거듭했기 때문에 올림픽에서 스파르타가 월계관을 독점했을 것으로 생각하기 쉬운데 실제로는 전혀 그렇지 않았다. 우승자에 관한 기록이 남아 있는 기원전 5세기부터 반세기가량 우승자를 살펴보면 그 시기에 우승한 스파르타인은 단 한 사람밖에 없었다.

4년에 한 번 올림피아에서 개최되는 고대올림픽은 도시국가를 대표해서 출장한다고는 하지만 결국은 선수 하나하나가 역량을 겨루는 무대였다.

스파르타인은 혼자서도 충분히 강했다. 그러나 집단을 이루면 그들의 강력함은 더하기에서 곱하기로 변했다. 동료가 옆에 있으면 용감무쌍한 사람으로 변했다. 스파르타 중무장 보병의 전투력이 그리스에서 첫손가락에 꼽힌 것도 집단을 이루어 싸웠기 때문이다.

그러나 이 남자들이 강한 이유를 그들 사이에 이루어진 동성애 관계에 있다고 보는 것은 초점을 벗어난 것이다. 그것과는 전혀 상관없이 장년이 될 때까지 다음과 같은 자세를 꾸준히 고양했기 때문이다.

'적에게는 절대로 등을 보이지 않는다.'

'전쟁터에 나가면 이기거나 죽는 것 외에 다른 길은 없다.'

후세 사람들은 리쿠르고스가 생각한 스파르타를 '무기로 쌓아 올린 국가'라고 평가한다. 리쿠르고스의 머릿속에는 올림픽에서 우승하는 것 따위는 들어 있지 않았을 것이다.

이처럼 '스파르타식'으로 양성된 스파르타 전사들에게도 허용되는 사치가 한 가지 있었다. 동성애 취향은 도가 지나치지만 않으면 묵인되었지만, 이 사치는 아예 공인되었다. 즉 어깨를 덮을 정도로 머리카

●　장발을 한 전사　　　　　　　●　중무장 보병

락을 길게 길러서 여러 갈래로 땋을 수 있었다. 장발이 허용된 이유는
알려져 있지 않다. 연구자들 중에는 중무장 보병의 무거운 투구가 머
리에 잘 밀착되게 하기 위해서였다고 말하는 사람도 있다. 그러나 동
일하게 무거운 투구를 착용했던 아테네 중무장 보병의 두발은 스파르
타인과 비교하면 너무나 짧았다. 또한 훗날 로마는 군단 병사가 투구
를 머리에 고정시키기에 단발이 유리하다는 것을 실제로 증명해 보였
다. 따라서 스파르타 전사들이 머리를 기른 것은 필요에 의해서가 아
니었다. 그 때문인지 모르지만 그들이 전쟁에 나가기 전날 밤에 마지
막으로 한 일은 머리카락을 다듬는 일이었다.

　스파르타인은 물론 로봇이 아닌 인간이었다. 그렇기에 인간적 결
점을 완전히 지울 수 없었다. 리쿠르고스는 그 점에 대한 대처도 잊지
않았다.

스파르타의 통화는 쇠로 만든 것만 있었다. 은화가 유통되기 시작한 그리스 세계에서 스파르타만이 시대에 역행해서 쇠로 만든 통화만 유통하기로 결정했다.

외국 상인들은 쇠로 만든 통화를 받으려 하지 않았다. 그래서 다른 지역의 물품이 스파르타로 들어오지 않았다. 리쿠르고스는 생활에 필요한 최소한의 물건을 스파르타 내에서 조달할 수 있었기 때문에 다른 나라의 생산품을 수입하지 않아도 실질과 강건함을 모토로 삼는 스파르타인이 불편하지 않으리라고 생각했을 것이다.

게다가 스파르타 시민은 유복하지 않았다. 노예와 소작농의 중간에 속해 있어서 '농노'나 '농업 노예' 등 어떻게 번역해야 좋을지 애매한 '헬롯'은 주인인 스파르타 시민에게 '소작료'로 수확량의 절반을 지불했다. 경제적인 면만 따지면 스파르타인이 헬롯을 심하게 착취하지는 않았다. 그 이상의 소작료를 착취하려고 했다면 헬롯의 반란이 끊이지 않았을 것이다. 또한 스파르타인의 생활을 볼 때 비용이 많이 드는 수준도 아니었다.

스파르타인의 주머니 사정이 이러했기 때문에 쇠로 만든 통화도 저축하기 힘들었다. 또한 시민 전체가 평등하게 낮은 수준의 생활을 했다. 격차가 없는 사회에서는 질투나 선망이 생길 수 없다. 스파르타는 도둑이 없었던 것으로 유명하다. 아테네에서는 쉽게 볼 수 있는 권력 투쟁도 없었기에 오랫동안 정치적 안정을 유지하는 데 성공했다. 물론 그것은 어디까지나 스파르타식 폐쇄사회였기에 가능했다.

리쿠르고스가 정한 도시국가 스파르타의 정치체제는 형태로는 매우 단순했다. 도표로 만들면 아래와 같다.

왕^{Basileis} : 예부터 스파르타에서 계승된 두 명문 집안에서 한 사람씩 왕을 결정한다. 임기는 종신이다. 지위로 보면 가장 상위에 있기 때문에 그에 상응하는 경의를 표하고 공식 행사에서 귀빈석이 제공되었다.

두 왕의 임무는 스파르타의 자랑인 중무장 보병부대를 이끌고 전투를 지휘하는 것뿐이었다. 왕을 2명으로 삼은 것은 이들 가운데 하

2인의 왕(Basileis)

장로회의(Gherusia)
60세 이상의 시민 28인과
왕 2인으로 구성됨

시민집회(Apella)
30세 이상 60세까지
스파르타 시민 전원에게
참가할 권리가 있음

감독관청(Ephoroi)
1년에 한 번 열리는
시민집회에서
선출된 5인으로 구성된 기관

나가 전사하는 경우 공백을 곧바로 메울 필요가 있었기 때문일 것이다. 다만 두 왕의 역할은 군사에 국한되었고 내치든 외치든 정치에는 거의 관여할 수 없었다.

장로회의Gherusia: 60세 이상이란 현역에서 은퇴한 것을 의미하는데, 그런 시민 28명에 왕 2명을 더해 30명으로 구성된 기관이다. 전쟁터에 나가지 않는 경우 장로회의에서 두 왕의 역할은 의장을 맡는 정도다. 정치와 군사를 분리한 것은 리쿠르고스의 생각이었다. 리쿠르고스는 애초부터 이 회의에 정치를 맡기려고 한 것으로 보인다. 왜냐하면 장로회의가 현대 국가라면 '상원'이라 부를 수 있는 기관이었기 때문이다.

시민집회Apella: 30세 이상 60세 이하에 속한 전체 시민으로 구성된다. 오늘날에 비유하면 '하원'과 같은 성격을 지닌 기관이었다. 다만 스파르타에서는 활발한 토론이 이루어지지 않았다. 전쟁을 할지 말지를 결정할 때도 투표나 거수가 아니라 '와아' 하고 목소리가 높아지면 그것으로 전쟁을 결정했다.

스파르타가 위치한 지역은 라코니아Lakonia라고 불렸다. 형용사 '라코니코'에는 스파르타인이라는 의미뿐 아니라 '과묵한 사람'이라는 뜻도 있었다. 수다쟁이는 스파르타 남자와 어울리지 않기 때문인데 같은 시대의 아테네인은 이런 스파르타인을 가리켜 "그 녀석들은 하고 싶은 말이 없기 때문에 말이 없을 뿐이야"라고 비아냥거렸다고 한다. 오늘날에도 유럽에서는 스파르타에 대해 침묵은 금이라는 식으로 생각하기보다는 아테네 방식으로 해석하는 것이 주류다.

감독관청 Ephoroi : 1년에 한 번 시민집회에서 선출한 5인의 감독관으로 구성된다. 감독관청이 스파르타 특유의 기관이 된 이유는 리쿠르고스의 의도와 관계있다. 리쿠르고스는 자기가 정한 '헌법'이라고 불러도 좋을 '개혁'이 스파르타에 깊이 뿌리내리게 하기 위해 감시하고 감독하는 쪽을 선택했다.

그러나 감시와 감독 자체가 막강한 권력으로 이어지는 것은 필연적인 결과였다. 이 기관이 다른 기관보다 '리쿠르고스 헌법'의 약점이 될 위험이 있었다. 그렇지만 아직 그리스는 '고졸기'를 벗어나지 않았다. 그런 그리스에서 자국 방위를 최우선 과제로 삼는 국가체제를 만든 리쿠르고스 체제는 철벽이었다고 말할 수밖에 없다.

또한 리쿠르고스는 민중을 조작하는 데도 뛰어난 능력을 과시했다. 그는 '헌법'을 인간인 자기가 생각해낸 것이 아니라 여러 차례 신탁을 받으러 델포이에 갔다가 그곳에서 여사제를 통해 전달받은 신탁에 따라 만든 것이라는 소문을 퍼트렸다. 그리스인은 다들 신탁을 좋아했는데 스파르타인이 특히 더 좋아했다.

여기에 화룡점정이라고 해도 좋을 것이 '헌법'을 스파르타에 정착시킨 다음에 그가 취한 행동이었다. 리쿠르고스는 스파르타 전체 시민 앞에서 이렇게 말했다.

"이제부터 나는 여행을 떠납니다. 개혁을 통해 결정한 것을 내가 귀국할 때까지 절대로 바꾸지 않겠다고 서약해주기 바랍니다.”

당연히 모두 서약했다. 리쿠르고스는 스파르타를 떠났다. 그 무렵에 이미 리쿠르고스의 ‘헌법’이 다른 나라에서도 평판이 좋아서 그가 찾아가는 지역의 왕들로부터 조언이나 충고를 해달라는 부탁을 많이 받았다. 따라서 그의 해외 생활은 과거보다 훨씬 쾌적했을 것이다. 그 이후 리쿠르고스는 조국인 스파르타로 돌아가지 않았다. 죽음을 맞이한 곳도 다른 나라였다. 유해조차 조국으로 돌아가지 않았다.

이런 사정으로 ‘리쿠르고스의 헌법’은 ‘법률’이 아니라 ‘종교’가 되었다. 법률이었다면 시대 변화에 따라 고칠 수 있었겠지만 종교가 되고 말았기 때문에 바꿀 수가 없었다. 이를 두고 호헌주의의 극치라고 말하면 웃을 수밖에 없다.

그러나 그리스가 ‘고졸기’를 마치고 ‘고전기’로 이행하기 시작한 6세기가 되면 철벽이던 리쿠르고스 체제에 금이 가기 시작했다.

왕: 왕위에 오를 수 있는 자격이 있는 두 가문에 속한 남자들 가운데 왕위 계승 순위가 높은 사람은 7세부터 시작되는 집단생활과 20세가 되었을 때 치러야 하는 비인간적인 ‘통과의례’에서 면제되었다. 이는 리쿠르고스의 ‘헌법’에 포함된 것이기에 그 자체로는 문제가 없었다.

그러나 이렇게 오랜 기간 집단생활 속에서 철저하게 주입된 복종 정신에 물들지 않았다는 것은 자기 머리로 생각하는 시간이 다른 스파르타인보다 많았음을 의미한다. 그런데도 왕에게 부여된 소임은 전쟁을 지휘하는 것뿐으로 여전히 정치에 대해 한마디도 할 수 없는 상황에는 변함이 없었다.

처음에 왕이 불만을 갖지 않은 것은 이에 대해 전혀 몰랐기 때문이다. 그런데 시대가 변하면서 왕을 배출하는 집안 남자들의 정신적·지적 '축적'이 증가함에 따라 의문 또한 머리에 쌓이기 시작했다. 다른 나라 왕들은 국정 책임자이기도 한데 왜 스파르타만 그렇지 않은가.

장로회의: 이 기관은 시대의 변화에 따라 유명무실해졌다. 늘 전쟁을 하는 스파르타에서 현역 은퇴 나이인 60세를 지나 생존하는 사람이 별로 없었던 것이 장로회의가 유명무실해진 결정적 원인이다. 따라서 장로회의는 국정을 담당할 수 없게 되었다.

시민집회: 시민 전원이 참가해서 국정을 결정할 권리를 가진 기관이었지만 스파르타에서 시민은 곧 병사였다. 복종만을 강요당해 아테네인이 비웃을 정도로 과묵한 남자들에게는 입법기관을 감당할 능력이 없었다.

감독관청: 감독관 5인으로 구성된 이 기관이 결국 '내각' 역할을 맡게 되었다. 관청이라고 부르는 것은 감독관 5인 아래에 실무를 담당하는 남자들의 집단이 포진했기 때문이다.

청소년들이 훈련하는 곳을 감독관들이 찾아가 동성애 관계가 도를 넘지 않도록 감시하는 것은 차라리 귀엽다고 할 수 있다. 그들은 아이가 없는 왕에게 왕비와 이별하고 다른 여자를 아내로 맞이하라고 충고했고 왕이 거부하면 첩을 만들라고 강요하기도 했다.

전쟁터까지 왕을 따라다니며 왜 전쟁이 끊이지 않는지에 대해 끈덕지게 물었고, 전쟁이 끝나면 전략 따위는 생각하지 말고 적을 모두 죽여야 한다고 강요했다. 감독관은 왕이라는 권력자의 궤도를 수정하는 것이 자기들의 책무라고 믿어 의심치 않았다.

다른 도시국가에서 사절단이 방문하면 그들과 교섭하는 것도 5명의 감독관이었다. 아테네 정부에서 장관 격인 '스트라테고스Strategos'가 스파르타를 방문하는 경우에도 그와 교섭하는 상대는 왕이 아니라 5명의 감독관이었다. 계획이나 전략을 뜻하는 strategy의 어원이 된 '스트라테고스'는 군사령관이기도 했으며 정치에도 관여했다. 아테네에서는 정치나 군사 모두 '국정'이라고 생각했기 때문이다. 그러나 스파르타에서는 내치뿐 아니라 외치, 즉 외교까지 감독관의 관할 아래 있었다.

그러나 감독관은 1년에 한 번 시민집회에서 선출된 시민에 불과했다. 임기가 1년이었기 때문에 매년 사람이 바뀌었다. 게다가 시민이 곧 병사인 스파르타에서, 현역에서 은퇴한 사람들로 구성되는 장로회의에 속하지 않는다는 것은 여전히 현역 병사임을 의미했다. 따라서 이들은 오랜 세월 집단생활과 엄격한 현역 생활을 거치는 동안 자기 머리로 생각하고 스스로 판단하는 정신적·시간적 여유를 충분히 갖지 못한 남자들이었다.

또한 복종이라는 면에서도 그것을 요구하는 입장과 받아들이는 입장은 다를 수밖에 없었다. 몇천에 이르는 중무장 보병 집단을 거느린 사람과 일개 병사는 서로 처지가 다르기 때문에 고심해서 판단을 내려야 하는 복잡함과 그에 씌워진 책임감이 다를 수밖에 없었다. 시민 집회는 현역 중무장 보병으로 이루어져 있고 5명의 감독관은 그중에서 선출된 사람들이었다.

스파르타 역사를 조금 주의 깊게 살펴보면 도시국가 스파르타가 무엇인가 결단을 내릴 때 지독하게 더뎠고 행동으로 옮길 때 질질 끌었다는 것을 알 수 있다. 또한 왕과 감독관 사이에 종종 대립이 있었음을 알 수 있다.

매년 사람이 바뀌기 때문에 '얼굴 없는 5인'이라고 불러도 좋을 감독관들은 직무를 수행할 때 사리사욕에 휘둘리지 않았다. '리쿠르고스의 헌법'을 지키고 솔선수범해서 이끄는 사람들이었다. 역사를 살펴보면 사리사욕 때문에 체제에 브레이크를 밟는 경우가 있는데 스파르타의 감독관에게는 그런 브레이크가 없었다.

'리쿠르고스의 헌법'은 스파르타 사람들에게 신앙의 대상이었다. 따라서 그 깃발을 들고 따르는 감독관과 대립하면 뒤로 물러나야 하는 것은 왕들이었다. 물러나지 않으면 불행한 결말이 뒤따랐다. 스스로 사회정의 편에 서 있다고 인정하는 사람이야말로 광신적이 되고 집념의 포로가 되기 십상이다.

게다가 스파르타 전사들은 강했다. 여기저기 균열이 생기고 무너지기 시작한 '리쿠르고스의 헌법'이 존속할 수 있었던 것은 전적으로 스파르타의 군사력이 강력했기 때문이다.

나는 책상 앞이 아니라도 뭔가 생각이 떠오르면 메모하는 습관이 있는데 그것을 그대로 사용하지는 않는다. 하지만 이번에는 메모에 불과하지만 그대로 소개한다. 다음 표가 도움이 되면 좋겠다.

스파르타의 감독관 ▶◀	스파르타의 왕들
중세 로마교회의 교황 대리 ▶◀	십자군을 거느린 사령관들
이슬람교의 칼리프 ▶◀ (종교 지도자)	이슬람 세계의 술탄 (군주)
중세 그리스도교 세계의 ▶◀ 이단 재판관	프리드리히 2세(신성로마제국 황제) 그 후는 갈릴레오 갈릴레이

솔론의 개혁: 아테네

아테네인은 왜 '개혁'이라는 이름의 국가체제 개조를 스파르타에 비해 거의 1세기나 늦게 시작하게 되었을까. 그 이유는 두 가지였다.

첫째, 아테네인은 그 1세기 동안에 해외 식민 활동을 활발하게 벌였다.

둘째, 아테네에는 이미 귀족정치가 존재하고 있었다. 이 소수 지배 체제가 기능을 할 수 없게 되면서 개혁이 필요해졌는데, 아무튼 지배 체제는 존재하고 있었다.

스파르타에 대해 앞에서 살펴보았는데 스파르타와 앞으로 살펴볼 아테네의 차이를 올림픽에 비유하면 다음과 같다.

스파르타: 리쿠르고스 혼자 출발해서 결승점까지 달린 경주
아테네: 솔론, 페이시스트라토스, 클레이스테네스, 테미스토클레스, 페리클레스 5명이 바통 터치를 하면서 달리는 릴레이경주

종교가 된 이후에는 인간이 바꿀 수가 없었다. 그러나 법률이었다면 개혁에 개정을 더할 수는 있었을 것이다.

기원전 638년 아테네에서 태어난 솔론은 귀족이라고 불리던 명문 출신이었다. 그러나 혈통은 좋지만 경제력은 중간 정도였다고 한다. 아버지는 성품이 훌륭했던 모양으로 의지하려고 찾아오는 사람에게 원조를 아끼지 않았다. 그러나 돈을 갚지 않는 사람도 많았다. 그래서 아마 솔론이 가업을 이을 무렵에는 재산이 바닥을 드러냈을 것이다. 젊은 솔론은 해외로 나갔다. 이민을 간 것이 아니라 해외 각지를 돌면서 비즈니스에 전념했다.

리쿠르고스도 '개혁'을 하기 전에 여러 나라를 돌아다녔다. 하지만 그것은 개혁에 착수하기 전 조사와 시찰이 목적인 여행이었다. 솔론 또한 여러 지역을 다녔다는 점에서는 다를 것이 없지만 그의 목적은 비즈니스였다. 솔론은 자기가 개혁자가 될 것이라고는 꿈에도 생각하지 않았을 것이다.

솔론이 아테네로 돌아온 것은 40세 때였다. 상술에 재능이 있었

던 모양으로 그의 재산은 '중상' 정도가 되었다. 스파르타인을 제외한 그리스인 중에는 비즈니스 감각이 뛰어난 사람이 많았다. 솔론의 친구이자 철학자인 탈레스도 이듬해 밀 수확을 예측하고 재빨리 창고를 독점해서 많은 돈을 벌었다. 솔론은 비즈니스를 통해 중상위 정도의 재산을 모았고 탈레스도 그런 투기를 다시는 하지 않았지만 두 사람 모두 '균형 감각', 즉 자기 제어 능력이 뛰어난 사람이었다고 볼 수 있다.

솔론이 귀국했을 무렵 아테네는 귀족과 평민 사이의 다툼이 전보다 격화되어 있었다. 기득권 계층과 비기득권 계층 사이의 싸움이었다. 솔론은 출신으로 따지면 기득권 계층에 속했지만 실제로는 그런 색채가 엷었다. 오랫동안 해외에 머물렀던 터라 다툼에 참여하지 않았기 때문이다.

귀족들 사이에서 계층 간 갈등을 해소할 필요가 있다는 인식이 강해졌다. 그것은 그들이 강한 위기감을 느꼈다기보다는 해소의 필요성을 인식하는 능력이 더 뛰어났기 때문이다. 그들은 솔론을 주목했다. 무엇보다 솔론은 자기들 편이었다.

기원전 594년 44세가 된 솔론은 '아르콘arcon'에 선출되었다. 임기가 1년이며 매년 9명이 선출되는 아르콘은 내각이라고 해도 좋을 기관의 일원으로 법안을 제출하는 권리가 있었다. 귀족만이 선출될 권리를 가졌기 때문에 그들이 결속하면 자기 파벌에 속하는 사람을 선출하기에 용이했다. 즉 솔론은 기득권 계층의 추대를 받아 아르콘에 취임한 것이다. 그를 추대한 귀족들은 그에게 '개혁'의 수행을 맡겼다.

솔론은 정치 감각 역시 뛰어난 사람이었다. 가장 주목받기 쉬운 것을 먼저 법제화하고 그 뒤에 본격적으로 개혁을 추진하는 방법을 썼다는 점에서 그렇다. 그가 일종의 충격요법을 쓴 것은 임기가 1년인데다 재선된다는 보장이 없었기 때문이다.

솔론이 제안하고 시민집회가 가결한 법은 획기적이었다.

부채를 변제하지 못한 사람은 자기의 신체로 변제하는, 즉 채무자는 채권자의 노예가 된다는 기존의 법을 폐지하는 법이었다. 도시국가 아테네의 시민집회는 귀족과 평민으로 구성되어 있었다. 그 시대에는 아직 평민이 국가 요직에 선출될 권리가 없었지만 선거권은 있었고 수가 압도적으로 많았다. 그 법은 기득권을 무너뜨리는 것이었기에 귀족들이 불만을 가졌을지 모르지만 귀족과 평민 사이의 다툼을 해소할 필요성을 인식한 쪽은 당시 넓은 시야를 가진 그들 귀족이었다. 솔론은 착실하게 개혁의 첫걸음을 뗐다.

그런데 왜 솔론은 고대사회에서 전혀 전례가 없는 그 같은 법을 생각해낸 것일까.

솔론이 법제화한 것은 현대식으로 말하면 빌려주는 쪽(은행)을 구제하는 것이 아니라 빌린 쪽(채무자)의 채무 부담 경감을 목적으로 한 정책이었다.

고대 역사가들은 솔론이 명문 집안 출신이시만 자금력이 뛰어나지 않았다고 기록하고, 그 이유를 찾아오는 사람들을 동정한 아버지가 원조를 아끼지 않았기 때문이라고 했다. 따라서 돈을 빌려 간 사람들

● 솔론

이 변제하지 않은 경우가 많았으리라는 것은 내 추측이다. 물론 이 추측에는 근거가 있다.

원래 솔론의 아버지가 기존 법에 충실하게 채무자를 노예로 삼아 팔았다면 솔론 집안의 재산은 바닥나지 않았을 것이다. 또한 아버지가 세상을 떠난 뒤에 집안을 이은 솔론이 아버지의 온정적인 방법을 바꿔 많은 동료 귀족과 마찬가지로 부채를 갚지 않는 사람을 노예로 삼아 파는 쪽으로 입장을 선회했다면 해외로 나가서 상업에 종사할 필요도 없지 않았을까. 그러나 젊은 솔론은 해외에서 비즈니스로 재산을 모으는 방법을 선택했다.

아무튼 솔론이 제안해서 법제화에 성공한 이 법은 고대사회에서는 대단히 획기적인 법률이었다. 먼저 인간적 관점에서 볼 때 획기적이었다. 또한 경제 활성화라는 관점에서 볼 때도 매우 획기적이었다. 부채라고 하면 먹고살기 힘들어서 빌린 돈이라고 생각하기 쉽다. 그러나 부채에는 선행 투자라는 의미도 담겨 있다. 오히려 그쪽이 더 많았다.

그런데 선행 투자에는 위험이 따르기 마련이다. 날씨가 악화되어 수확이 급감하거나 상품을 싣고 떠난 배가 폭풍우를 만나 침몰하거나 교역 상대국이 전쟁 상태에 들어가 물산이 창고에 방치되는 등 위험 요소는 얼마든지 있었다.

그 때문에 부채를 변제할 수 없게 된 경우 자기뿐만 아니라 가족까지 노예 상태로 전락하고 모두 흩어져 팔려 간다면 누가 선행 투자 형태의 '승부'를 걸려고 하겠는가.

결국 선행 투자는 상상하지 못한 사고가 일어나도 변제에 곤란을 겪지 않을 정도의 자산을 가진 사람만 가능한 일이 된다. 이런 식이면 부자는 더욱 큰 부자가 되어 그렇지 못한 시민과 격차가 계속 벌어지고, 이는 사회불안의 온상이 되고 만다.

솔론은 계속해서 다시 한 걸음을 내디뎠다. 이미 존재하는 부채에 대해서도 의제를 제출했다. 디만 이 법안은 부채를 모두 탕감하는, 그래서 기뻐하는 사람도 있겠지만 반발하는 사람도 반드시 존재하는 과격한 것은 아니었다. 이 법안에는 부채라는 말이 어디에도 없었다. 새로운 법안은 통화가치를 낮추는 내용을 명기한 것이었다.

그때까지 아테네에서는 중량 단위인 1미나(약 500그램)의 은은 73드라크마의 가치가 있다고 정해져 있었다. 솔론은 1미나의 가치를 100드라크마로 바꾸려고 했다. 이는 '평가절하'를 가리키는 것으로 이 법안이 가결되면 사실상 부채의 4분의 1이 경감되는 효과가 있었다.

시민집회에서 다수를 차지하는 평민만 이 법안에 찬성한 것이 아니라 귀족 또한 찬성표를 던졌다. 부유한 귀족들은 부채를 변제받지 못해도 노예로 삼을 수 없게 되자 채무자들에게서 돈을 받아내는 것 자체가 힘들어질까 봐 4분의 1을 희생하더라도 변제 가능성을 높이는 쪽을 선택했던 것이다.

이 법안은 의외의 부산물을 낳았다. 드라크마 은화의 평가절하를 알게 된 외국 상인들, 다른 도시국가에 속해 있고 그리스어를 할 줄 아는 상인들이 아테네로 이주해서 비즈니스 활동을 하려는 움직임이 나타났다. 솔론은 곧바로 대응했다. 그들을 적극 유치했다. 물론 자국 시민과 차이를 두었다.

외국인에게는 아무리 오래 살아도 시민권을 주지 않았다. 그래서 그들은 국정에 참여할 수가 없었다. 또한 거주지나 상업 공간 모두 소유할 수 없었다. 따라서 외국인은 아테네 시민에게 집을 빌려야 했다.

외국인 입장에서는 도시국가 아테네에 사는 것이 이익이 되었기 때문에 아테네 방위에 나 몰라라 할 수 있는 처지가 아니었다. 그것은 시민들도 동의하지 않았다. 아테네 정규군이 되는 것은 아테네 시민의 의무였다. 따라서 도시국가 아테네에 거주하는 외국인에게 부과된 병역은 긴급할 때만 소집되는 보조 군사력 또는 후방 지원 업무였다.

외국인이 아테네로 이주해서 살았던 것은 이익을 기대할 수 있었기 때문이다. 그러나 '이익'이란 경제적인 것에만 국한되지 않는다. 거기로 가면 인정해주는 사람이 있다거나 그곳이라면 일하기 쉽다거나 하는 등의 이익에도 인간은 민감하게 반응한다.

솔론의 친구인 탈레스는 그리스철학의 문을 연 사람인데 이오니아 지방(후대의 소아시아 서해안)에서 태어나 거기서 평생을 살았다. 그렇지만 그 이후 철학을 포함한 그리스 문명의 중심은 이오니아 지방에서 아테네로 옮겨 갔다. 솔론의 개방 노선은 아테네가 문명과 문화의 중심임을 보여주는 증거였다.

솔론은 3년 후인 기원전 591년에 다시 '아르콘'으로 선출되었다. 어떻게 보면 그해에 솔론이 추진한 개혁에서 가장 중요한 요건인 정치 체제 개조가 현실화되었다고 할 수 있다.

이 추리가 정확하다면 솔론은 3년 동안 놀면서 보낸 것이 아니다. 왜냐하면 솔론이 생각한 정치체제 개조에는 '국세조사國勢調査(국가 세력 조사)'가 선행되어야 했기 때문이다. 그를 기초로 한 개혁은 '티모크라티아Timocratia', 즉 금권정치로 불리는 것이었다. 금권정치는 국정에 관여할 수 있는 권리가 소유 재산에 비례해서 부여되는 정치체제라는 의미를 갖고 있다.

솔론은 먼저 아테네 시민권을 가진 사람들인 성년 남자 전체를 네 개의 계급으로 나누었다. 이 구분은 출신 가계나 사회적 지위, 명성과는 관계없이 오직 수입의 많고 적음만을 기준으로 한 것이다.

당시 아테네는 농경 국가였기 때문에 수입도 농산물의 양으로 계산했다. 기준 단위는 '메딤노스^{medimnos}'였다. 메딤노스는 밀로 하면 약 52리터였다.

제1계급: 500메딤노스(약 200톤) 이상의 밀이나 그에 상당하는 올리브유, 포도주를 수확할 수 있는 토지의 소유자. 당시 아테네에서 엄청난 거부였기 때문에 수가 적었다.

제2계급: 300에서 500메딤노스의 수확을 기대할 수 있는 토지의 소유자.

제3계급: 200에서 300메딤노스의 수확을 기대할 수 있는 토지의 소유자.

제4계급: 수확량이 200메딤노스 이하인 시민으로, 로마에서 '프롤레타리우스^{proletarius}'라고 불리던 무자산 계급의 의미도 담겨 있다. 매일 노동을 해야 생활에 필요한 양식을 얻을 수 있는 시민이 이 계급에 속했다.

이러한 계급 분리는 세금을 징수할 목적으로 이루어진 것이 아니다. 고대는 간접세의 세계였다. 직접세에 해당되는 것은 '피의 세금'이라고 불린 병역이었다. 시민의 권리가 국정 참여라면 의무는 국가 방위였다.

따라서 이 네 계급에 속한 시민은 모두 병역 의무가 있었다. 아테네도 시민개병市民皆兵 국가였다.

제1계급과 제2계급에 속한 시민은 기병이 되어 군역에 종사했다. 기병이 되려면 말 한 필에 그치지 않고 종자와 마부까지 필요했기 때문에 재산에 여유가 있는 사람만 부담할 수 있었다. 그만큼 수가 적었다. 그리스 도시국가 중에서 인구가 많은 아테네였지만 기병 현역은 1,000명 정도밖에 없었다.

가장 숫자가 많은 제3계급에 속한 시민은 중무장 보병으로 조국 방위 의무를 담당했다. 긴 창과 방패는 국가에서 지원받았지만 투구, 흉갑, 검 등 다른 것은 스스로 부담했기 때문에 중류계급 규모 재산이 필요했다.

제4계급에 속한 시민은 육상이라면 경무장 보병, 해상이라면 배를 조타하거나 노를 젓는 일이 그들에게 부과된 군역이었다. 전쟁의 양상이 일변하는 100년 뒤가 되면 이 계급의 존재 이유가 급속도로 중요해지는데 솔론 시대에는 아직 최하층 시민 대우를 받았다.

솔론은 아마 이 개혁에 착수하기 전에 '국가 세력 조사'를 시켰을 것으로 보인다. 고대사회에서 최초 사례로 꼽히는 이 '국세조사'의 목적은 군역에 활용할 사람의 숫자를 조사하는 것이었는데 이 '숫자'는 무시할 수 없는 문제가 된다. 당시 아테네에서는 기병이 1,000명 정도였는데 중무장 보병은 1만 명을 넘었다. 이는 제1계급과 제2계급에 속한 시민이 합계와 비교힐 때 중산계급이라고 불러도 좋을 제3계급에 속한 시민이 10배가 넘었음을 의미한다.

그들의 신분은 평민이었고 따라서 국정 참여를 제한해도 된다는 것이 솔론이 개혁하기 이전 아테네인들의 생각이었다. 이런 사정까지 고려해서 이루어진 솔론의 정치체제 개조를 표로 그리면 다음과 같다. 화살표는 선출의 권리를 가리킨다.

솔론 이전 귀족정치(Aristocratia) 시대의 아테네 정치체제

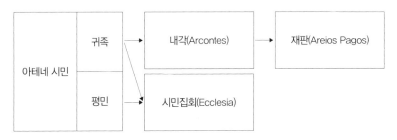

내각: 임기 1년, 9인 아르콘으로 구성된다.
재판: 아르콘 경험자로 구성된다.
시민집회: 모든 시민에게 참가할 권리가 있지만 선거권에 국한되고 피선거권은 인정받지 못했다.

솔론의 개혁(Timocratia) 이후의 아테네 정치체제(기원전 594~기원전 508)

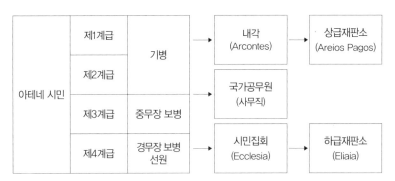

상급재판소: 아르콘 경험자로 구성된다.
하급재판소: 4대 부족에서 100명씩 모두 400명으로 구성된다.
시민집회: 아직 피선거권이 없다.

어떤 사람이 솔론에게 물었다. 최선의 개혁을 이루었다고 자신하느냐고. 그에 대해 솔론은 다음과 같이 대답했다.

"이 시기의 아테네 시민이 수용하는 범위에서 최선의 개혁을 이루었다고 자신합니다."

솔론은 그 뒤에 여러 나라를 여행했다. 이른바 '자진 망명'을 선택한 것은 불만분자에 의한 암살이 두려워서가 아니었다. 살해되면 자기가 이룬 개혁이 모두 무너져 내릴까 봐 두려웠기 때문이다.

솔론은 나라를 떠날 때 자기가 귀국할 때까지 자기가 이룬 개혁이 절대로 바뀌어서는 안 된다고 아테네 시민 전원에게 맹세를 시키는 일 따위는 하지 않았다. 아테네 시민의 왕성한 비판 정신은 어느 나라 어느 누구에게도 뒤지지 않았다. 그런 맹세를 요구했다면 웃음거리가 되고 말았을 것이다. 여행을 떠나기 전에 10년이 지나면 돌아오겠다고 자진 망명의 기한을 정했다. 그리고 거의 10년 만에 귀국했다. 그래서 솔론은 죽음을 아테네에서 맞이했고 무덤 또한 아테네에 있다.

스파르타인 리쿠르고스는 자기가 이룬 개혁을 '종교'로 만들었지만 아테네인 솔론이 이룬 개혁은 어디까지나 법률에 기초를 둔 '정치'였다.

이제부터 살펴볼 것은 솔론이 정했다기보다는 그의 개혁이 성공한 뒤 아테네에서 자연스럽게 형태가 만들어지고 정착한 듯한 교육과 병역에 관한 것이다

아테네가 시민개병 국가였다는 것은 스파르타와 다르지 않았다. 그러나 아테네에서는 교육이나 병사를 대하는 생각, 그 훈련 방법이 스

파르타와 판이하게 달랐다.

아테네에서는 태어난 아이를 '감별'하지 않았다. 7세가 되었다고 부모를 떠나 집단생활을 하지도 않았다. 아테네의 소년은 부모와 함께 자랐다.

7세가 되면 학원이라 부르는 것이 더 적절한 학교를 다니기 시작했다. 그곳에서 오전에는 읽기와 쓰기, 그리고 아바쿠스abacus(주판)를 이용해서 산술을 배웠다.

학년이 올라가면 시문 낭독이나 암송이 추가되었다. 시문의 낭독이나 암송을 중요하게 생각했던 것은 문예를 즐기는 일뿐 아니라 문인들이 장기로 삼는, 짧은 언어로 본질에 도달하는 표현능력을 양성하기 위해서였다.

당시 교과서는 오늘날 세계문학사의 걸작으로 인정받는 호메로스의 서사시 『일리아스』와 『오디세이아』였다. 이를 능가하는 교과서는 없었다. 소년들은 영웅 아킬레우스나 지장智將 오디세우스가 된 기분으로 낭독하고 암송했을 것이다.

아테네의 학교교육에서는 류트lute를 켜는 연주나 음악과 함께하는 춤도 중요 과목이었다. 조화의 정신을 가르치기 위해서였다.

12세가 되면 오후에 체육훈련장인 팔레스트라palestra에 가는 것을 장려했다. 강제가 아니었던 것은 그런 시설을 국가가 아닌 개인이 운영했고 그 운영비를 소년들의 부모가 지불하는 학비에서 충당했기 때문이다. 그렇지만 국가가 장려했기 때문에 비용이 그다지 비싸지 않았고 이론상으로는 모든 시민의 자제에게 개방되어 있었다. 다만 부모의 일을 도울 필요가 있는 제4계급에 속한 시민의 아이들은 실제로는 팔레스트라를 매일 찾지는 못했을 것이다. 그렇지만 제3계급 이상에 속한 대부분의 아이들은 오후에 팔레스트라에 가는 것이 일상이었다.

그리스인은 육체 단련 자체를 좋아했다. 나라에서 강제로 시키지 않아도 부모가 기꺼이 보냈고 소년들도 기쁘게 팔레스트라를 찾았다. 로마시대나 그 이후 오늘날까지 '팔레스트라'라는 이름으로 정착된 시설들은 소년 전용이 아니므로 어른들 또한 많이 찾았고 세대를 초월해 시민들의 만남의 장이 되기도 했다.

팔레스트라에서는 전원 나체나 반나체로 단련하는 것이 상식이었다. 그리스 조각은 예술적인 이유로 나체를 표현했다는 주장은 결과론에 불과하다. '평소 모습'대로 묘사한 것이 '예술'이 되었을 뿐이다.

물론 아테네 역시 동성애 관계가 존재했다. 숨겨야 할 것이라고 생각하지도 않았다. 그리스인은 진선미의 세계에 사는 주민이었다. 아름다움은 선善이자 진리였다. 아테네에서는 동성애 취향이 저출산으로 이어질 것이라고 걱정하지 않았다. 생애 대부분을 남자들끼리 집단생활로 보내는 스파르타와 달리 아테네인의 일상생활은 그다지 금욕적이지 않았기 때문이다. 그러나 아테네가 시민개병 국가였다는 점은 스파르타와 동일하다. 따라서 병사가 되기 위한 훈련을 게을리하지 않았다.

18세가 되면 성인으로 인정받았는데 스파르타와 같은 '통과의례'는 없었다. 거주지에 있는 관청에 가서 병사로서 장부에 기입하고 그 후 집에서 가족들의 축하를 받았다. 그뿐이었다. 하지만 그 후 1년에 걸처서 각각 속한 계급에 따라 기병, 중무장 보병, 경무장 보병인 교관의 지휘 아래 훈련이 계속되었다. 숫자가 가장 많은 중무장 보병을 살펴보면 그들은 방패와 긴 창으로 무장했는데 원형 방패는 지름 1미터 정도이며 긴 창은 키의 두 배 정도 되는 길이였다. 그것을 마음대로 부리기 위해서는 쉽지 않은 훈련을 거쳐야 했다.

개개의 훈련이 끝나면 무리 지어 하는 훈련이 기다리고 있었다. 그리스 도시국가의 주요 전력인 '중무장 보병'은 무리를 이루어 공격할 때 최대 위력을 발휘할 수 있었다. 교관들도 그 부분을 열성적으로 가르쳤을 것이다.

'인턴'이라고 부를 수 있는 훈련기간에서 두 번째 해에는 국가 곳곳에 위치한 기지로 보내졌다. 이때는 제4계급에 속한 젊은이나 아테네에 거주하는 외국인도 참가했다. 아테네는 아티카(라틴어 명칭, 고대 그리스어 '아티케', 현대 그리스어 '아티키') 지방 전체를 통치하는 도시국가였기 때문에 각지에 있는 요새에 주둔하는 국경 경비는 시민으로서 중요한 임무였다.

2년에 걸친 '인턴' 시절이 끝나야 비로소 정규 병사로 승격할 수 있었다. 국가로부터 방패와 긴 창을 지급받고 집에 돌아갈 때 휴대했다. 소집령이 떨어지면 곧바로 집결지로 달려갈 수 있도록 무기를 집에 둘 수 있게 한 것이다.

현역 복무 기간은 기병이나 중무장 보병, 경무장 보병 가릴 것 없이 20세부터 50세까지였다. 그 이후는 '예비역'에 포함되었다. 18세부터 20세 전까지 '인턴'과 50세 이후 예비역은 현역이 모두 전장 등에 나가고 없거나 국가 존망의 위기가 아닌 이상 소집되지 않았다.

이처럼 아테네 병사는 평범한 시민 생활을 하는 사람들이었다. 스파르타 병사가 평생 병사를 전업으로 하는 것과는 반대였다.

스파르타와 아테네의 군사력은 당시 그리스 군대의 주요 전력으로 꼽히던 중무장 보병의 숫자를 비교해보면 쉽게 이해할 수 있다. 물론 시대의 변화를 고려한 것이다.

스파르타: 5,000~8,000명

아테네: 8,000~10,000명

이 두 나라와 큰 격차를 보이며 코린토스와 테베가 뒤를 이었다.

고대 그리스의 도시국가들 가운데에서 스파르타와 아테네의 군사력이 가장 강력했다. 그리고 이 강대한 두 폴리스가 가야 할 방향을 정한 것은, 스파르타의 경우에는 리쿠르고스였고 아테네의 경우에는 솔론을 필두로 하는 릴레이 4인조였다.

페이시스트라토스 시대: 아테네

기원전 580년, 10년 동안의 자진 망명을 끝내고 귀국한 솔론이 마주한 아테네는 그가 기대한 것과 달랐다.

솔론의 개혁으로 이룬 아테네 정치체제는 그대로 남아 있었다. 따라서 개혁 자체가 물거품이 된 것은 아니었다. 그러나 그가 개혁을 통해 해소하려고 했던 아테네 내부 다툼은 조금도 개선되지 않았다. 그 요인은 크게 네 가지라고 생각한다.

도시국가 아테네의 국토인 아티카 지방은 크게 넷으로 나눌 수 있다. 수도인 아테네, 아테네 뒤편에 펼쳐진 평야, 바다와 마주한 해안 지역, 산으로 에워싸인 지역이 그것이다.

평야라고 하지만 다른 나라의 평야와 비교하면 넓지는 않았다. 그래도 바위가 많지 않았기 때문에 경작에 적합한 땅이었다. 아테네에서 부유한 계급은 이 지방에 토지를 소유한 사람들이었다.

솔론은 개혁을 통해 계급을 넷으로 나누었지만 부유한 계급의 경제 기반은 무너지지 않고 온존했다. 이것이 첫 번째 요인이다.

두 번째 요인으로 꼽을 수 있는 것은 해안 지역의 경제력이 꾸준히 향상되었다는 점이다. 식민 활동을 통해 에게해 건너편 해안에도 시장이 열렸고 그 결과로 물산 교류가 한층 성행했던 것이다. 나의 상상이지만, 솔론이 제3계급으로 삼은 중류계급은 실제로 상층과 하층으로 나뉘어 있었을 것이다.

세 번째 요인은 이런 변화를 통해 산악지대에 살고 있는 사람들만 소외되었다는 점이다. 바위투성이 환경 때문에 생산성이 낮았고, 나라를 떠나 다른 지역에서 식민 활동을 하려고 해도 이미 그곳에는 같은 그리스인이 식민지를 건설한 뒤였다. 그대로 남을 수밖에 없던 '중류계급의 하층민'은 생활수준이 제4계급과 가까워진 것이 아닐까. 어쩌면 상황이 더 나빴는지 모른다. 도시에서는 까다롭게 굴지 않으면 일을 찾을 수 있었지만 산이나 고립된 곳에 사는 사람들에게는 일을

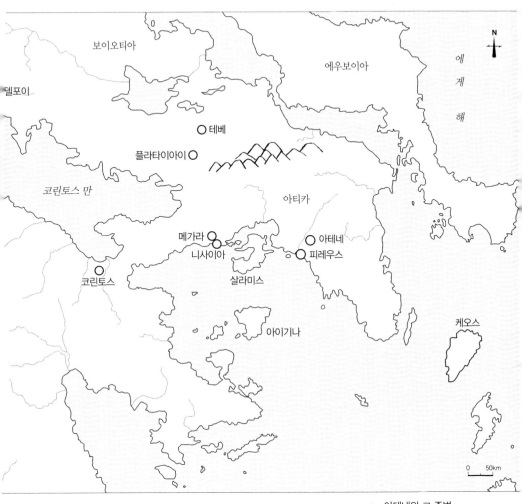

● 아테네와 그 주변

찾는 것조차 쉽지 않았다.

마지막 요인은 솔론의 개혁에 해외 재산은 포함되지 않았다는 점이다. 이를 통해 아테네의 부유계급은 숫자는 적지만 암암리에 세력을 유지할 수 있었다. 그렇다고 그것을 솔론의 책임이라고 몰아붙일 수는 없다. 그리스인이나 그 후의 로마인 모두 사유재산을 완벽하게 인정했고 법으로 보호하는 것이 기본 원칙이었다. 해외에 있는 재산도 그 사람이나 아니면 그 조상이 위험을 무릅쓰고 개척한 결과였기 때문이다. 해외 재산 대부분이 광산이었다는 것은 그곳에 살던 원주민이 그 가치를 몰랐던 반면에 바깥에서 찾아온 아테네인은 가치를 알아보는 능력과 활용하는 능력이 있었기 때문이다.

저명한 아테네 사람들 가운데 해외에 재산을 가진 사람이 많았던 것은 놀라운 일이 아니다. 역사가인 투키디데스가 아테네에서 추방당한 뒤 여전히 저작 활동을 계속할 수 있었던 것도 그가 소유한 트라키아 지방 광산에서 나오는 수입이 있었기 때문이다. 그렇다고 투키디데스가 엄청난 부자였던 것은 아니다. 사유재산을 전혀 인정하지 않았던 스파르타는 이런 면에서도 아테네와 달랐다.

아테네를 개혁하려고 노력했던 솔론은 현대식으로 표현하면 온건파(모데라트^{moderate})였다. 그러나 현실적인 사람이기도 했다.

늘 있는 아테네 시민의 다툼을 해소하는 일은 간단하지 않았다. 일단 싸움을 멈추고 모두가 찬성할 수 있는 방안을 고민하던 솔론이 주목한 곳이 살라미스 섬이었다.

아테네의 외항인 피레우스를 등지고 에게해에 펼쳐진 섬들을 순례하기 위해 요트의 돛을 올리고 바람을 맞으며 파도를 가르기 시작할 때 처음으로 눈에 들어오는 섬이 살라미스다.

원래부터 해외로 웅비하려는 기세가 왕성한 아테네인은 피레우스 항구에서 자유롭고 안전하게 에게해로 나가는 것을 꿈꿨다. 자유롭고 안전하게 오가기 위해서는 주변 바다의 제해권을 손에 넣어야 했다. 이런 의미에서 제해권은 맞은편 해안까지 자국 영토로 편입할 때 비로소 완벽해진다. 이 때문에 예로부터 아테네인은 살라미스 섬의 영유를 열망했다.

그러나 아테네인이 그렇게 생각했듯이 근처에 있는 다른 도시국가 주민들도 같은 생각을 했다. 살라미스 섬은 동쪽으로 아테네, 서쪽으로 메가라와 마주하고 있었다. 따라서 메가라가 말없이 물러날 이유가 없었기 때문에 살라미스를 영유하려면 메가라와 전쟁하는 수밖에 달리 방법이 없었다.

살라미스 영유를 위해 전쟁을 일으킨다면 시민집회에서 다수결로 가결될 것이 확실했다. 그리고 전쟁이 시작되면 국내의 다툼도 자연스럽게 수그러질 터였다.

솔론이 귀국 후 이런 생각을 하는 사이에 2년이 지나갔다. 이제 솔론도 60세가 되었다. 또한 스스로 망명한 것이기는 하지만 나라를 10년 동안 떠나 있었다. 그가 개혁을 이루었을 당시 소년이었던 젊은 층에 자기의 영향력이 힘을 발휘하리라 과신하기에는 솔론은 현실을 너무나 잘 알았다. 하지만 젊은 층을 동원하지 않으면 전쟁을 일으킬 수 없었다.

솔론의 외가 친척 가운데 페이시스트라토스라는 이름을 가진 젊은
이가 있었다. 솔론이 아테네를 떠난 해에 페이시스트라토스는 10세
정도로 막 팔레스트라를 다니기 시작했는데 이제는 22세의 늠름한
청년으로 성장해 있었다. 22세였기 때문에 병사가 되기 위한 2년 동
안의 훈련기간도 마친 상태였다. 어엿한 시민이 된 페이시스트라토스
주위에 젊은이들이 모여들었다.

60세의 어른은 22세의 젊은이를 초대해서 친절하게 이야기를 나누
려고 했다. 22세의 젊은이도 곧바로 일의 유효성을 이해했다. 시민집
회는 늠름한 젊은이의 입에서 나온 구호에 열광했다.

"출진하자. 싸우자. 저 아름다운 섬을 위해. 이제까지의 굴욕에서 해
방되기 위해!"

살라미스 획득을 목표로 전쟁을 하기로 결정되었지만 곧바로 전투
를 벌일 수는 없었다. 살라미스는 섬이었다. 따라서 살라미스를 공략
하려면 해군이 필요했다. 기원전 6세기 초반 아테네는 해군 국가가
아니었다. 해상운송용 배는 있었지만 상선과 군함은 다르다. 당시 그
리스에서 군함까지 갖추고 있던 도시국가로는 첫째가 코린토스였고
그 뒤를 메가라와 아이기나가 이었다. 참고로 아이기나는 살라미스
남쪽에 있는 섬이다.

사정이 이러했기 때문에 전쟁은 결정되었어도 실행은 굼뜨게 진행
되었는데 여기서 아테네인의 지력 가운데 하나인 '영악함'이 작동했

다. 아테네가 살라미스를 차지하기 위해 실제로 움직임을 보이면 메가라는 원군을 파견해서 방해할 것이 분명했다. 이를 예방하기 위해 그리스인은 메가라의 내부 다툼에 착안했다.

아테네의 외항이 피레우스라면 메가라의 외항은 니사이아였다. 도시국가 메가라는 이 니사이아 주민의 반항에 애를 먹었다.

페이시스트라토스는 자기처럼 막 정규 병사가 된 젊은이 한 무리를 이끌고 니사이아에 상륙했다. 페이시스트라토스는 자기들이 니사이아 주민을 도우면 메가라의 지배층을 당황시킬 수 있을 것이라 생각했다. 한편으로 살라미스에 동지들을 보내 굳이 피를 보는 전투보다 아테네에 귀속하라고 설득하게 시켰다.

이런 사정으로 인해 시민집회에서 기세 좋게 가결되기는 했지만 실제로 살라미스를 손에 넣는 데는 상당한 시간이 필요했다. 이때 솔론이 도움의 손길을 내밀었다. 솔론은 스파르타에 중재를 부탁하자고 제안했다. 다만 스파르타는 군사 대국이지만 결단을 내리는 것이 매우 늦었다. 그때까지 시간이 많이 걸렸지만 솔론은 포기하지 않았다.

솔론은 호메로스의 작품인 『일리아스』에 나오는 영웅들 가운데 하나인 아이아코스가 아카이아인일 뿐 아니라 당시 살라미스 주민들이 존경하는 영웅이므로 살라미스가 아카이아 지방을 지배하는 아테네에 귀속되는 것이 이치에 옳다는 논리로 스파르타를 설득했다. 소년 시대에 호메로스의 서사시를 교과서로 사용했던 아테네 시민들이라면 솔론이 제시한 논리가 이치에 옳다는 것을 금세 이해했을 것이다. 그러나 배움이 짧은 스파르타인은 호메로스가 등장하자 곤란에 빠졌다. 난처해진 스파르타인은 다음과 같은 웃기는 해결책을 내놓았다.

'아테네는 니사이아에 대한 군사원조를 중단한다. 그리고 메가라는 니사이아를 자국의 외항으로 확실하게 삼는다. 그 대신에 메가라는 살라미스 섬이 아테네에 귀속되는 것을 인정한다.'

스파르타가 내놓은 이 중재안은 아테네에 이익을 주지만 메가라 입장에서 보면 아연실색할 정도로 어처구니없는 것이었다.

기원전 570년, 10년에 걸쳐 굼뜨게 진행되던 살라미스 귀속 문제가 마침내 해결되었다. 68세가 된 솔론을 기억하는 아테네 시민은 적었다. '살라미스의 영웅'으로 떠오르며 일약 시민의 인기를 한 몸에 받은 것은 30세의 페이시스트라토스였다.

그러나 바통을 쥐었다고 해서 곧바로 달려 나갈 수는 없었다. 강력한 훼방꾼이 두 사람이나 있었다. 두 사람 모두 '거대' 부유계급에 속해 있었다.

평야가 펼쳐진 풍부한 땅의 소유자들로 구성된 무리를 '평야당'이라고 부른다면 그 무리의 우두머리는 리코우르고스였다. 한편 해안지대에 위치해 해외 교역을 통해 힘을 길러온 '해안당'을 이끄는 사람은 아테네의 명문 중 명문인 알크마이온 집안의 총수 메가클레스였다.

이 두 사람은 솔론의 개혁 이후에도 아테네의 주도권을 둘러싸고 다툼을 벌였는데 젊은 페이시스트라토스가 시민들 사이에서 인기가 높아지자 둘이 손을 잡았다.

페이시스트라토스도 명문가 출신이지만 '거대'가 붙는 부유계급 출신은 아니었다. 벽은 역시 두꺼웠다. 시민의 지지를 등에 업고 그 벽에 도전했지만 뛰어넘을 수 없었다. 그는 40세가 되었을 때 아테네의 도시를 떠나서 아티카 지방의 산악 지역으로 이주했다. 이런 전략적 후퇴를 결정한 것은 자기가 떠나면 조만간 적들이 내분을 일으킬 것이라고 판단했기 때문이다. 그리고 1년이 되지 않아서 그 판단은 현실이 되었다.

'평야당'에 연립을 요청했지만 거부당한 '해안당' 당수 메가클레스가 연립의 상대를 페이시스트라토스로 바꾼 것이다. 메가클레스의 딸을 페이시스트라토스에게 시집보내는 것이 연립의 조건이었다.

페이시스트라토스는 제안을 받아들였다. 이 '살라미스의 영웅'은 두 아들을 낳은 아내를 40세 때 잃고 홀로 된 상태였다. 그렇게 페이시스트라토스는 아테네로 돌아왔다. 하지만 그 귀환도 그리 오래가지는 못했다.

메가클레스는 페이시스트라토스를 끌어들여 맞수인 '평야당'을 일소하려고 했지만 사위가 협력하지 않았다. 페이시스트라토스가 아테네의 명문 중 명문인 알크마이온 집안과 지나치게 가까워지는 것을 꺼려했기 때문이다. 이에 분노한 메가클레스는 다시 '평야당'에 접근했다. 강력한 적 두 사람이 다시 굳게 손을 잡았다.

두 사람이 손잡은 데는 이유가 있었다. 페이시스트라토스가 첫 번째 전략적 후퇴를 했다가 귀국한 이후 보여준 행동이 기득권자들에게 결속할 명분을 제공했던 것이다.

아테네 거리를 걷고 있던 페이시스트라토스가 한 무리의 남자들에게 습격당해 경상이기는 하지만 상처를 입었다. 그는 시민집회에서 친구들을 경호원으로 데리고 다닐 수 있게 허가해달라고 요구했다. '살라미스의 영웅'이 한 요청이었다. 시민집회는 다수결로 가결했다. 다만 시민집회는 어설프게도 경호원 수를 결정하지 않았다. 그리하여 페이시스트라토스를 경호하는 인원이 조금씩 늘어났다. 그것이 페이시스트라토스가 폭군(티라노스^{tyrannos})을 목표로 한다는 비난의 빌미를 제공하고 말았다.

사정이 이렇게 되자 페이시스트라토스는 전략적이든 아니든 다시 후퇴할 수밖에 없었다. 이번에는 아티카 지방의 산악 지역으로 이주하는 것으로 끝나지 않을 듯했다. 그래서 44세가 된 페이시스트라토스는 일가를 데리고 북부 그리스에 있는 칼키디아(현재의 칼키디케) 지방으로 이주했다. 아내도 아버지가 아닌 남편을 선택했던 모양이다. 그녀는, 스스로 떠난다지만 국외 추방자 신세가 된 페이시스트라토스와 동행했다. 왜인지 모르지만 민중이 좋아한 남자는 여자에게도 사랑받았다.

이때의 '전략적 후퇴'는 10년 동안 계속되었다. 그러나 페이시스트라토스는 그대로 주저앉아 불행을 한탄하지 않았다.

칼키디아 지방의 배후에는 트라키아 지방이 자리했다. 페이시스트라토스는 풍부한 광맥이 흐르는 트라키아 지방에서 광산 경영자로 변모했다. 그는 새로운 광산을 개척했을 뿐 아니라 거기에서 채취한 광물의 품질을 높이는 기술도 개발한 듯하다. 게다가 질 좋은 광물의 판로까지 개척했다. 판로는 아테네와 스파르타를 제외한 그리스 전 지역이었다. 아테네는 적들의 지배 아래 있었고 스파르타는 수입품이라면 그것이 무엇이든 홀랑 집어삼키고 입을 씻는 나라였다.

페이시스트라토스는 판로를 개척하는 과정에서 각지의 유력자들과 우호 관계를 맺는 일을 게을리하지 않았다. 칼키디아 지방은 서북부로 마케도니아왕국과 국경을 접하고 있었다. 마케도니아는 그리스세계의 변경에 위치한 후진국에 불과했지만 기원전 6세기 당시 왕국으로 변모했다. 페이시스트라토스는 마케도니아인들과 친구 사이가되었다. 또한 여러 나라를 편력하면서 낙소스 섬의 영유를 노리던 리그다미스를 알게 된 것도 그때였다. 광산 경영으로 재산이 풍부해진페이시스트라토스는 재산을 투자해서 용병대를 편성했고 리그다미스가 목표를 이루는 데 도움을 주었다.

물론 그러는 중에도 아테네에 있는 동지들과 꾸준히 연락을 주고받았다. 첫 번째 전략적 후퇴 때 알게 된 산악지대에 사는 농민들이었다. 페이시스트라토스는 10년 동안 놀고먹지 않았다.

쿠데타

기원전 546년, 이번에는 만반의 준비를 하고 움직였다. 용병인 아르고스 병시 1,000명에 산악지대에서 달려온 농민들이 합세한 군대는 마라톤 평원 근처 해안에 상륙했다. 마라톤과 아테네 사이 거리는 30킬로미터 정도밖에 되지 않았다. 이 군대를 막기 위해 아테네도 재빠르게 군대를 보냈다.

그러나 정면충돌은 일어나지 않았다. 대화를 통해 전쟁을 피한 것이 아니었다. 아테네에서 보낸 병사들이 전투에 참가하지 않고 집으로 돌아가는 길을 선택했던 것이다.

병사들이 도시로 돌아간 것과 달리 그때까지 10년 동안 다투면서 도시국가 아테네를 좌지우지했던 '평야당'과 '해안당'의 영수들은 도시에서 달아났다. 그들은 해외 재산이 풍부했기 때문에 국외로 망명해도 경제적으로 걱정할 것이 없는 사람들이었다.

그러나 사태가 그렇게 빨리 진행될지 몰랐기에 아이들까지 데리고 도망칠 시간 여유가 없었던 모양이다. 아무 제지 없이 아테네에 입성한 페이시스트라토스 앞에 끌려나온 것은 영수들의 아이들이었다.

페이시스트라토스는 그 아이들을 친구 리그다미스가 다스리는 낙소스 섬으로 보냈다. 아이들을 낙소스로 보낸 명분은 해외 유학이었다. 아이들은 낙소스 주민들 집에 홈스테이를 하며 공부를 하고 팔레스트라에 다니는 등 아테네에서 살던 것과 다르지 않은 생활을 했다.

이 쿠데타는 어처구니없는 방향으로 전개되어 끝났지만 전혀라고 해도 좋을 정도로 피를 흘리지 않은 것이 사실이다. 그러나 쿠데타를 일으킨 당사자인 페이시스트라토스는 지금부터 시작이라며 마음을 다잡은 것이 틀림없다. 22세에 솔론의 눈에 띄어 30세에 '살라미스의 영웅'이 되었던 페이시스트라토스는 이제 54세가 되었다.

근현대사 연구자들은 페이시스트라토스를 '티라노스(독재자)'라고 부른다. 그래서 앞으로 풀어갈 그의 치세를 '독재자가 아테네를 지배한 시대'라고 부른다. 이렇게 나쁘게 평가하지 않는 사람들은 '참주僭主'라고 부른다. 쿠데타로 권력을 장악했기 때문에 당연한 호칭이기는 하지만 참주라는 의미가 '제왕·군주의 이름을 참칭하는 자'라는 점에서 페이시스트라토스를 참주라고 부를 수는 없다. 그가 스스로를 왕이라고 부른 적은 한 번도 없었다. 그뿐 아니라 후세 역사가들로부터 '민주정치의 이정표'라고 불리는 솔론의 개혁에도 전혀 손을 대지 않았다. 그대로 계승했다. 다만 운용 방식에 나름대로 색을 입혔을 뿐이었다. 아무튼 지금부터 서술할 내용은 독재자가 다스린 20년 동안의 아테네다.

화려하게 아테네로 돌아온 페이시스트라토스는 재빠르게 반대파 유력자들의 아이들을 해외 유학이라는 명분으로 낙소스로 보내 인질로 삼았다. 부드러운 형식을 취하기는 했지만 인질이라는 점에는 변함없었다.

'평야당'에 속한 사람들이 도망쳤기 때문에 지주가 사라진 아티카 지방의 토지를 접수하고 그것을 잘게 나누어 그때까지 소작하던 농민들과 산악지대 농민들에게 나눠주었다. 농지개혁을 단행한 셈이다. 이렇게 '평야당'의 권력 기반이 붕괴되었다.

페이시스트라토스가 단순히 '가난한 사람들 편'이었던 건 아니다. 그는 새롭게 자영농이 된 사람들에게 세금을 부과했다. 농지가 기름진 곳이면 생산되는 수익의 10분의 1, 척박한 곳이면 20분의 1을 세금으로 징수했다. 당시에는 매우 적은 금액이었다. 그렇지만 사실상 직접세였기에 간접세만을 징수하던 시대 상황에서 보면 획기적인 조치였다.

페이시스트라토스는 이 세금의 사용처를 명확하게 했다. 모두 도시국가 아테네를 운영하는 경비에 충당했다. 당시는 국정 참여에 대가를 지불하지 않던 시대였기에 그 비용은 들지 않았다. 그렇지만 국가가 지급하는 방패나 긴 창 외에 다른 장비는 모두 개인 부담이었던 것에서 병사의 비용을 줄여주었고, 국가 운영에 필요한 세부 경비나 공공사업 재원도 직접세에서 확보했다.

농민 한 사람 한 사람이 지불하는 세금은 소액이었다. 그러나 그들은 숫자가 많았다. 여기에 페이시스트라토스가 세금을 내고 남은 농산물을 시장에서 팔도록 장려했기 때문에 농민들의 수입 또한 증가했다. 농산물은 도시국가 아테네 사람들의 입을 채우고도 남았다. 여분의 농산물은 해안 지역에서 배편으로 그리스의 다른 지역으로 실어가 판매되었다. 그 과정에서 그때까지 고립되어 살아왔던 산악지대에 거주하는 농민들도 도시나 해안 지역 주민들과 활발하게 교류하게 되었다.

또한 페이시스트라토스는 망명 생활에서 개척한 판로를 아테네 무역 상인에게 개방했다. 수수료를 받지 않았으므로 상인들이 기뻐한 것은 당연한 일이었다. 판로는 아테네의 지배자가 된 페이시스트라토스의 친구들이 다스리는 도시들이었다. 이들 사이에서 비즈니스가 행해졌기 때문에 교역은 우호적이었다. 이런 일은 또 하나의 유력한 반

● 페이시스트라토스

대파인 '해안당'의 권력 기반을 무너뜨렸다.

　낙소스 섬으로 보내진 아이들도 부모에게 돌아갔고, 달아났던 '평야당'과 '해안당'에서 망명을 고집하는 영수를 제외한 젊은 세대도 아테네로 돌아오기 시작했다. 솔론이 세운 정치체제를 그대로 계승했기 때문에 공적인 업무도 있고 선거와 군역이라는 의무도 여전히 존재했다. 아테네의 엘리트들은 의무에 대한 관념이 강했고, 페이시스트라토스가 반대파를 강제로 배제하지 않았기 때문에 그들 또한 일단 고개를 숙이겠다는 마음이 있었을 것이다.

아테네가 경제력을 향상하려면 다음 세 가지 조건을 갖춰야 했다.

첫째, 상대편도 기꺼이 받아들이는 신용 있는 자국 통화를 확립하기.

둘째, 스스로 안정을 이룩하고 다른 나라와 우호 관계를 유지하기.

셋째, 영토는 넓지 않고 인구는 많은 도시국가이므로 값싼 제품을 대량으로 생산하기보다 단가가 높은 상품 비중을 높이기. 즉 가격이 비싸도 구매하고 싶게 만드는 물건을 생산하기.

당시 아테네에는 통화가 있었지만 확립되지는 않았다. 그래서 외국과 교역할 때 코린토스나 아이기나의 은화를 사용할 수밖에 없었다. 페이시스트라토스는 이런 상황을 개혁하려고 했다. 앞면에는 여신 아테나의 옆얼굴, 뒷면에는 여신이 데리고 다니는 올빼미가 조각되었다. 드라크마 은화의 탄생이었다. 가장 널리 통용된 '테트라드라크마 tetradracma(4드라크마 은화)'는 그 후 200년 이상 아테네를 대표하는 통화가 되었다.

은화를 주조하려면 은 광산을 확보해야 하는데 그 일은 페이시스트라토스의 전문 영역이었다. 트라키아 지방뿐 아니라 아티카에서도 광산을 개발했다.

솔론의 개혁은 아테네에 질서를 부여했다. 페이시스트라토스가 지향한 것은 아테네를 안정시키고 이를 통해 경제력을 끌어올리는 일이었다.

'야당'의 존재를 부정하지 않았기 때문에 내각을 구성하는 9명의 아르콘은 '야당'에서 선출될 공산이 충분했다. 페이시스트라토스가 한 일은 후보자에 자파 인물을 심어서 내각이 야당 일색으로 구성되

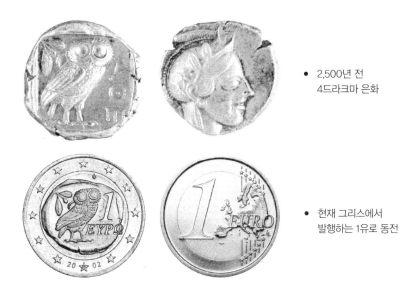

- 2,500년 전
  4드라크마 은화

- 현재 그리스에서
  발행하는 1유로 동전

지 않게 하는 것이었다.

법치국가임을 증명하는 재판소는 시민집회에서 선출한 400명으로 구성되었다. 페이시스트라토스도 증인신문에 응해 법정에 출두하는 일이 있었다.

아테네와 그리스 다른 도시국가들의 관계는 매우 평화로웠다. 확실하게 적대 관계라고 말할 수 있는 도시국가는 한 곳도 없었다. 페이시스트라토스가 망명 중에 우호 관계를 구축했던 테베와 아르고스, 에레트리아는 물론이고 살라미스 섬이 아테네에 귀속되어 신경이 날카로워진 아이기나, 아테네가 부상하는 데 질투심을 드러낸 코린토스, 늘 의심의 눈초리로 아테네를 바라보던 스파르타 등 껄끄러운 상대와도 우호 관계를 맺는 데 성공했다. 테살리아 지방 지배자의 경우, 페이시스트라토스가 새로 태어난 자기 아이 이름을 테살로스라고 지었다고 전한 것만으로 사이가 좋아졌다는 대목에서는 감탄하기보다는 어이가 없다.

그러나 페이시스트라토스의 외교에는 확실한 기준이 있었다. 영토확장에 야심이 없다는 점을 상대편에게 인식시켰다. 당시는 4년에 한 번 휴전하고 올림피아에서 개최되는 올림픽의 참된 의도가 전체 그리스인에게 공유되던 시대였다. 도시국가 사이에서 발생하는 전쟁의 주된 이유는 영토였다.

페이시스트라토스가 아테네를 다스린 20년 동안 다른 나라와 전쟁을 했다는 역사적 사실은 없다. 20년 동안 아테네는 본격적으로 군대를 파견하는 전쟁을 하지 않았다. 이는 경제력 향상을 위한 두 번째 조건이었다.

경제력 향상을 위한 세 번째 조건은 싼 물건을 대량생산하는 방식이 아니라 단가 높은 상품을 만드는 방식으로 이행하는 것이었다.

페이시스트라토스가 아테네 국정을 좌지우지하기 이전 이 방면에서 그리스 최고의 선진국은 코린토스였다.

코린트라고도 불리는 이 도시국가는 만이라기보다는 내해라는 느낌을 주는 코린토스 만과 접해 있다. 이 넓은 만은 좁아지는 곳에 있는 땅인 나우팍투스(후대의 레판토)를 경유해서 이오니아 해와 이어져 있다. 이오니아 해로 나오면 남이탈리아와 시칠리아까지는 서쪽으로

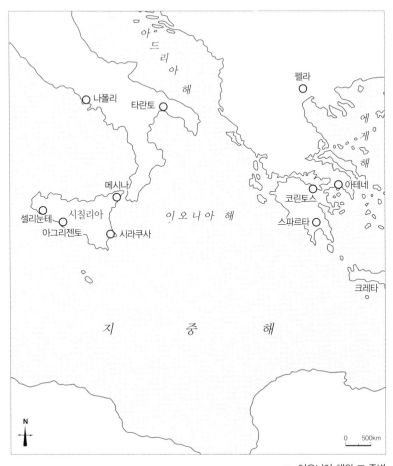

아
드
리
아
해

펠라

나폴리

타란토

에
게
해

메시나

셀리눈테   시칠리아

코린토스   아테네

아그리젠토

이 오 니 아   해

스파르타

시라쿠사

크레타

지   중   해

N

0   500km

● 이오니아 해와 그 주변

일직선으로 이어진다. 코린토스는 이런 지리적 이점을 활용해서 지중해 중앙부까지 시장을 확장했다. 그리스인들이 해외에 개척한 여러 도시들은, 원래 그리스의 이민자들이 건설했지만 모국인 그리스보다 넓은 땅과 부를 가지게 되었다는 의미로 '마그나 그라이키아Magna Graecia(대그리스)'라고 불리게 되었다.

이런 여러 도시와 교역을 통해 부를 축적한 코린토스는 당시 그리스에서 여느 도시국가보다 많은 배를 소유했다. 이를 통해 유명한 코린토스제 항아리가 이오니아 해를 건너 서방뿐 아니라 펠로폰네소스 반도를 둘러싼 에게해와 그 너머에 있는 동방까지 팔려 나갔다. 페이시스트라토스의 의도는 코린토스가 독점하고 있는 고급품 시장을 파고드는 것이었다.

항아리는 그리스인의 생활필수품 중 하나였다. 그리스인은 항아리에 많은 것을 담았다. 포도주와 올리브유, 밀, 콩류 등 항아리에 넣지 못할 것은 없었다. 따라서 그리스인이 사는 곳이라면 어디에서든 항아리를 만들었다.

그러나 코린토스 항아리는 아름다웠다. 대표적인 것은 인물을 묘사한 것이었는데 청초한 아름다움이 빛나는 제품이었다. 다른 도시국가도 모방했지만 코린토스 항아리가 빚어내는, 오리엔트를 연상시키는 정적인 아름다움은 흉내 낼 수 없었다.

아테네에서 항아리를 제조한 사람들은 솔론의 개혁에서 제4계급에 속하는 장인들이었다. 페이시스트라토스가 어떻게 이 장인들의 등을 떠밀었는지는 알려져 있지 않다. 그러나 어떤 형태로든 그들의 작업

● 여성의 옷차림을 묘사한
  코린토스 스타일의 항아리

을 활성화한 것은 확실하다.

또한 중소업자라고 부를 만한 그들은 솔론의 개혁 과제들 가운데 하나였다. 그들은 부채를 갚지 않아도 노예가 되지 않는다는 솔론이 만든 법의 혜택을 받은 사람들이었다.

예를 들면 페이시스트리토스가 판로는 자기가 책임질 테니 뛰어난 제품을 만드는 데 전념하라고 장인에게 제안했다고 하자. 장인은 이 전까지는 더러 자식들 도움을 받으며 홀로 작업했지만 그때부터는 사람들을 고용해서 일을 시키고 자기는 아이디어와 마무리를 하면 뛰어난 제품을 많이 제조할 수 있을 것이라고 생각하게 된다. 그러면 새롭게 고용해야 하는 사람은 노예인데 그것이 간단한 문제가 아니었다.

항아리 제조에 경험 있는 노예를 사려고 하면 자기가 벌어들이는 일당의 20배에 해당하는 비용을 지불해야 했다. 게다가 평판이 좋은, 요즘 말로 숙련된 기술자 노예를 사려면 일당의 500배를 내야 했다. 따라서 규모 확대는 쉬운 일이 아니었고 항아리 제조를 확대하려면 선행 투자를 의미하는 부채에 의지할 수밖에 없는 상황에 놓였다.

아마 장인은 이런 방법으로 이 난관을 극복했을 것이다. 먼저 자기 일당의 4배에 해당하는 비용을 내면 살 수 있는 소년 노예 2명을 사서 그들에게 기술을 전수하면서 일을 알려주는 방법이다. 다른 한편으로 일당의 20배를 지불하고 곧바로 현장에 투입할 수 있는 장인 노예를 구해서 그들에게 제품의 중간 과정을 맡기고 디자인과 마무리를 자기가 하는 방법을 활용하는 것이다. 만약 이 방법이 실패한다고 해도 노예 신분으로 전락하지 않는 솔론의 개혁이 도움이 되었겠지만, 품질 좋은 제품을 만들면 파는 것은 국가가 고민하겠다는 페이시스트라토스의 정책 또한 도움이 되었을 것이다.

이렇게 당시 제조업에서 중요한 분야를 차지한 아테네의 항아리 산업이 크게 비약했다. 코린토스 제품을 모방하지 않았다. 싸구려를 대량으로 생산해서 가격경쟁에서 승리하려고도 하지 않았다. 코린토스 제품에 도전하려는 듯이 아테네에서 생산된 항아리의 주종은 붉은 바탕에 검은색이나 검은 바탕에 붉은색으로 사람을 묘사한 항아리였다.

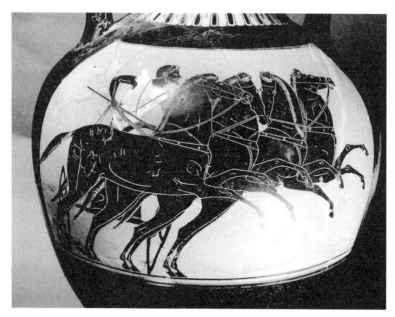

● 네 마리 말이 끄는 전차경주를 묘사한 아테네 스타일의 항아리

차이가 나는 것은 색깔만이 아니었다. 정지한 사람을 묘사한 코린 토스 제품과 달리 아테네 제품의 무늬에는 역동적인 인간 묘사가 많 았다. 호메로스의 서사시 장면에서부터 올림피아의 올림픽까지 묘사 했다. 나체로 무리 지어 달리는 남성 주자들, 네 마리 말이 질주하는 전차경주 등을 그려 넣었다.

한편으로 아테네 서민의 일상생활에서 식재료로 쓰이는 생선이나 새 등 그림 주제가 다양히게 확장되어 아테네인이 품은 판타지의 풍 부함에 혀를 내두를 정도다. 상상력이 자극되면 그것을 현실화하는 기능이 향상된다. 그 결과 '그림 장인'이라고 불러도 좋을 디자인 전문가가 등장한다. 이렇게 공방을 돌아다니며 항아리나 접시에 도안만 그려 넣는 프리랜서 장인들의 지위가 상승했음을 보여주는 증거로 항아리나 접시에 자기 이름을 적어 넣는 사람이 나타난 것을 꼽을 수 있다.

기원전 6세기 후반, 페이시스트라토스의 치세 이후 아테네에서 생산된 항아리가 지중해 시장을 석권한 것은 고고학으로 증명된다. 그리스인의 이런 재능을 존경하고 사랑한 로마인이 살던 이탈리아 반도에서도 크고 작은 아테네 항아리와 접시가 많이 발굴되었다. 게다가 아테네에서 생산한 항아리와 그것을 모방해 에트루리아에서 생산한 항아리를 비교해보면 누구나 쉽게 가려낼 수 있을 만큼 품질에서 차이가 난다. 그만큼 품질이 뛰어난 항아리가 아테네에서는 매일 일하지 않으면 생활할 수 없는 제4계급에 포함된 사람들, 로마인이 말하는 '프롤레타리우스'의 손에서 만들어졌다.

그리스신화에 나오는 미다스 왕은 그가 손댄 모든 것이 황금으로 변하는 이야기로 잘 알려져 있다. 아테네 항아리와 접시에 묘사된 화려하면서 유머가 담긴 그림을 바라보면 아테네에서 손댄 것은 모두 '아름다움'으로 변하는 게 아닌가 하는 생각을 하게 된다.

그런데 이 경우 '아름다움'은 황금이기도 했다. 팔기만 하면 금화가 들어왔기 때문이다. 아테네에서 생산된 제품과 아마추어 눈에도 알 수 있는 항아리와 접시를 나란히 바라보면 가격이 2배라도 아테네 제품을 사겠다는 생각이 들었을 것이다.

항아리 그림을 통해 폭발한 아테네인의 상상력은 당연히 조각 분야로 파급되었다. 아테네를 대표하는 그리스 조각은 페이시스트라토스 시대에 그 이전의 '고졸기' 스타일에서 '고전기' 스타일로 이행했다. 정지된 조각상 역시 움직임이 있는 조각상으로 변했다. 이른바 '그리스 고전기'의 개화였다.

고전기의 개화는 신전 건축에도 파급되었다. 로마시대 공공사업은 도로나 수도, 다리 건설이었지만 그리스에서는 첫 번째가 신전을 세우는 일이었다. 신전에는 그것을 지탱하는 둥근기둥이 필요했다. 기원전 7세기까지 둥근기둥은 도리아식이라고 불리는 묵직한 양식으로, 안정감은 충분했지만 둔중한 느낌을 벗어나지 못했다.

그것이 페이시스트라토스 시대에 이르러 날렵하게 세우는 이오니아식으로 바뀌어 사방에 줄기둥이 세워졌다. 줄지어 늘어선 이오니아식 둥근기둥의 아름다움은 각별했다.

구전으로 전해지던 호메로스의 서사시 『일리아스』와 『오디세이아』를 양피지에 필사하는 방법으로 '정본화'한 사람도 페이시스트라토스였다. 아테네 학교에서 그것을 사용하게 되면서 교사들이 한결 편해졌다. 더 나아가 세계문학의 최고봉으로 꼽히는 이 작품들을 읽는 후대 사람들까지 페이시스트라토스가 작업한 원본을 그리스어로 읽거나 여러 나라의 언어로 읽을 수 있게 되었다.

이 사람은 현대식으로 말하면 이벤드의 선구자인가 하고 생각하며 웃기도 했으니, 그는 4년에 한 번 여신 아테나에게 바친 '범아테나 축제Panathenaia'를 창설했다. 올림픽과 달리 가창력을 겨루는 자리였다. 그리스인이라면 모든 도시국가에서 참가할 수 있었다. 노래라고는 하지만 호메로스의 서사시를 하프 연주를 하면서 낭랑하게 읊는 것을 겨루는 축제였다.

그리스인은 몸 쓰는 기술로 겨루기를 좋아했지만 노래나 무용을 겨루는 것 역시 매우 좋아했다. 호메로스의 서사시가 정본화되었기 때문에 자기 마음대로 스토리를 바꾸거나 원본에 없는 인물을 등장시키는 것을 할 수 없었다. '범아테나 축제'는 세계문학사의 걸작을 보급하는 데도 큰 역할을 했다.

이벤트를 좋아하는 사람들은 자신에게 기쁨이 되는 것을 즐기지만 타인이 기뻐하는 모습을 바라보는 것도 좋아한다.

페이시스트라토스는 그때까지 2급의 신으로 인정받던 디오니소스를 주신 제우스나 아테나, 아폴론 다음이라고 말하며 1급 신으로 꼽았다. 디오니소스는 라틴어로 바쿠스라고 불리는 술의 신이었다. 페이시스트라토스는 그 이전까지는 포도밭을 가진 농민들의 신이었던 디오니소스를 모든 아테네 시민의 신으로 격상시켰다.

다만 포도주를 마시고 소란을 떠는 것만으로는 디오니소스의 지위를 일부러 격상시킨 의미가 없었다. 그리스인은 뭘 하더라도 신들의 측면 원조가 있다고 믿었던 민족이기 때문에 디오니소스에게도 수호의 대상을 찾아줄 필요가 있었다. 연극이 그것이었다. 연극 상연을 디오니소스 신에게 바쳤다. 이렇게 해서 연극을 본 뒤에 술을 마시고 소란스럽게 떠드는 것은 디오니소스가 인정한 행위로 여겨졌다.

그 뒤 반세기 후에는 아이스킬로스가 태어났고, 이윽고 그리스 비극의 전성기를 알리는 막이 올랐다.

페이시스트라토스가 비판 정신이 왕성한 아테네를 20년 동안이나 다스릴 수 있었던 이유를 보여주는 실증 사료는 없다. 이 시기의 아테네는 경찰국가도 아니었고 망명한 반대파 가운데 살해된 사람도 없었으며 감옥살이를 강요당한 시민도 없었다. 오늘날까지 그런 기록은 발견되지 않았다.

자기는 경호원의 호위를 받으면서 시민에게는 무기 휴대를 금한 것이 그가 독재자인 증거라고 말하는 연구자들이 있지만, 시내에서 무기 휴대 금지는 오늘날 선진국에서 일반적으로 실시하는 치안 대책과 다르지 않다. 머리로 피가 몰리는 일이 많았던 2,500년 전의 그리스인은 논쟁이 격화되면 허리에 차고 있던 단검을 뽑는 일이 많았다. 그러나 이 금지령에 따라 아테네 시내에서 일상으로 발생하던 칼부림은 과거의 일이 되고 말았다.

민주주의라면 뒤처지지 않는 나라인 영국의 어느 학자는 이렇게 말했다.

"분명 페이시스트라토스는 전제 통치자였다. 그러나 쾌적한 전제자였다."

이탈리아어에 '가글리아르도gagliardo'라는 말이 있다. 남자를 나타낼 때는 '뻐뻐하지만 유쾌한 녀석'이 되고 형용 대상이 포도주면 'vino gagliardo'라고 해서 '강하고 질 좋은 포도주'라는 의미가 된다.

어떤 이탈리아인은 페이시스트라토스가 가글리아르도 같은 지도자였다고 표현하면서 이렇게 말했다.

"페이시스트라토스의 통치를 받은 아테네는 매일 엑스포(박람회)였
을지 모르겠다."

외국인과 그들이 보유한 외자 도입의 문은 이미 솔론이 열어놓았
다. 페이시스트라토스는 솔론의 개혁에는 손가락 하나 대지 않았다.
그가 통치한 20년 동안 도시국가 아테네의 수도는 점점 국제적인 색
깔이 짙어졌다.

이 전제 지도자의 만년에 스파르타가 주도하는 '펠로폰네소스동
맹'이 결성되었다. 아테네가 강력해지면서 스파르타가 경계심을 드러
내기 시작한 것이다.

나는 페이시스트라토스가 통치한 20년 동안이 '아테네의 고도성장
기'였다고 생각한다. 그것이 기원전 527년 이 전제자가 자택 침대에
서 73세 나이로 생애를 편안히 마칠 수 있었던 요인이었을 것이다.

20년 동안 반대파였던 '평야당'과 '해안당'이 비집고 들어올 틈이
생기지 않고 그로 인해 스스로 선택했다고는 하지만 반대파 영수들
은 해외에서 망명 생활을 계속해야 했다.

그러나 유쾌하든 쾌적하든 '티라노스(전제자, 나쁘게 표현하면 폭군)'가
죽었다. 아테네인은 신랄한 풍자희극을 탄생시킨 민족이었다. 비판
정신이 남들보다 두 배 이상 왕성한 사람들이었다. 그런 아테네인이
20년 동안이나 계속된 전제 통치가 바뀌어야 한다고 생각한 것은 당
연한 일이었다. 그러나 변화를 이끌기에 적합한 인물을 찾아내는 것
이 쉽지 않았다.

'평야당'은 그들의 소유지를 잘게 나누어 농민들에게 분배한 페이시스트라토스의 정책에 따라 세력 기반에 손실을 입고 약화되었다. 그러나 '해안당'은 페이시스트라토스의 해외 교역 장려책에 따라 해안 지방 경제력이 상승한 덕분에 세력이 전혀 줄지 않았다. 게다가 이 무리는 아테네인이라면 모를 수가 없는 명문 중 명문인 알크마이온 집안이 이끌고 있었다. 이 집안 총수였던 메가클레스는 망명 중에 사망했고 장남인 클레이스테네스가 뒤를 계승했다.

클레이스테네스는 페이시스트라토스가 무혈이라고는 하지만 쿠데타를 통해 지배자가 된 해에 19세였다. 이 젊은이는 이때부터 페이시스트라토스가 죽을 때까지, 정확하게 말하면 19년 동안 조국 아테네에 한 번도 돌아오지 않고 망명 생활을 계속했다. 집안의 다른 남자들은 귀국해도 집안을 거느리는 처지인 클레이스테네스만은 돌아올 수 없었던 것이다.

페이시스트라토스가 죽은 해에 클레이스테네스는 38세였다. 나이도 그렇고 지명도에서도 아테네로 돌아와 꽃을 피우기에 충분했다. 그런데도 그가 꽃을 피운 것은 그 후 17년이 지난 뒤였다. 왜일까?

한마디로 하면 페이시스트라토스가 죽은 뒤 17년 동안 '페이시스트라토스 체제'가 지속되었기 때문인데, 어떻게 17년이나 계속될 수 있었을까?

페이시스트리토스는 두 아들 히피아스와 히파르코스를 남겼다. 태어난 해가 명확하지 않기 때문에 죽은 해로 추측할 수밖에 없지만 두 사람 모두 20대였을 것으로 보인다. 이 형제는 무능하지 않았기에 페이시스트라토스는 두 사람이라면 권력이양이 가능하다고 생각했을 것이다.

두 아들은 아테네 시민이 오랜 세월 인정했던 아버지의 카리스마를 자기들이 갖고 있지 않다는 사실을 알았던 모양이다. 그래서 경호원을 데리고 다니지도 않았고 상당히 훌륭했던 아버지의 사생활을 답습하려고도 하지 않았다. 물론 아버지가 손대지 않은 솔론의 개혁에 의한 아테네 체제도 그대로 계승했다.

아테네에서는 매년 선거를 치렀는데 기원전 525년 내각이라고 불러도 좋을 9명의 '아르콘'에 클레이스테네스가 선출되었다. 페이시스트라토스가 죽은 지 불과 2년 뒤 일이었다.

다만 클레이스테네스는 아직 9명 가운데 1명이었다. '페이시스트라토스 체제'는 9명 가운데 반대파가 다수를 차지하지 못하게 후보자를 사전에 조정했기 때문에 40세가 된 클레이스테네스의 조국 복귀는 어디까지나 '페이시스트라토스 체제'로 귀환이었다.

그렇지만 이 '해안파' 영수는 그 후 10년 동안 아테네에서 가만히 있었다. '아르콘' 경험자로 구성된, 오늘날의 사법기관과 유사한 '아레이오스 파고스Areios Pagos'의 일원이 되기도 하고 재차 '아르콘'에 선출되기도 했을 것이다. 왜냐하면 그가 다시 망명한 것은 페이시스트라토스의 아들 히피아스가 통치한 마지막 시기, 즉 기원전 514년 전후였기 때문이다.

형제 두 사람이 통치하는 경우 그들 사이에 분쟁이 일어나는 일이 많은데 페이시스트라토스의 두 형제에게는 그런 일이 일어나지 않았다. 형 히피아스의 담당은 국정 전반이었고 동생 히파르코스는 오로지 이벤트만 담당했기 때문이다. 또한 두 사람에 의한 전제가 그토록 오래 지속될 수 있었던 것은 아테네 시민에게 변화를 꾀할 확실한 이유나 결단을 내릴 이유가 없었기 때문일 것이다. 무엇보다 변화해야겠다고 생각할 정도로 아테네 시민들은 이상주의를 추구하지 않았다.

첫 번째 '균열'은 두 형제의 전제 통치가 8년째를 맞이한 기원전 519년에 찾아왔다. 37년 동안 국외에 군대를 보내지 않았던 아테네가 군대를 파견해야 할 상황에 놓였기 때문이다.

사태는 다른 나라를 상습으로 침략하는 테베가 아테네와 가까운 곳에 있는 플라타이아이를 공격하면서 발생했다. 플라타이아이는 최강의 육군 전력을 자랑하는 스파르타에 도움을 청했다.

'페이시스트라토스 체제' 아래에서 그가 죽은 뒤에도 번영을 구가하던 아테네에 강한 경계심을 품고 있던 스파르타는 플라타이아이의 구원 요청이 아테네를 전쟁터로 끌어낼 절호의 기회라고 보았다. 그래서 플라타이아이와 지리적으로 가까운 곳에 있는 아테네에 원조를 청하는 편이 이치에 맞는다고 대답했다.

플라타이아이로부터 원군 파견 요청을 받은 히피아스는 수용할 수밖에 없었고 시민집회에서도 가결시킬 수밖에 없었다. 그것은 플라타이아이가 테베의 지배 아래 놓이면 아티카 지방이 '상습으로 다른 나라를 침략하는' 테베와 직접 국경을 마주하는 결과로 이어지기 때문이었다.

다행히 아테네는 테베와 겨룬 전투에서 승리했다. 그러나 이 때문에 히피아스가 지배하는 아테네는 두 가지 불안을 안게 되었다.

하나는 그리스에서 유력한 도시국가 중 하나인 테베와 적이 되고 말았다는 점이다.

또 하나는 테베가 '페이시스트라토스 체제' 아래에서 반대파인 알크마이온 집안에, 만약 그들이 아테네를 향해 실력 행사를 할 때 필요하다면 테베에 속한 보이오티아 지방의 남부를 전초기지로 증여하기로 했다는 점이다. 아테네에 대해 장난이라도 하려는 듯이 말이다. 만약 이 일이 알크마이온 집안 총수인 클레이스테네스가 아테네 시내에 있을 때 실현된 것이라면 훗날 민주주의 챔피언이라 인정받는 그도 대단한 악당이었다는 말이 된다.

이러한 사태 변화 때문에 히피아스에게는 새로운 불안의 씨앗이 뿌려진 셈이 되었다. 국내에서는 클레이스테네스가 이끄는 알크마이온 집안, 국외에서는 테베와 스파르타를 상대해야 했다.

게다가 이 시기에 페이시스트라토스의 친구 가운데 하나로 페이시스트라토스가 죽은 뒤에도 형제를 도와준 낙소스의 참주 리그다미스가 죽었다. 이 죽음은 히피아스에게 신뢰할 수 있는 아군을 잃은 것 이상의 의미가 있다. 에게해 남쪽을 항해하는 아테네의 정기노선조차 이제는 조심해야 했다. 그 전까지는 리그다미스의 통치 아래에 있었던 낙소스 섬이 엄중하게 감시하고 있었기 때문에 그 근해를 항해하는 아테네의 배가 안전하게 다닐 수 있었던 것이다.

그 무렵 히피아스는 평정심을 잃은 탓인지 멀리 있는 페르시아제국

보이오티아

에우보이아

에 게 해

○ 테베

플라타이아이 ○

아티카

○ 마라톤

○ 아테네

코린토스 ○

낙소스

○ 스파르타

라코니아

N

0 100km

● 아테네와 그 주변

에 접근하려고 시도했다. 아무튼 아테네의 적들이 과감한 결단을 내리지 않았고 결정적인 한 걸음을 내딛지 않았기 때문에 형제에 의한 전제는 삐거덕거리면서도 계속되었다.

그런데 5년 뒤인 기원전 514년, 동생 히파르코스가 살해되었다. 범아테나 축제를 혼자 도맡았던 히파르코스를 덮친 것은 2명의 아테네 시민이었다. 전쟁의 여신이기도 한 아테나에게 바친 이 축제 기간에만 무기 휴대가 인정되었는데 그것이 히파르코스를 죽음으로 몰았다.

범인 두 사람은 현장에서 체포되어 사형에 처해졌다. 솔론의 개혁에 따르면 두 사람은 제1계급에 속한 사람들이었다. 개인적 원한이 범행의 원인이라고 했지만 진상은 밝혀지지 않았다.

클레이스테네스는 히피아스가 홀로 된 이 시기야말로 호기라고 생각했다. 테베로부터 전초기지 성격으로 증여받은 보이오티아 지방으로 돌아가 일족을 거느리고 아티카 지방, 즉 도시국가 아테네의 국경을 향해 진군을 시작했다.

이 사실을 안 히피아스는 아버지 덕분에 동맹 관계를 유지할 수 있었던 테살리아에 원군을 요청했다. 테베와 사이가 좋지 않던 테살리아는 곧바로 군대를 보냈다. 그렇게 해서 클레이스테네스의 군사력 행사는 아티카 땅을 밟아보지도 못하고 일찌감치 실패로 끝났다.

50세가 된 클레이스테네스는 방침을 전환했다. 자력으로는 도저히 성공할 수 없다는 것을 깨닫고 본격적으로 다른 국가의 군대에 의지하기로 결정했다.

원래부터 알크마이온 집안은 거대 부유계급이었다. 게다가 엄청난 해외 재산을 소유했다. 자금은 부족하지 않았다. 클레이스테네스는 35년 전에 불탄 채로 방치되어 있던 델포이의 아폴론 신전을 자비로 재건했다. 이 신전은 리쿠르고스의 사례를 떠올릴 필요도 없이 스파르타인들이 신탁을 얻기 위해 찾는 곳이었다. 훌륭하게 재건된 신전을 보고 스파르타인들은 감격했고 클레이스테네스에게 호의를 가지게 되었다.

훗날 철학자 아리스토텔레스가 전한 에피소드인데, 클레이스테네스는 아폴론 신전의 신관들을 돈으로 매수해서 신탁소를 찾아온 스파르타인들에게 "페이시스트라토스의 쇠사슬에서 해방되고 싶어 하는 아테네인을 도와라"라고 여사제의 입을 통해 말하게 했다.

히파르코스가 암살되고 3년이 지난 기원전 511년 클레이스테네스의 책략은 마침내 열매를 맺었다. 비록 여사제가 하는 말을 듣기는 했지만 스파르타인은 결단이 느리고 행동 또한 느렸다. 이듬해 봄에 많지는 않지만 스파르타 군대가 아티카 지방에 상륙했다.

그런데 그들을 기다리고 있던 것은 테살리아의 기병 1,000명이었다. 스파르타의 중무장 보병도 기병의 적수가 될 수는 없었으니, 대장까지 전사하면서 전멸하고 말았다.

이렇게 되자 스파르타인의 우두머리들은 아폴론 신전의 여사제가 말한 아테네인을 도우라는 신탁 따위는 완전히 싸늘었다. 스파르타 전사에게 전투에서 이기는 것은 자존심이 걸린 문제였다. 결단도 행동도 느린 스파르타인이었지만 이때만큼은 즉각 클레오메네스 왕이 거느린 스파르타 중무장 보병이 아테네로 진격했다.

히피아스가 거느린 아테네 병사와 테살리아 기병은 여지없이 패하고 말았다. 대열을 유지하며 아테네 시내로 들어온 스파르타 군대는 곧바로, 수하 병사만을 거느리고 아크로폴리스로 도망친 히피아스를 쫓아 언덕 위 성채를 포위했다.

그러나 클레오메네스 왕은 스파르타 중무장 보병이 성을 공격하기에 적합하지 않다는 것을 알고 있었다. 그래서 히피아스에게 사절을 보내 항복하고 아테네를 떠난다면 히피아스와 그를 따르는 사람 모두의 안전한 퇴거를 보장하겠다고 전했다. 히피아스는 제안을 받아들였고 영지가 있는 북부 그리스를 향해 떠났다.

이렇게 해서 기원전 510년, 아테네를 지배했던 전제정치는 막을 내렸다. '페이시스트라토스 체제'는 개막 36년 후에, 페이시스트라토스가 죽은 지 17년 만에 마침내 종지부를 찍었다. 다른 나라의 손을 빌렸다고는 하지만 이겨서 살아남은 것은 클레이스테네스였다.

클레이스테네스의 개혁: 아테네

스파르타인에게 시민이란 리쿠르고스가 정한 것처럼 조국 방위에 생애를 바친 '전사' 외에 다른 의마는 없었다. 도시국가 스파르타의 존속에 필수 불가결하다고 여긴 수공업과 상업에 종사하는 페리오이코이나 농업에 종사하는 헬롯도 그들이 보기에는 '시민'이 아니었다. 그래서 페리오이코이나 헬롯에게 시민권을 주지 않았고 시민집회 참석을 허용하지 않았다.

한편 아테네에서는 솔론의 개혁이 말해주듯이 물건을 만드는 장인이나 상인, 농민 모두가 '시민'이었다. 그들은 수입의 많고 적음에 따라 피선거권에 차별이 있었지만 시민집회에 참여할 자격이 있었고 또한 그런 이유로 국정에 참여할 권리를 가지고 있어서 당당한 시민권을 지닌 '시민'이었다.

기원전 510년, 페이시스트라토스의 아들 히피아스를 추방하는 일에 손을 맞잡은 스파르타는, 그저 델포이 신전을 재건해준 클레이스테네스에게 은혜를 갚자고 그가 원하는 히피아스의 배척을 도운 것만은 아니다.

그 무렵 스파르타는 '페이시스트라토스 체제'를, 당시에는 용어가 없었기에 현대식으로 말하면, '포퓰리즘populism'이라고 간주하고 아테네에 대한 경계심을 높이고 있었다. 페이시스트라토스는 농민이나 장인, 상인의 경제력을 향상하기 위해 노력했는데, 이는 페리오이코이나 헬롯을 시민사회에서 철저히 배제한 스파르타에는 자국 하층계급에 악영향을 미칠 수 있는 위험한 포퓰리즘으로 보였을 것이다. 따라서 스파르타는 '페이시스트라토스 체제'의 계승자인 히피아스를 추방할 충분한 이유가 있었다. 그래서 히피아스를 몰아낸 뒤에 클레이스테네스를 내세울 마음도 없었다.

클레이스테네스가 명문 중 명문 출신으로 기득권 계급이지만 그의 권력 기반은 아티카 지방 해안부로, 그곳은 주민 대부분이 장인이나 상인이었다. 스파르타가 보기에 이 신흥계급을 거느린 클레이스테네스 또한 위험 분자였다. 잊어서는 안 되는 사실은 스파르타의 국정을 이끄는 사람은 2명의 왕이 아니라 시민집회에서 매년 5명씩 선출되는 '에포로스(감독관)'라는 것이다. 이들은 리쿠르고스가 정한 스파르타의 국가체제를 지키는 것에 전혀 의심을 품지 않는, 요즘 말로 하면 완고한 보수파였다.

'페이시스트라토스 체제'를 군사력으로 타도한 스파르타는 아테네에 스파르타와 유사한 정치체제를 수립하려고 했다. 즉 이참에 아테네에 소수에게 권력이 집중되는 '올리가르키아oligarcia (과두정치)'를 도입하려고 했다.

스파르타는 이사고라스라는 남자를 주목했다. 전부터 종종 스파르타에 체류하기도 해서 스파르타와 가까운 아테네인으로 꼽힌 사람이었다. 2년 뒤, 이번에는 소규모 부대를 거느리고 아테네로 들어온 스파르타의 클레오메네스 왕은 이사고라스를 '아르콘'의 1인으로 선출하는 데 성공했다. 9명으로 구성된 '아르콘'에 선출되기 위해서는 자산가인 제1계급과 제2계급에 속한 시민이어야 했으므로 아마 이사고라스는 부유한 계층에 속했을 것이다.

아르콘에 선출된 이사고라스는 시민집회에 제안하지 않고 스파르타 왕의 군사력을 등에 업고 명령을 내리듯이 다음과 같은 세 가지 항목을 시민에게 내밀었다.

첫째, 아테네의 모든 공공기관에서 페이시스트라토스 무리라고 지목된 시민 전원을 해임한다.

둘째, 또한 클레이스테네스와 그 일파 전원을 아테네에서 추방한다.

셋째, 시민집회를 해산하고 그를 대신할 기관은 신임 아르콘인 이사고라스가 결정한다.

이에 대해 아테네 시민들은 분노했다. 분노한 시민들이 무리 지어 스파르타 왕과 이사고라스가 거주하는, 아크로폴리스 위에 지은 성채를 에워쌌다. 왕을 따라온 스파르타 병사들은 용맹하고 뛰어났지만 상대의 숫자가 너무 많았다. 게다가 상대는 분노에 휩싸여 있었다. 이틀 동안 스파르타 왕은 공방전을 벌였는데 본국에 있는 '에포로스'와 상의하지 않고 독단으로 일을 수습하는 쪽을 선택했다.

시민들의 요구는 모두 받아들여졌다. 클레오메네스 왕은 병사들을 거느리고 안전하게 퇴각했고 이사고라스 일파는 체포되어 사형에 처해졌다. 이사고라스는 어떻게 했는지 모르지만 홀로 도망치는 데 성공해서 스파르타에 몸을 숨겼는데 그 후 소식은 알려진 것이 없다. 이 사태 이후 아테네 시민에게는 마침내 클레이스테네스를 맞아들일 마음이 생겼다.

기원전 508년, 클레이스테네스는 페이시스트라토스가 통치하던 아테네로부터 망명했다가 38년 만에 진정한 의미에서 조국 아테네로 귀국했다. 자기 뜻이기는 했지만 19세에 망명 생활을 시작한 그는 이제 57세가 되었다. 클레이스테네스는 시민들이 자기를 맞아들인 것은 달리 사람이 없기 때문이며 그래서 그들이 쌍수를 들어 환영한 것은 아님을 잘 알고 있었다.

지난 반세기 정도 동안 서양의 르네상스, 중세, 고대 로마에 관해 쓰면서 깊이 생각한 것은 시대에 획을 그을 정도로 개혁을 본격적으로 실행한 사람은 모두 기득권 계급에서 나왔다는 점이다. 기득권 계급에 속한 사람이라고 해서 모두 자기들이 누리는 기득권을 계속 유지하는 일만 생각하는 단순한 보수주의자는 아니었다. 이 계급에 속한 사람 중에서 때로 자기들이 속한 계급의 결함을 직시하는 사람이 나타났다.

개혁은 기득권 계급이 가진 결함을 파고드는 것만으로 달성되지 않는다. 결함을 따지기 위해서는 그것을 피부로 느끼는 쪽이 유리하다. 이는 로마인의 표현을 빌리면, 어디를 어떻게 파고들어야 성공할 수 있을지를 '식탁의 화제'로 자연스럽게 획득했기 때문이다. 이런 종류의 '축적'은 아무리 우수한 신흥계급 출신자라도 하루아침에 얻을 수 있는 것이 아니다. 달리 적당한 교육기관이 없던 시대에 그것을 가르쳐주는 곳은 가정밖에 없었다.

앞으로 다룰 클레이스테네스의 개혁은 얼핏 보면 자기가 속한 특권 계급의 기반을 밑바닥부터 파괴하고 그를 통해 국정 방향을 시민의 손에 넘긴 것처럼 보인다. 정말 그랬을까? 답은 "노"다. 절대로 아니다. 만약 대답이 "예스"라면 그로부터 40년 뒤지만 아테네 개혁의 마지막 주자인 페리클레스는 결코 탄생하지 않았을 것이다. 페리클레스도 클레이스테네스가 속한 아테네의 명문 중 명문 알크마이온 집안에서 태어났다. 오늘날까지 명성이 자자한 '아테네 민주정치'는 모두 최고의 엘리트들이 만들었다. 왜냐하면 고대 아테네의 '데모크라시'는 '국정 방향을 시민(데모스demos)의 손에 맡긴다'가 아니라 '국정 방향은 엘리트들이 생각해서 제안하고 시민에게 그 찬반을 맡긴다'이기 때문이다.

클레이스테네스는 자기가 속한 특권계급을 붕괴시키지 않았다. 오히려 온존을 도모했다. 다만 그는 당시 아테네 사회 내에서 일어나는 힘의 이행을 고려했기 때문에 특권계급의 부정적인 부분은 단호하게 잘라냈다.

아테네의 민주정치는 고매한 이데올로기에서 태어난 것이 아니다. 필요성 때문에 태어났다. 냉철한 선택의 결과다. 냉철하고 필요성을 느끼는 사람이 통치하던 시대의 아테네에서 민주주의는 힘을 가지게 되었고 작동했던 것이다. 민주정치가 이데올로기로 변한 시대에 도시국가 아테네를 기다리고 있던 것은 쇠퇴뿐이었다.

융성기의 아테네 지도자들이 한 사람을 제외하고 모두 명문가 출신으로 채워진 것은 놀라운 일이다. 솔론, 페이시스트라토스, 클레이스테네스, 페리클레스 등 아테네의 개혁이라는 릴레이 팀 주자들 이름을 거론하면 그 폐해를 말하지 않을 수 없을 만큼 세습의 연속이었다. 더욱이 아테네 지도자들은 저마다 방법은 달랐지만 여신 아테나가 사랑한 '아테네인'이기도 했다. 그들은 이상을 추구하는 이데올로기를 목표로 삼는, 인간성에 대해 무지하고 단순한 이상주의자들이 아니었다.

이제 자기 계급의 기초를 무너뜨림으로써 오히려 그 계급의 참된 힘을 더 강력하게 발휘할 수 있는 정치체제를 구축해낸 인물, 아테네인다운 '영악함'으로 이러한 큰 기술을 수행해낸 클레이스테네스를 만나보자.

'클레이스테네스의 개혁'으로 알려진 개혁은 사실 매우 복잡해서 나는 처음으로 머리를 감싸 쥐었다. 그러는 중에 이 개혁이 하루아침에 이루어진 것이 아니라 30년 이상에 걸친 망명 생활에서 클레이스테네스가 생각하고 또 생각해서 다듬은 것이 아닐까 하는 생각이 떠올랐다.

매우 복잡한 개혁의 전모를 후대에 태어난 우리가 머리를 쥐어짜지 않고 이해할 수 있게 된 것은 전적으로 아리스토텔레스 덕분이다. 이 철학자는 모든 것에 관심을 가진 사람으로 『시학 Poetica』에서는 비극을 논하고 『아테네인의 정치체제Athenaion politeia』에서는 아테네 정치체제의 변화를 분석했다.

그런데 이 편리한 해설서는 저술 후 2,000년 이상이 지난 1891년에 발견되어 간행되었다. 그것은 도시국가 아테네가 역사적으로 모습을 감춘 뒤 오랫동안 잊혀 프랑스혁명과 나폴레옹 시대 유럽인들조차 몰랐다는 말이 된다. 만약 알고 있었다면 자유, 평등, 박애와 그 유지가 어설프게 생각해서는 불가능하다는 것을 알았을 텐데 말이다.

여기서는 '클레이스테네스의 개혁'을 아리스토텔레스보다 간략하게 소개하려고 한다. 철학자 아리스토텔레스는 클레이스테네스보다 150년 뒤 도시국가 아테네가 존재하던 시대에 태어난 사람이다. 그러나 우리는 그로부터 2,300년 이상 지나고 도시국가 아테네가 형

체도 없이 사라진 시대에 태어났다. 아마 아리스토텔레스는 우리가 2,500년 전의 아테네를 이해하기 위해 간소화하는 것을 허락해줄 것이다.

그러나 내용이 아무리 복잡하다고 해도 클레이스테네스의 목적은 명쾌했다.

첫째, 아테네에서 절대로 참주정치가 부활해서는 안 된다. 아무리 쾌적하다고 해도 참주정치는 평등한 입장에서 시민 전원을 국정에 참여시키는 제도가 아니기 때문이다.

둘째, 인적자원인 아테네 시민의 활력을 최대한 활용할 수 있는 제도여야 한다.

첫 번째는 솔론의 개혁이 지닌 정신을 계승한 것이며 두 번째는 페이시스트라토스의 정치를 계승한 것이다. 이를 통해 클레이스테네스는 무엇이든 부수는 개혁자가 아니었음을 알 수 있다.

이미 말했듯이 도시국가 아테네의 영토인 아티카 지방은 수도인 도시부, 바다와 면한 해안부, 내륙부로 나뉘어 있었다. 클레이스테네스는 이 모든 지역을 작게 쪼갰다.

도시부: 1구역부터 10구역까지 분할.
해안부: 마찬가지로 1구역부터 10구역까지 분할.
내륙부: 마찬가지로 1구역부터 10구역까지 분할.

이처럼 나누면 총 30구역으로 나뉘는데 클레이스테네스의 예측할 수 없는 두뇌는 우리를 놓아주지 않는다. 왜냐하면 그의 참된 의도는 분할하면서도 분산을 막는 것이었기 때문이다. 30개로 분리된 구역을 이번에는 3개 지역씩 합병해서 10개 구역으로 만들었다. 여기서 후대에도 사용하게 된 언어의 어원이 생겨났다. 라틴어 '트리부스tribus'가 그것이다.

도시부의 제1구역을 해안부의 제1구역, 내륙부의 제1구역과 합병해서 '제1트리부스'를 구성하게 했다. 제2구역 이하도 모두 마찬가지 방식으로 합병해서 총 10개의 트리부스가 생겨난 셈이다.

'트리부스'는 클레이스테네스 이전의 아테네나 현대 이슬람 사회에서도 '부족'의 의미로 사용되는 말이다. 트리부스는 의미만 따지면 그것이 혈연이든 지연이든, 이해관계든 상관없이 유력자를 중심으로 자연스럽게 생겨난 인간 집단을 의미한다. 클레이스테네스 개혁의 핵심은 바로 여기에 있었다. 10개로 작게 분할한 것을 다시 10개로 재구성함으로써 '부족'이라고 번역하는 것이 적절한 '트리부스'는 부족이라고 번역해서는 적절하지 않은 '트리부스'로 바뀌었다. 자연 발생적으로 생겨난 '부족'은 인공적인 주민공동체인 '행정구역'으로 변화했다. 이 때문에 도시국가 아테네에서는 '부족'이라고 번역해서는 안 되고 그냥 '트리부스'라고 불러야 한다.

왕, 참주, 군주 뭐라고 부르든 한 사람이 통치하는 정치체제의 유일한 장점은 지배 아래에 있는 각 부족의 폭주를 억제할 수 있다는 것이다. 클레이스테네스는 아테네가 왕이나 참주에 의지하지 않고 국내 부족이 가진 에고ego를 억압하면서 국내를 통합할 수 있는 방법을 생

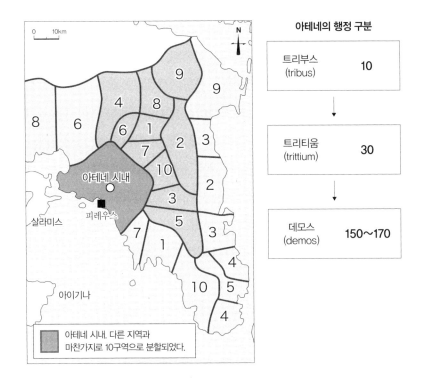

아테네의 행정 구분

트리부스 (tribus)	10

↓

트리티움 (trittium)	30

↓

데모스 (demos)	150~170

아테네 시내. 다른 지역과 마찬가지로 10구역으로 분할되었다.

각한 것이다. 그때까지 아테네를 괴롭힌 내부 다툼은 유력 가문의 '부족' 간 갈등에서 발생한 것이었다.

이제 아티카 전 지역이 잘게 분할되면서 유력자들의 소유지도 잘게 분할되어 조상으로부터 전래된 땅이라는 말을 할 수 없게 되었다. 또한 그 땅을 배경으로 권위를 유지하는 일도 어렵게 되었다. 이렇게 되자 당연하게 클레이스테네스가 속한 일크마이온 십안이 기존의 '부족(트리부스)' 해체의 첫 번째 대상이 되었다. 이런 사실이 밝혀지자 시민 집회는 다수의 찬성으로 클레이스테네스의 개혁을 가결했다.

그러나 클레이스테네스는 구세력의 해체만으로 만족할 개혁가가 아니었다. 그 후에도 긴장의 고삐를 죄었다. 도시부의 제1구역과 해안부의 제1구역, 내륙부의 제1구역이 합병해서 '제1 트리부스'가 되었는데 총 10개가 된 이 '행정구역' 하나하나를 다시 3개의 트리티움^{trittium}으로 분할했다. 거기서 멈추지 않았다. 각 '트리티움'을 다시 5개의 '데모스^{demos}'로 분할했다. 이렇게 해서 도시국가 아테네가 있는 아티카 지방 전역은 10개의 '트리부스', 30개의 '트리티움', 150개의 '데모스'로 재구성되었다. 훗날 '데모스'의 숫자가 증가해 170개가 되었다. '데모스'는 현대 국가의 '동'이나 '마을'이라고 생각하면 된다.

　　클레이스테네스는 2,500년 전에 아테네 시민 모두에게 '호적'을 부여했다. 영어로 말하면 '아이덴티티 카드'를 준 것이다. 이 개혁의 실행으로 도시국가 아테네의 안전보장 기반까지 확실해졌다는 점에서 클레이스테네스는 두뇌가 비상한 사람이었음이 틀림없다. 왜냐하면 호적이나 주민등록의 소재지를 정확하게 파악하는 것은 현대 국가에서는 일반적으로 세금 징수를 위한 것이지만 간접세 시대였던 고대에는 직접세가 없었기 때문이다. 고대의 '직접세'는 다른 말로 '피의 세금'이라 불리는 병역으로 지불했다. '시민'이란 20세 이상의 성인 남자라는 병역 해당자를 가리키는 말이었고 그들만이 도시국가의 시민권을 가진 사람들이었다.

　　일부 주장에 따르면 클레이스테네스는 10개인 '트리부스' 각각에 병역에 해당하는 3,000명의 명단을 제출하게 했다. 합계를 내면 3만 명이 된다. 다시 말해 시민이면 모두 병역의 의무를 지는 아테네에서 4만 명 안팎밖에 되지 않는 시민 가운데 3만 명을 병역 해당자로 등록시켰다. 따라서 기병, 중무장 보병, 경무장 보병으로 나누기는 했지만 병력 숫자만 따지면 최강의 육상 전력을 가진 것으로 인정받았던 스파르타의 2배가 넘는 병력을 보유하게 되었다.

클레이스테네스의 머릿속에는 페이시스트라토스 시대 말기에 스파르타가 현실화한 '펠로폰네소스동맹'이 남아 있었을 것이다. 펠로폰네소스동맹은 페이시스트라토스 통치 시대에 급속도로 번영을 구가한 아테네에 위기감을 느낀 스파르타가 펠로폰네소스 반도에 있는 도시국가들과 함께 결성한 동맹으로 이 동맹을 전후로 해서 스파르타는 패권 노선을 180도로 전환했다. 그 전에는 스파르타에 정복당한 국가 주민은 스파르타의 노예에 가까운 지위로 전락했고 도시국가로 남은 경우에도 많은 공납금을 지불해야 했다. 스파르타는 펠로폰네소스동맹 결성 이후 이 방법을 바꾸었다.

펠로폰네소스동맹에 참가한 도시국가에 부과된 의무는 하나였다. 스파르타가 전쟁을 시작할 때 병력을 지원하는 것뿐이었다. 스파르타의 중무장 보병 군단의 강력함은 널리 알려진 사실이다. 역사적으로 스파르타와 사이가 좋지 않았던 아르고스를 제외하고 펠로폰네소스 반도에 있는 도시국가 대부분이 스파르타가 주도하는 펠로폰네소스동맹에 참가를 표명했다. 클레이스테네스는 이 사실을 잊지 않았다. 그러나 아테네인은 목표를 향해 곧장 돌진하는 느낌을 주는 스파르타인과 방법을 달리했다. 호적의 소재지를 명확하게 한다는 취지여서 스파르타인이 의심할 수는 있어도 비난할 수 없는 방법으로 병력을 증강하는 데 성공했다. 호적을 부여하는 데는 또 다른 이점이 있었다.

클레이스테네스의 개혁 이후에 아테네 시민의 이름은 다음과 같이 바뀌었다.

"알로페케의 데모에 호적이 있는 소프로니스쿠스의 아들 소크라테스."

"코랄고스의 데모에 호적이 있는 크산티푸스의 아들 페리클레스."

여기에는 출신 계급을 나타내는 집안 이름이 없다. 클레이스테네스의 개혁 이후 아테네에서는 지명도 높은 알크마이온 집안의 이름을 올리는 일이 없어졌다. 이렇게 해서 개인의 재능만으로 승부할 수 있는 시대가 찾아왔다.

클레이스테네스의 개혁은 아리스토텔레스가 말한 것처럼 '민주정치를 한 단계 발전시키는' 것에 머물지 않았다. '메리토크라티아 meritokratia(실력주의)'에도 큰 진전이 있었다. 왜냐하면 25년 뒤 아테네의 운명을 한 몸에 짊어진 테미스토클레스는 아테네 지도자 가운데 유일하게 '비명문 집안' 출신이었기 때문이다. '메리토크라티아'는 후세 사람들이 라틴어와 그리스어를 합쳐서 만든 언어로 고대 그리스나 고대 로마에 존재하지 않았던 말이다. 그러나 말이 없었다고 그것을 체현한 사람까지 없었던 것은 아니다. 게다가 '데모크라티아democratia(민주정치)'와 '메리토크라티아'는 의외로 궁합이 잘 맞는 것처럼 보인다.

클레이스테네스의 개혁에 따라 아테네 시민이 얻은 '호적'은 그 사람의 소재지를 나타낼 뿐 그곳에 거주해야 한다는 것을 의미하지는 않았다. 내륙부에서 태어났다고 해도 해안부로 가서 교역에 종사할 수 있었고 도시부에 집을 빌려 항아리 그림을 배워도 아무 문제가 없었다. 이주의 자유는 완전하게 보장되었다. 이런 자유는 아테네와 스파르타를 구분하는 요소 가운데 하나였다. 그러나 시민개병을 실시했다는 점에서는 스파르타와 다르지 않았다. 18세가 되면 아테네의 젊은이는 자기의 '데모'에 출두해서 병역 훈련에 참여해야 했다. 아무리 시민 전체가 평등한 권리를 갖고 있어도 적군에게 나라가 점령당하면 아무 소용이 없는 일이었다. 따라서 병역에 관해 서술하는 것은 클레이스테네스가 개혁한 아테네의 새로운 정치체제에 대해 말하는 것과 다르지 않다.

클레이스테네스는 솔론의 개혁으로 성공한 정치체제를 그대로는 아니지만 유지했다. 그것은 역사적으로 '데모크라티아'라고 불리는 것으로, 부유계급에서 무산계급에 이르기까지 수입의 많고 적음에 따라 네 계급으로 분할한 제도다. 클레이스테네스는 이를 잘게 분할했는데 얼핏 부유계급의 부가 크게 줄어들었을 것으로 생각하기 쉽지만 부의 격차에는 변함이 없었다. 게다가 부유계급은 솔론의 개혁 대상에서 제외된 해외 재산을 보유하고 있었다. 직접세가 없었던 시대여서 당연한 말이지만 누진세도 없었다. 그 시대에 제1계급과 제2계급인 부유계급에 병역을 기병으로 부과한 것은 일종의 누진세였을 것이다.
또한 제3계급에 부과한 병역인 중무장 보병의 경우, 방패와 긴 창이외의 무장은 자기 부담이었는데도 클레이스테네스 시대에 들어와 모두 국가 부담으로 바뀌었다. 이를 통해 무산계급에 속해 있던 장인이나 상인도 중무장 보병의 병역을 담당하게 되지 않았을까? 이는 제4계급 전원이 이전의 경무장 보병에서 중무장 보병으로 격상되었다는 말이 아니라 적어도 그 일부가 바뀌었을 것이라는 말이다.

연구자들에 따르면 클레이스테네스 시대의 도시국가 아테네에서 시민권을 갖고 있던 사람은 4만 명 안팎이었다고 한다. 20세 이상인 성인 남자가 4만 명 정도라는 뜻이다. 다만 여기에는 50세가 넘어 현역에서 은퇴한 예비 병력과 예비군으로도 활용할 수 없는 노령자까지 포함되어 있다. 아테네는 15년 후 마라톤 평원에서 벌어진 전투에 9,000명의 중무장 보병을 투입할 수 있었다. 성인 남자의 4분의 1에 해당하는 숫자였다. 그 후에도 아테네 성인 남자의 숫자는 증가했지만 도시국가 아테네가 전쟁에 투입할 수 있는 중무장 보병이 전체 성인 남자 수에서 차지하는 비율을 살펴보면 큰 변화가 나타나지 않는다. 이것은 성인 남자 숫자가 늘어나는 것에 비례해 중무장 보병 숫자 또한 지속적으로 증가해 꾸준하게 스파르타의 2배 정도를 유지했음을 의미한다.

육상에서 벌어지는 전투는 중무장 보병이 좌우했다. 경무장 보병은 보조 전력이었지만 테미스토클레스가 해군을 창설할 때까지 아테네에 존재했다. 그 15년 전에 아테네 개혁에 나선 클레이스테네스가 중무장 보병을 확충하는 일에 신경을 쓴 것은 그 나름대로 충분한 이유가 있었던 셈이다. 이런 이유로 솔론에 의한 정치체제를 유지했던 클레이스테네스였지만 페이시스트라토스 시대의 상황 변화와 구역 분할에 의한 변화에 따라 내실은 바뀌었다.

제1계급과 제2계급에만 선출권이 있었던 '아르콘'을 9인에서 10인으로 늘린 것은 10개의 '트리부스'에서 한 명씩 뽑기 위해서였다. 그렇지만 권한은 대폭 줄었다. 그래서 더 이상 '내각'이라고 부를 수 없게 되었다. 명예직 느낌을 주는 역할이 부여되었고 당연한 귀결이지만 '아르콘' 경험자로 구성되었던 '아레오파고스'라는 사법기관의 권한도 줄어들었다. 즉 부유계급이 갖고 있던 권한은 그들 중 한 사람이었던 클레이스테네스에 의해 크게 약화되었다.

'아르콘'을 대신해서 등장한 것이 10명의 '스트라테고스strategos'로 구성된 기관이다. 이 기관은 '내각'으로서 정치와 군사를 담당했다. 고대에는 정치와 군사의 경계가 없었다. 고대 스파르타에서만 시빌리언과 밀리터리를 명확하게 분리했다. 스파르타인의 머릿속에는 '스트래터지strategy(전략)'의 어원이 된 '스트라테고스'가 들어 있지 않았을 것이다. 10인으로 구성된 스트라테고스는 매년 선출되었기 때문에 임기는 1년이었다. 다만 연속으로 재선되는 것은 가능했던 모양이다. 또 계급 구별 없이 20세 이상 성인 남자 모두가 투표권이 있는 시민집회에서 선출되었다.

법치국가를 지향하고 있었기에 이런 국가 정책들은 법률로 규정되었다. 따라서 법률은 가장 중요한 규정이었지만, 법률에 구애되면 유럽에서 흔히 말하는 '법률의 노예'가 되기 쉽고 그로 인해 심지어 반대 결과가 도출되기까지 한다. 그러나 클레이스테네스는 법률의 유연

솔론의 개혁(Timocratia) 이후의 아테네 정치체제
(기원전 594~기원전 508)

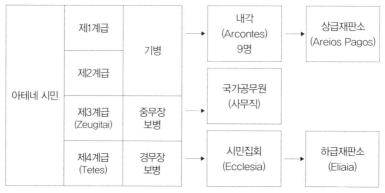

화살표는 선거권을 나타냄.

클레이스테네스의 개혁(Democratia) 이후의 아테네 정치체제
(기원전 508~기원전 322)

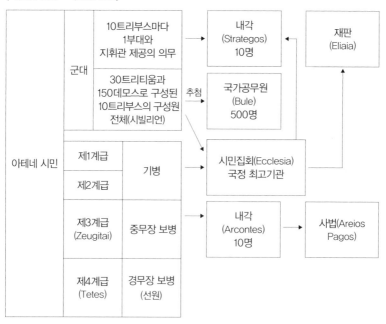

한 적용을 모를 정도로 둔하지 않았다.

클레이스테네스가 생각한 또 하나의 기관은 '불레^{Bule}'였다. 직접 민주정치이므로 시민집회를 하원으로 보면 500명으로 이루어진 '불레'는 상원에 비유할 수 있다. 그러나 근현대 국가에서 '상원'의 의미는 '불레'가 아니다. '불레'는 솔론의 개혁에 들어 있었던 사무 관료 기관이라고 생각하는 편이 현실과 가까울 것이라고 생각한다. '500인 위원회'라고도 불린 불레의 구성원은 선거로 선출된 사람들이 아니었기 때문이다. 그들은 10개 '트리부스'에서 자기 '트리부스'에 거주하는 30세 이상 성인 남자들 가운데 각각 50명씩 추첨으로 뽑힌 사람들이었다.

제비뽑기라고 하면 아테네 사람들을 무책임하다고 생각할 수 있지만 그래서는 고대 아테네인의 생각에 접근할 수 없다. 그들에게 추첨은 결과를 신에게 맡긴다는 의미였다. 클레이스테네스가 추첨을 도입한 깊은 뜻은 아테네 시민이 일생에 한 번은 공직을 경험해야 한다는 생각에서 나온 것이 아닐까?

한편 국가 전체의 정치와 군사를 맡은 '스트라테고스'는 추첨이 아닌 선거로 선출했다. 아테네인도 신의 뜻과 사람의 의지를 나누었던 것이다. 그러지 않으면 매우 번거로운 직접 민주정치를 운용할 이유가 없었다. 사법기관의 경우 부유계급이 독점하던 '아레오파고스'의 권한을 축소해 시민 모두에게 선줄권이 있는 '엘리아이아^{Eliaia}'라는 재판소의 역할이 증대되었다. 이는 솔론의 개혁에도 포함된 것이었다. 그 후 아테네 시민이 관여하는 민사재판은 이 기관에서 처리하게 되

• 클레이스테네스

었다.

이렇게 해서 인류 역사상 최초로 일반 시민이 적극 국정에 참가할 수 있는 정치체제가 탄생했다. 이를 통해 20세 이상 성인 남자 모두가 투표권을 가진 '시민집회Ecclesia'가 국가정책을 결정하는 최고 기관이 되었다. 클레이스테네스가 기원전 508년부터 몇 년에 걸쳐 만든 아테네의 정치체제는 기원전 322년까지 170년 넘게 지속되었다. 조금씩 개정이 있기는 했지만 기본 형태는 바뀌지 않았다.

기원전 322년은 알렉산드로스 대왕이 페르시아 땅에서 죽은 이듬해였다. 그가 동방 원정을 떠나고 방치했기 때문에 살아남을 수 있었던 도시국가 아테네는 알렉산드로스가 죽은 뒤 제국 분할에 따라 마케도니아 왕의 영토에 포함되었는데 이 때문에 독립적인 도시국가 아테네는 역사의 뒤안길로 사라졌다.

클레이스테네스의 개혁 중에는 단명한 것도 있었다. 그의 이름을 모르는 사람도 한 번쯤 들어보았을 바로 도편추방이다.

도편추방

당시의 종이는 파피루스를 재료로 만든 것으로, 이집트에서 수입해야 해서 가격이 비쌌다. 한편 항아리나 접시 제조가 성황을 이루었던 아테네에 테라코타(도기) 파편은 버리기조차 힘들 정도로 많았다. 따라서 도시국가 아테네에서 투표는 지참한 작은 칼로 그 도기 파편에 문자를 새기는 방법으로 이루어졌다. 따라서 도편(오스트라콘^{ostracon})은 투표용지로 사용되었고 추방해야 할 사람을 뽑을 때도 활용되었다.

아리스토텔레스에 따르면 클레이스테네스가 발명했다는 도편추방의 경우는 목적이 달랐기 때문에 투표와 다른 엄중한 규제가 있었다.

첫째, 이 투표의 목적은 도시국가 아테네에 해를 끼칠 가능성이 있는 인물을 국외 추방에 처하는 것이다.

둘째, 이 목적에 따른 투표는 1년에 1회로 한다.

셋째, 투표에 참가한 사람이 6,000명 이상이 되어야 하고 6,000명이 넘지 않으면 정족수 미달로 성립되지 않는다.

넷째, 전체 투표자의 과반수가 이름을 적은 사람은 10년 동안 국외 추방에 처한다.

도편추방의 대상은 '해를 끼칠 가능성이 있는 인물'이지 '해를 끼친 인물'이 아니었다. 따라서 그것을 결정하는 것은 재판관, 즉 사법기관의 역할이 아니라 시민, 즉 정치의 역할이었다. 또한 도편에 의해 추방된 사람은 범죄자가 아니기 때문에 재산을 몰수하지 않았고 가족은 아테네 내에서 자유롭게 거주할 수 있었다. 단지 10년 동안 아티카 지방에 발을 들여놓을 수 없어서 그 기간에 재산을 관리할 사람을 지명할 수 있고 그 사람으로부터 송금받을 수도 있었다. 여기에 적어도 3,000명 이상의 아테네 시민이 '해를 끼칠 가능성이 있다'라는 이유로 이름을 적어야 하므로 그 대상은 중요한 인물이어야 했다. 따라서 도편추방을 당하는 사람은 아테네 정계의 거물이었다.

그러나 전화도 이메일도 없던 시대에 10년 동안 중앙 정계에서 분리되면 정치적 영향력의 약화는 피할 수가 없었다. 따라서 도편추방의 참된 목적은 잠시 머리를 식히게 하기 위함이 아니었을까. 어쨌든 도편추방제에 따라 추방된다는 것 자체는 명예훼손이 전혀 아니었다. 그리고 10년이 지나면 당당하게 귀국할 수 있었고 스트라테고스로 재선되는 것도 충분히 가능했다. 그뿐 아니라 시민집회에서 결의하면 10년이 안 되어도 귀국할 수 있었다. 이런 사례는 25년 동안 빈번하게 일어났다. 그런 과정을 보면 의문이 하나 생긴다.

10년 동안 정치활동의 중지라는, 해당 정치가에게는 아주 중요한 처우를 어떻게 3,000명 정도의 의사로 결정할 수 있었을까? 도편추방을 위해 열리는 시민집회는 6,000명 이상이 참가해야 하므로 우선 투표자가 6,000명을 넘어야 했다. 그리고 가결되려면 그 과반수인 3,000명을 넘어야 했다. 그런데 도시국가 아테네의 시민인 유권자는 4만 명에서 시대에 따라서는 6만 명까지 되었다. 그렇다면 3,000명은 4만 명의 약 7.5퍼센트다. 역사적으로 유명한 '도편추방'은 실제로 유권자 7.5퍼센트의 의사표시로 결정된 것이다.

클레이스테네스가 살던 시대에는 도편추방에 의한 희생자가 나오지 않았다. 그러나 그가 죽고 8년 뒤부터 유력 정치가들의 추방이 빈번하게 발생했다.

기원전 484년: 페리클레스의 아버지 크산티푸스

기원전 482년: 아리스티데스

기원전 471년: 테미스토클레스

기원전 461년: 키몬

도편추방은 정적을 제거하는 수단이 되었다. 마지막 도편추방은 기원전 417년에 일어났다. 이해는 대립하는 두 거물 가운데 누군가가 도편추방을 당해야 하는 상황이었는데 두 사람 사이에 밀약이 이루어져 전혀 관계없는 제3자가 추방되었다. 이렇게 되자 아테네 시민도 마침내 눈을 떴고 그 후 도편추방은 폐지되었다. 입법한 뒤 91년이 지나서였다.

발굴된 도편을 조사하다가 당시 아테네 시민들의 식자율이 높은 것에 감탄한 적이 있다. 도편에는 ×나 ○가 아니라 누구의 아들 누구까지 새겨져 있었다. 기명투표가 보통인 일본에서는 누구도 일본의 식자율이 높다는 것에 주목하지 않지만, 현대에도 투표할 때 기호에 ×나 ○를 표시하는 방식을 채택하는 나라가 많다. 2,500년 전 아테네에서 토론이나 투표를 하기 위해 많은 이들이 아크로폴리스까지 올라왔을 것이다. 그들의 개인 지력은 상당히 높았으리라 생각한다.

기권은? 그리고 소수의견 존중은?

연상은 다른 연상을 불러일으키는 법이다. 나는 다시 새로운 의문을 가졌다. 도편추방이라는 중대사를 결정할 때 정족수를 6,000명으로 정한 것은 평소 시민집회 참가자가 적었기 때문이 아닐까 하는 의문이었다. 현재까지 정족수를 기록한 사료는 발견되지 않았다. 이는 도편추방을 제외하고 정족수 자체가 제정되지 않았다는 말이 된다.

풍자희극 작가인 아리스토파네스의 작품에는 시민들을 토론장으로 불러 모으느라 고생하는 장면이 나온다. 양치기가 양 떼를 우리 속에 몰아넣는 모습을 연상시켜 웃음을 자아내는데, 원래 말이 많고 토론하기를 좋아하는 아테네인을 상대로 '개회할 테니 회의장으로 입장해주세요'라는 식으로 말하면 아무리 시간이 지나도 개회되지 않았을 것이다. 그런데 그 광경을 상상해보면 규모는 수천 명 정도가 어울린다는 생각이 든다. 그렇다면 시민집회에 출석하는 유권자 숫자도 대체로 4,000명 정도가 아니었을까 하는 추측이 가능하다. 만약 그렇다면 직접 민주정치로 도시국가 아테네의 정책을 결정한 것은 전체 유권자의 10퍼센트 전후였다는 말이 된다.

다시 의문이 생겨서 그 시대 아테네인이 저술한 작품에서 '기권'이나 '소수의견 존중' 등을 언급한 대목을 찾아보았다. 내 능력이 미치는 범위 내에서는 그 해답을 찾을 수 없었다. '기권'이나 '소수의견'이라는 말조차 없었다. 그렇다면 민주정치를 창조한 2,500년 전 아테네인의 머릿속에는 기권이나 소수의견 존중이 없었을 것이다. 만약 없었다면 그들은 다음과 같이 생각했을 것이다.

'시민에게 투표할 권리를 부여한다. 그러나 그 권리를 행사할지 말지는 시민 각자에게 주어진 자유다. 그 권리를 행사하지 않은 경우, 즉 기권한 경우에는 투표한 사람들이 내린 결정에 따를 의무가 시민 모두에게 있다'고 말이다. 그렇기에 아테네인은 기권이라는 현상을 문제 삼을 필요가 없었고, 소수의견과 관련해서도 토론장 내에서 벌어지는 열띤 토론을 인정했기 때문에 그것으로 충분하다고 생각한 것은 아닐까.

만약 그렇다면 기권이나 소수의견을 특별하게 존중하는 것 자체가 민주정치 정신에 반하는 것이 된다. 그리고 이렇게 냉정하고 엄격하게 생각하지 않으면 민주정치를 가동할 수 없는 것이 아닐까.

오늘날 그리스·로마 문명을 모태로 한 서구에서조차 아테네 민주정치를 만들어낸 주인공이 솔론이라고 생각하는 사람이 많다. 그러나 나는 참된 의미에서 민주정치의 창시자는 클레이스테네스라고 생각한다. 왜냐하면 민주정치 자체라면 이미 에게해에 있는 키오스 섬이나 아테네에 인접한 메가라에서도 시도되었기 때문이다. 아테네와 두 도시국가의 차이는 민주정치를 확립했는지 그렇지 않은지에 있다.

그 격차는 왜 생겼을까. 아테네만이 중산계급을 확립하는 데 성공했기 때문이었다. 솔론이 첫걸음을 떼고 페이시스트라토스가 경제력을 더했으며 그 뒤를 계승한 클레이스테네스가 개혁을 단행해서, 아테네는 스스로 생산하는 사람들이라는 의미를 가진 '건전한 중산계급'을 확립했기 때문이다. '잘게 분할'하는 데 그치지 않고 재편성한 것이 사회 격차를 줄였다. 중산계급의 존립 없이는 민주정치가 작동하지 못한다는 것은 역사적 상상에 머무르지 않는다. 오늘날 세계정세에서도 실제로 증명되었다.

클레이스테네스에 의한 민주정치 체제 확립이 기원전 6세기 말에 이루어졌다는 것은 도시국가 아테네에 신의 은총과 같은 행운이었다. 만약 조금 늦게 이루어졌다면 페르시아 군대의 침공이라는 미증유의 국난에 대처할 수 없었을지 모른다.

'클레이스테네스의 개혁'과 제1차 페르시아전쟁 사이에는 15년이라는 세월이 가로지른다. 15년 동안 민주정치 체제에 익숙해진 아테네 시민들은 도시국가 아테네가 부유계급의 전유물이 아니라 자기들의 나라이며, 따라서 침공해 온 적을 향해 손에 무기를 들고 싸우는 것이 시민의 의무일 뿐 아니라 가족과 집과 직장을 지키는 일임을 알았다. 15년은 그런 것을 깨닫기에 적절한 세월이었다.

"미스터 클레이스테네스, 세이프^{safe}입니다"라고 말해주고 싶다.

클레이스테네스는 제1차 페르시아전쟁이 일어나기 2년 전에 조국 아테네에서 편안하게 죽음을 맞이했다. 그때 나이가 73세였다. 망명지에서 마지막으로 귀국한 이후 16년 동안 아테네 정계의 거물이었지만 개인적인 이야기는 전혀 남기지 않았다. 사생활은 안개에 갇혀 있다. 페리클레스의 어머니와 클레이스테네스의 딸이 사촌 관계라는 사실이 알려져서 딸이 있었다는 정도만 알 뿐이다.

작가에 대한 평가는 '작품'을 통해 이루어져야 하며 사생활은 관계없다는 것과 유사한데, 클레이스테네스가 상상해내고 모든 것을 투입해서 만들어낸 '작품'은 '아테네 민주정치'였다.

3

침략자 페르시아에 맞서

페르시아제국

　　　　이처럼 근원적으로 다른 두 민족이 이렇듯 나란히 역사를 함께한 사례가 없다. 페르시아와 그리스 두 나라는 모두 기원전 6세기에 거의 동시에 발흥해 평시와 전시 구별 없이 밀접한 관계를 유지해왔다. 그러다가 페르시아제국이 다리우스 3세 시절인 기원전 333년 마케도니아의 젊은 왕 알렉산드로스가 이끄는 군대에 완패하면서 몰락했다. 그보다 5년 전에 그리스도 아테네와 테베 연합군이 마케도니아와 벌인 전투에서 패배하면서 도시국가 시대가 막을 내렸다. 전제군주의 나라 페르시아와 민주정치의 나라 아테네로 대표되는 그리스는 그렇게 200여 년 세월을 함께 실다가 죽었다.

　　기원전 6세기, 역사상 그토록 넓은 영토를 지배한 나라는 없다고 모두 생각했던 페르시아제국은 사실 4분의 1세기, 그러니까 1세대라고 해도 좋을 짧은 기간에 세워진 나라다. '대왕'이라는 존칭이 붙는 키루스는 기원전 539년에 바빌로니아를 정복했다. 이를 통해 중동 전역이 페르시아의 지배 아래 놓였다.

그 뒤를 이은 캄비세스는 왕위에 있었던 기간이 7년으로 짧았지만 키루스가 개척한 노선을 계승하는 것만으로도 충분했다. 먼저 중근동中近東이 함락되었다. 이로써 육군의 나라 페르시아는 오랫동안 교역에 종사하며 긴 해운 역사를 지닌 페니키아의 배를 사용할 수 있게 되었다. 기원전 525년에는 이집트를 지배 아래 두었다. 중동과 중근동, 그리고 북아프리카에서 이집트와 리비아의 동쪽 절반을 정복한 페르시아는 다민족국가라는 점에서 훌륭한 제국이었다. 페르시아 왕은 오리엔트(동방) 군주들 가운데 유일하게 '왕 중의 왕'이라고 불렸다. 이 시기는 아테네가 페이시스트라토스의 통치 아래에서 경제성장에 매진하던 때와 겹친다.

페르시아제국 아케메네스왕조의 세 번째 왕 다리우스 1세가 왕위에 오른 것은 기원전 522년이었다. 그는 기원전 486년까지 36년에 걸쳐 오랫동안 집권하면서 '왕 중의 왕'에 어울리는 세력을 확립했다. 제국의 수도를 페르세폴리스로 정한 것도 다리우스 1세였다.

이 아케메네스왕조의 지배자들은 전제군주였지만 매우 현실적인, 다시 말해 매우 영리한 통치자들이었다.

정복은 당연한 말이지만 군사력의 우열에 따라 결정된다. 그러나 군사력에 의한 정복을 패자가 받아들일지 말지는 정치력의 우열에 따라 결정된다.

이를 위해 다리우스 1세는 우선 광활한 페르시아제국 영토를 20개 속주로 분할하고 각각 장관(사트라프satrap)에게 통치하도록 했는데 '사트라프'에 임명된 인물은 정복당한 쪽, 즉 패자 쪽의 유력자였다. 게다가 그 지위는 세습되었다. 따라서 아들과 손자에게 계승할 수 있었다. 그러나 페르시아는 전제국가였기 때문에 계승 문제는 왕의 결정에 따라야 했다.

속주 내에서 자치를 인정받은 속주 장관에게는 세 가지 의무 사항이 부과되었다.

첫째, 1년에 한 번 수사(페르시아제국 수도 중 하나)에서 왕이 개최하는 장관회의에 신하의 예에 어울리는 공물을 가지고 참석해야 했다.

둘째, 얼마인지 알려주는 사료는 없지만 상당히 고액으로 추정되는 금액이 속주에 부과돼, 매년 금이나 은으로 공납할 의무가 있었다.

셋째, '왕 중의 왕'이 전쟁터로 나갈 때 지시받은 규모의 병력을 장관이 직접 또는 속주 내 고위 관료가 거느리고 종군할 의무가 있었다.

이렇게 '왕 중의 왕'은 느슨한 전제정치를 펼치면서도 제국 운영에 필요한 재원을 확보했고 주요 전력인 페르시아 병사 외에 군사력을 확보할 수 있는 길을 마련했다.

종교 면에서도 페르시아제국은 관용적이었다. 그늘의 종교는 조로아스터교였다. 조로아스터교는 일신교였지만 이교도에게 개종을 강요하지는 않았다. 그래서 페르시아제국에서는 일신교도인 유대인과

● 페르시아제국 영토와 '왕의 길'

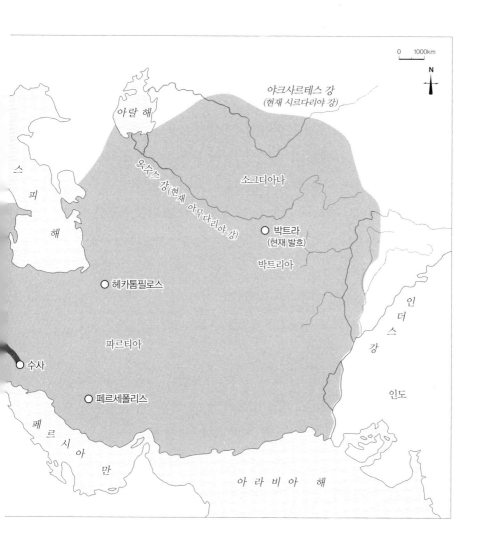

야크사르테스 강
(현재 시르다리야 강)

0   1000km

N

아랄 해

스
피
해

옥수스 강(현재 아무다리야 강)

소그디아나

박트라
(현재 발흐)

박트리아

헤카톰필로스

파르티아

인
더
스
강

수사

페르세폴리스

인도

페
르
시
아
만

아 라 비 아 해

다신교도인 그리스인 등이 섞여 지냈다.

페르시아제국은 다리우스 시대에 이르러 서쪽으로 눈을 돌렸다. 먼저 소아시아의 서쪽 해안과 가깝지만 에게해와 면하지 않은 내륙 도시인 사르디스를 손에 넣었다. 곧이어 수사에서 사르디스까지 도로를 개통했다. 그 길에는 '왕의 길'이라는 이름이 붙었다. 도로 전체를 돌을 깔아서 포장했다. 하루 정도 거리마다 숙박지가 마련되었고 말을 갈아탈 수도 있어서 당시의 고속도로라고 해도 좋을 만큼 훌륭한 도로였다. 그로부터 200년 뒤 로마에서 건설한 아피아 가도의 선구였던 셈이다. 다만 페르시아는 이 도로에 만족했지만 로마는 도로들끼리 서로 연결되지 않으면 만족하지 않았다는 점이 다르다. 페르시아가 '왕 중의 왕'의 권위를 과시하려고 도로를 건설했다면, 로마는 효율성을 중시했기 때문일 것이다.

아무튼 '왕의 길'은 획기적으로 만들어진 도로였다. 이런 종류의 인프라에 페르시아보다 관심이 별로 없었던 그리스인은 감탄하지도 기록하지도 않았다.

또 감탄한다고 해도 그것이 반드시 관심으로 이어진다는 보장은 없다. 페르시아가 건설한 왕의 길에 감탄했다 하더라도 그 길이 에게해 부근까지 놓인 참된 의미를 대다수 그리스인은 깨닫지 못했다.

어쩌면 비옥하고 드넓은 토지를 보유한 페르시아 왕이 척박하고 좁은 그리스나 에게해의 작은 섬들까지 욕심내지는 않으리라고 생각했는지 모른다. 그러나 패권 의욕이 강한 영토 정복형 국가는 척박한 땅이든 작은 섬이든 모두 자기 영토로 삼으려는 경향이 있다. 페르시아 왕은 정복에 나설 때 늘 사전에 통보했다. 이렇게 '땅과 물'을 내놓으라고 통보하는 것도 페르시아가 영토 정복형 국가라는 사실을 보여준다. 그 통보를 받아들이는 나라는 페르시아의 속국이 된다. 만약 거부하면 페르시아 군대의 공격을 각오해야 한다.

기원전 6세기가 끝나고 기원전 5세기가 시작될 무렵, 그리스의 도시국가는 페르시아가 보낸 '통보'를 받았다. 아테네에서는 클레이스테네스의 개혁에 대한 시민들 지지가 단단해지던 시기였다.

제1차 페르시아전쟁

고대 그리스의 문화와 문명은 이오니아 지방에서 처음 발생했다. 탈레스(철학)는 밀레투스인이었다. 헤로도토스(역사)는 할리카르나소스 출신이었다. 피타고라스(수학)도 페르시아의 공격을 피해 남이탈리아의 크로토네로 도망쳐 그곳에서 학교를 열기 전에는 이오니아 지방 주민이었다. 히포크라테스(의학)가 본거지로 삼은 곳은 이오니아 근해의 코스 섬이었다.

이처럼 시대의 획을 긋는 문화와 문명은 다른 집단과 접촉해 받는 자극이 없으면 생겨나지 않는다. 자국 내의 온실재배로는 다른 민족에게까지 영향을 미치는 획기적인 문화와 문명을 길러낼 수 없다. 소아시아 서쪽 해안 일대에 살던 사람들은 그리스 본토에서 이주해 온 그리스인의 피를 이어받았다. 그런 바탕 위에 당시 선진국인 이집트

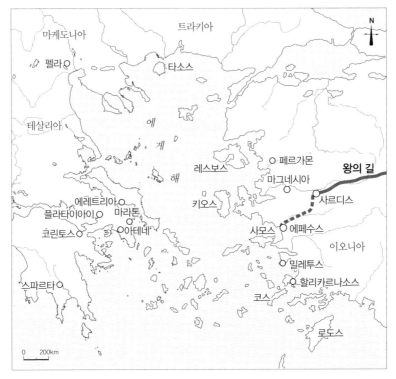

● 에게해 주변

그리스인 이야기 I

와 왕성하게 접촉했다. 이때 접촉은 교역이었다. 이런 다른 집단과 교류가 경제력의 향상을 가져왔다. 물론 경제력이 있다고 해서 반드시 문화와 문명이 자란다는 보장은 없다. 그러나 경제력이 없는 곳에서는 아예 자라지 못한다.

그러나 이오니아 지방에는 그리스 본토와 달리 크게 불리한 점이 있었다. 바다와 면해서 개방되어 있는 이오니아 지방의 도시국가는 배후에 도사린 영토 정복형 국가의 위협을 늘 의식해야 했다. 왜냐하면 주민 하나하나의 생산성은 높다고 해도 도시국가여서 주민 숫자가 적었기 때문이다. 이와 달리 영토 정복형 국가인 페르시아가 지닌 '힘'의 핵심은 '숫자'와 '양'이었다.

페르시아 왕 다리우스 1세가 사르디스를 차지했을 때 이오니아 지방에 사는 그리스인들은 그가 한 지방을 점령하는 데 그치지 않으리라는 것을 알아차렸을 테고, 그 우려가 현실이 되기까지 긴 시간이 필요하지 않았다.

광활한 페르시아제국 영토와 비교하면 작은 지방에 불과한 그리스를 표적으로 삼은 다리우스는 착실하게 공격 준비를 했다. 먼저 '땅과 물'을 내놓으라는 통보를 받아들인 마케도니아를 속국으로 삼았다. 그러나 동시에 진행한 트라키아 속국화에는 시간이 조금 더 걸렸다. 에게해 북쪽 해안을 차지한 이 지방에는 아테네 부유계급의 해외 자산이 몰려 있었기 때문에 그것을 지키려는 아테네계 주민과 그들을 따르는 원주민의 저항이 거셌다. 결국 페르시아는 군대를 파견해서 이를 제압했다.

반면에 마찬가지로 동시에 진행된 이오니아 지방 도시국가에 대한 공격은 별 어려움 없이 성공했다. 이는 수도의 기능이 집중된 수사와 사르디스 사이를 직통으로 잇는 '왕의 길'을 이용해, 이오니아 지방을 공격할 때 사르디스를 전초기지로 삼았기 때문이다. 에페수스, 밀레투스, 할리카르나소스 등 이오니아 지방의 진주라고 불릴 만큼 번영을 자랑하던 도시국가들이 모두 다리우스의 손에 들어갔다.

이오니아 지방이 페르시아 영토에 귀속되자 바다에 떠 있기는 하나 이오니아 지방과 가까운 에게해 섬들의 운명도 결정되었다. 레스보스, 키오스, 사모스 등이 차례로 페르시아의 지배를 받게 되었다. 다리우스는 '왕의 길'을 사르디스에서 에페수스까지 연장하고 에페수스와 가까운 바다에 떠 있는 사모스를 해군 집결지로 정했다.

본질적으로 육군 국가였던 페르시아에는 해군이 없었다. 해군력은 해운 전통이 없는 나라에서는 생겨나지 않는데, 페르시아는 페니키아가 위치한 중근동을 지배 아래 둠으로써 여러 해양 국가 가운데 독보적이던 페니키아의 선원과 배를 사용할 수 있게 되었다. 그렇지만 페르시아인이 볼 때 배는 병력을 수송하는 수단일 뿐 해상 전투는 그들 머릿속에 없었다.

그런데 페르시아 영토가 된 이오니아 지방의 주민은 그리스인이었다. 오리엔트에 속한 페르시아인과는 생각하는 방법이 달랐다. 페르시아인이 '땅과 물'을 중요하게 생각한 것은 농업이 부를 창출한다고 여겼기 때문이다. 하지만 그리스인은 '땅과 물'이 충분하지 않아도 부를 창출할 수 있다고 생각하는 사람들이었다. 교역으로 번영이라는 실적을 낸 이오니아 지방의 그리스인은 특히 그런 성향이 강했다.

둘 사이에 차이는 또 있었다. 관련 사료가 없어서 상상에 불과하긴 한데, 페르시아제국에서 왕에게 내는 공납금 형태를 띤 세금이 일종의 직접세가 아니었을까 생각한다.

그리스인의 도시국가는 시민개병 제도를 채용했기 때문에 직접세는 병역으로 지불한다는 생각이 정착되어 있었다. 그러나 페르시아제국은 군사력에서 핵심이 되는 부대 외에는 전쟁할 때만 소집하는 것이 상식이었다. 페르시아인은 병역이란 어디까지나 플러스알파일 뿐이고 그것도 매년 감당해야 하는 것은 아니라고 생각했다. 따라서 전쟁에 참가하는 것은 정해진 '의무'가 아니었기 때문에 '세금'이 아니었다. 그들이 선택한 것은 왕의 보호를 받으면서 그 왕이 통치하는 국내에 거주할 수 있는 데 대한 감사의 증거로 매년 정해진 액수를 각 속주의 장관이 징수해서 '왕 중의 왕'에게 공납하는 제도였다. 그러니 이것은 어디까지나 자발적인 '감사'이며, 감사를 표함으로써 스스로 왕국 내 일원으로 적극 참여하는 것을 의미했기에 '세금'이 아니었다. 오리엔트 사람들은 이 시스템을 수용했지만 그리스인은 받아들이지 않았다. 어느 제도가 좋고 나쁜지를 떠나서 서로 생각이 달랐다.

아무튼 이오니아 지방에서 반페르시아 세력의 마지막 보루였던 밀레투스가 함락되자 에게해 동쪽 해안은 페르시아 왕의 지배 아래 놓였다. 이러한 정세 변화는 에게해 건너편에 있는 아테네에 영향을 미쳤다. 게다가 이 시기에 클레이스테네스를 대신해서 차세대 지도자들이 등장하기 시작했다. 결국 페르시아 왕 다리우스가 공격했기 때문에 그들이 나타났다고 말할 수 있다.

명문가나 부유계급을 축으로 하는 개별 집단이 사라지더라도 그 이념을 공유했던 당파는 사라지지 않는다. 이익집단은 소멸해도 생각의 차이까지 소멸하지는 않기 때문이다. 인간은 원래 집단을 이루기를 좋아하는 생물이기도 하다.

생각하는 것이 서로 다른 자들 사이에서는 맹렬한 권력투쟁이 전개되기 마련인데, 그것은 권력 자체를 원해서가 아니라 자기 생각을 국가 정책으로 실현하려면 권력을 장악할 필요가 있기 때문이다. 게다가 아테네는 시민의 지지가 없으면 권력자가 될 수 없는 민주정치를 택한 국가였다.

페르시아의 창이 그리스의 가슴을 향해 돌진해 오던 이 시기에 새로운 시대의 지도자로 떠오른 사람은 당시 30대 후반이던 아리스티데스였다. 그 또한 명문 집안 출신이었고, 늘 클레이스테네스와 행동을 함께한 인물이었다. 아리스티데스는 청년기를 거치지 않고 곧바로 어른이 된 듯한 느낌을 주는 사람이어서 양식 있는 인물이라는 높은 평가를 받았다.

한편 아리스티데스보다 여섯 살 어린 테미스토클레스는 30대 초반이었다. 그는 명문 집안은 고사하고 이름조차 알려져 있지 않은 아테네 시민 아버지와 타국인 트라키아 출신 어머니 사이에서 태어났다. 그가 로마인이었다면 '호모 노부스^{homo novus}(신참)'라고 불렸을 것이다.

이 두 사람이 20년에 걸쳐 아테네 정계를 양분했다.

연구자들은 아리스티데스와 그 일파를 '모데라트moderate'라고 부른다. 반대로 테미스토클레스가 거느린 세력을 '래디컬radical'이라고 부른다. 굳이 번역하면 '온건파'와 '과격파'가 되는데, 나는 이렇게 바라보면 실태가 제대로 반영되지 않는다고 생각한다.

그보다는 둘의 대립은 위기의식에 대한 온도차에 있다고 봐야 한다. 페르시아 군대의 공격을 받아 대립할 여유가 없어지자 평소와 달리 두 사람은 협력했다. 물론 위기가 일단락되자 대립이 재개되기는 했지만 말이다.

이런 위기감에 대한 온도차는 선견지명 또는 장기적 관점과 관계있다고 생각한다. 페르시아의 공격에 관한 두 사람의 견해를 살펴보자.

먼저 아리스티데스는 처음에는 말기의 클레이스테네스가 시도한 것처럼 외교로 해결하기를 원했다. 그는 다리우스의 정복욕이 이오니아 지방과 마케도니아, 트라키아와 같은 그리스 북부에서 그치고 그리스 중앙부까지는 남하하지 않으리라고 판단했을지 모른다. 그 무렵 스파르타도 아리스티데스와 동일하게 판단하고 있었다. 당시 그리스 본토에서는 희망 어린 관측이 지배적이었다.

그 때문에 밀레투스의 원군 파견 요청을 스파르타는 거부했고, 아테네는 거부하지는 않았지만 갤리선 20척만 파견하는 데 그쳤다. 여기에는 페르시아 측을 자극하지 않으려는 의도가 깔려 있었다고 생각한다. 그와 달리 테미스토클레스는 페르시아와 대결을 피할 수 없을 것이라고 주장했지만 신참의 영향력은 아직 미약했다.

그러나 '왕 중의 왕'인 다리우스는, 비록 갤리선 20척만 파견했지만 페르시아에 반대 입장을 드러낸 아테네를 용납할 수 없었다. 다리우스는 군대를 보낼 수송선 집결지를 사모스로 결정하고 그곳에서 곧바로 에게해를 횡단해서 아테네, 그리고 아테네와 마찬가지로 밀레투스를 구원하려고 배를 보낸 에레트리아를 공격하기로 결정했다. 게다가 얄궂게도 아테네에서 추방된 페이시스트라토스의 아들 히피아스를 페르시아 군대에 합류시켜서 정복 이후 아테네 지배자로 삼겠다고 천명했다. 제1차 페르시아전쟁 전야는 이런 분위기에서 지나갔다.

이렇게 아테네는 막다른 골목으로 몰렸는데 다행히 이중 삼중으로 행운이 찾아왔다.

첫 번째 행운은 60세가 된 다리우스가 전쟁에 직접 참여하지 않고 전쟁 지휘권을 부하 두 사람에게 맡긴 일이었다. 훗날 나폴레옹은 비범한 장군 두 사람이 평범한 장군 한 사람보다 못하다는 말을 남겼다.

또 왕의 불참이 결정되면서 그가 가는 곳마다 늘 따르는 근위 군단인 불사부대不死部隊(아타나토이Athanatoi)라고 불리는 정예병 1만 명도 참전하지 않았다. 그리스어로 '죽지 않은 자'를 뜻하는 이런 이름으로 불린 이유는 전투에서 죽지 않는다는 의미가 아니다. 그중 누군가 전사하면 곧바로 보충해서 1만 명이라는 숫자가 바뀌지 않았기 때문인데, '불사부대'라 불리는 것이 좀 웃기지만 페르시아 최정예부대라는 사실은 변함이 없었다.

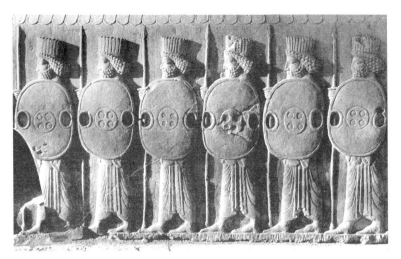

● 페르시아제국의 근위 군단 '불사부대'

아테네에 찾아온 두 번째 행운은, 다리우스가 그리스를 얕보았는지 페르시아 군대가 자랑하는 기병을 기병대라 부를 수 없을 정도로 적은 숫자만 보낸 점이다. 이것이야말로 마라톤 평원이라는 기병에게 유리한 지형에서 페르시아 군대가 힘을 쓰지 못한 요인이었다.

세 번째 행운은 페르시아 군대가 밀려드는 아테네에 하늘에서 내려온 것처럼 어떤 인물이 귀국한 것이었다. 바로 밀티아데스인데, 그에게는 아리스티데스와 테미스토클레스가 절대로 가질 수 없는 장점이 하나 있었다. 그것은 페르시아 군대를 상대로 싸운 경험이 있어서 페르시아 군대를 잘 안다는 점이었다. 게다가 그는 오랫동안 살았던 트라키아를 버릴 수 없었기에 페르시아에 대해 강력한 분노를 품고 있었다.

밀티아데스도 클레이스테네스가 속한 알크마이온 집안과 어깨를 나란히 하는 아테네의 명문에서 태어났다. 그러나 그는 아테네인이 '참주정치'라고 부른 페이시스트라토스와 그의 아들 히피아스 시대에 클레이스테네스와는 정반대 방법으로 살았다. 밀티아데스는 참주정치 시대에 자진 망명을 택해 국외 생활을 하며 보냈던 클레이스테네스와 달리 순응하는 쪽을 선택했다. 히피아스와 인척인 여자를 아내로 맞이했고 내각의 일원이라 할 수 있는 아르콘에도 종종 선출되었다.

그러던 중 34세 때 전환점이 찾아왔다. 밀티아데스는 아버지를 대신해서 해외 자산을 운영하던 형이 죽으면서 그 일을 물려받았다. 해외 재산이라고는 하지만 그것은 아테네인이 세운 식민지에서 일으킨 재산이었다. 이 때문에 해외 재산 규모가 커지면 그 운영을 맡은 사람이 해당 지역의 장관이 되었다. 밀티아데스는 34세에 그리스 북쪽에 위치한 트라키아에서 가장 동쪽에 있는 지역의 장관이 되었다. 그곳은 아시아와 유럽을 나누는 헬레스폰투스 해협(현재 다르다넬스 해협)과 가까웠기 때문에 군사적으로나 경제적으로나 중요한 곳이었다.

밀티아데스는 그 지역에서 사반세기를 보냈다. 아테네는 히피아스를 추방한 뒤 클레이스테네스 쪽 일색으로 바뀌었다. 그렇기에 비록 20년이나 지난 이야기지만 히피아스와 좋은 관계를 맺고 있던 밀티아데스는 안심하고 귀국할 수 있는 분위기가 아니었을 것이다. 또 트라키아에 부임하고 얼마 후 트라키아 왕족 여자를 사랑하게 되어 아내와 이혼하고 그 여자와 결혼해서 키몬이라는 남자아이를 얻었다.

● 밀티아데스   ● 아리스티데스

　그러나 밀티아데스는 살기 좋은 트라키아 지방에서 떠날 수밖에 없었다. 페르시아 왕 다리우스가 알린 '땅과 물'을 내놓으라는 통보를 트라키아가 받아들였기 때문이다. 밀티아데스는 초반에 그것이 무엇을 의미하는지 그 중대함을 알아차리지 못했다. 그러나 헬레스폰투스 해협을 건너오는 페르시아 군대가 증가함에 따라 페르시아 왕의 진정한 의도가 '땅과 물'뿐 아니라 그 외의 것들, 즉 사람까지 포함해 모든 것을 원한다는 사실을 알아차렸다. 그래서 아테네계와 트라키아계를 불문하고 주민들을 조직해서 페르시아 군대의 침공에 항전했다. 처음에는 선전했지만 결괴는 이미 징해저 있었나. 닐티아데스는 배 4척에 아테네계 주민을 가득 태워서 트라키아를 떠났다. 그의 행선지는 아테네가 될 수밖에 없었다. 기원전 492년, 밀티아데스 나이 58세였다.

그런데 아테네에서 밀티아데스를 기다린 것은 고발이었다. 사반세기나 지났지만 참주정치의 협력자였다는 것과 그에 더해 트라키아에서도 참주정치를 펼쳤다는 것이 고발 이유였다. 게다가 고발자는 참주정치라는 말만 들어도 알레르기를 일으키는 사람들이 많이 속해 있는 '온건파'의 영수들 가운데 한 사람인 크산티푸스였다.

크산티푸스는 페리클레스의 아버지로 역사에 이름을 남긴, 어찌 보면 안타까운 사람이다(참고로 당시 페리클레스는 아직 3세였다). 그래서 앞으로 일일이 '페리클레스의 아버지'라 표기하지 않고 그냥 크산티푸스라고 쓰겠다. 크산티푸스는 페이시스트라토스와 그의 아들 히피아스가 펼친 참주정치를 시종일관 반대했던 클레이스테네스와 마찬가지로 알크마이온 집안에 속했다. 막 귀국한 밀티아데스는 이 시기 아테네 정계를 좌지우지하던 유력자들로부터 고발당했던 것이다.

그때 테미스토클레스가 움직였다. 그는 트라키아에서 태어난 어머니를 통해 트라키아에서 살았던 밀티아데스에 관한 정보를 얻었을지 모른다. 그러나 밀티아데스를 구제하려고 나선 테미스토클레스가 어떻게 움직였는지 기록한 사료는 남아 있지 않다. 따라서 상상력에 의지할 수밖에 없다. 나는 다음과 같은 방법으로 '움직였을' 것으로 생각한다.

33세이던 테미스토클레스는 여섯 살 연상인 아리스티데스를 찾아가 크산티푸스를 설득해서 밀티아데스에 대한 고소를 취하해달라고 부탁하지 않았을까? 아리스티데스와 크산티푸스 모두 '온건파'에 속해 있었다. 테미스토클레스는 '과격파'로 비치는 자기가 나서서 변호하기보다는 '온건파' 내부에서 수용하면 자연스럽게 해결될 것으로 보았을 것이다.

여섯 살 차이가 나는 두 사람은 바깥에서는 경쟁자처럼 보였지만 실제로는 필요할 때마다 대화를 주고받을 수 있는 사이였다. 성격과 사고방식부터 모든 것이 다른 두 사람이었지만 도시국가 아테네의 국익을 위한다는 점에서는 접점을 갖고 있었다.

아무튼 밀티아데스 고발 사건은 흐지부지되었다. 밀티아데스는 불과 1년 뒤 열린 시민집회에서 그다음 해인 기원전 490년에 재임할 '스트라테고스' 중 한 사람으로 선출되었다. 밀티아데스는 사반세기 동안 아테네를 떠나 있던 사람이었다. '온건파'와 '과격파'의 물밑 공작이 없었다면 그렇게 짧은 기간에 시민들의 지지를 얻을 수 없었을 것이다. 제1차 페르시아전쟁의 향방이 결정된 마라톤전투는 그로부터 약 반년 후인 기원전 490년 여름에 벌어졌다.

한편 페르시아 군대는 아테네 내부의 움직임에는 전혀 관심없다는 듯이 집결지인 사모스에서 곧바로 서쪽으로 에게해를 횡단해서 그리스 본토를 직접 공격하는 전략을 실행에 옮겼다.

역사적으로 제1차 페르시아전쟁이라고 불리는 그리스 공격을 위해 다리우스가 보낸 병력 규모와 관련해 연구자들이 내놓은 숫자는 모두 2만 5,000명이었다. 그 가운데 기병은 1,000명이고 군대를 수송하는 배는 300척이었다. 대부분 페르시아 지배 아래에 있는 페니키아의 배였기 때문에 배에 탄 병사는 페르시아 군인이지만 배를 조종하거나 노를 담당한 이들은 페니키아인이었다.

다리우스는 전체 2만 5,000명에 이르는 군대의 지휘를 두 장군에게 맡겼다. 둘의 위상에는 차이가 없었다. 병력 1만 명으로 이루어진 제1군은 속주 사르디스의 장관 아르타페르네스가 거느렸고, 병력 1만 5,000명으로 이루어진 제2군은 페르시아 쪽에서 보낸 다티스가 거느렸다. 이렇게 되면 제1군과 제2군의 관계가 문제가 되지만, 이에 대해 다리우스는 별로 고민하지 않았을 수도 있다. 어쨌든 페르시아 군대 2만 5,000명이 그리스를 공격했다. 아테네든 스파르타든 그리스의 모든 도시국가는 두 사령관이 지휘하는 페르시아 군대를 막아낼 힘이 없었다.

아테네 시민집회에서는 페르시아의 공격 사실을 알게 된 시점에 막 '스트라테고스'로 선출된 밀티아데스의 제안이 가결되었다. 스파르타에 참전을 요청하자는 제안이었다. 아테네는 다리우스의 '땅과 물'을 내놓으라는 통보를 거부했는데 스파르타 역시 거부했기 때문이다.

그러나 스파르타는 늘 무엇인가를 결정하고 행동으로 옮기는 데 느렸다. 결국 아테네인들이 먼저 힘을 하나로 모을 수밖에 없었다. 중무장 보병 9,000명으로 구성된 방위 병력을 조직했다. 이들을 지휘한 것은 모두 10명으로 구성된 '스트라테고스'였다. 늘 아테네와 보조를 맞춘 도시국가 플라타이아이가 아테네에 중무장 보병 1,000명을 파견하겠다고 연락해 왔다.

사료를 보면 이때 '스트라테고스' 10명 가운데 이름이 남아 있는 것은 밀티아데스와 다른 한 사람뿐이다. 그러나 마라톤전투에는 아리스티데스와 테미스토클레스도 참전했다. 그들은 자기가 속한 '트리부스'에서 소집된 병사들을 데리고 싸웠으며, 스트라테고스의 일원이었다. 장군이라고 불러도 좋을 스트라테고스는 10개에 이르는 트리부스에서 1명씩 선발되었기 때문에 모두 10명이었다.

그렇다면 아테네는 전투의 향방을 좌우할 수 있는 지휘 계통의 일원화라는 가장 중요한 과제를 어떻게 해결했을까?

군대 편성을 완료하고 그 군대를 이끌 '스트라테고스' 10명도 진용을 갖추었지만, 공격해 오는 페르시아군을 상대할 군대를 어디로 보내야 할지 결정하지 못한 채 시간이 가고 있었다. 이렇게 결정이 미루어진 이유는 바다를 통해 서쪽으로 향하던 페르시아 군대가 에게해에 떠 있는 낙소스에 기항했기 때문이다.

낙소스는 4년 전 페르시아에 대항했다가 결국 진압당한 밀레투스 사람들이 반란을 일으키기 전에 집결지로 삼았던 섬이다. 페르시아 왕 다리우스는 그 사실을 잊지 않았던 것이다. 낙소스를 괴멸하라는 다리우스의 명령이 있었다.

페르시아 군대가 상륙하자 낙소스 주민들은 스스로를 지킬 힘이 없었다. 저항은 했지만 곧바로 함락되었고 주민 전원이 노예가 되었다. 그들은 다리우스에게 바치는 진상품으로 수사에 보내기로 결정되었다. 다만 페르시아 군대가 에레트리아와 아테네를 제압한 후 다시 낙소스에 들러서 끌고 가기로 했다. 그때까지 낙소스 주민은 포로수용소에서 기다려야 했다.

다시 승선한 페르시아 군대는 에게해 서북쪽으로 키를 돌려서 에레트리아로 향했다. 도시국가 에레트리아 또한 밀레투스가 반란을 일으켰을 때 배 5척을 보내 도왔기 때문에 다리우스의 분노를 샀다.

에레트리아가 있는 에우보이아 섬은 보이오티아 지방과 사이에 좁은 해협이 있다고는 하지만 그리스 본토에 속해 있는 것이나 다름없다. 페르시아 군대가 에레트리아와 가까운 해안에 상륙한 것은 기원전 491년 가을이었다.

전투하기에 적합한 이 계절이 막바지로 치닫던 무렵이었다. 이런 계절 요인에 더해, 낙소스 주민들의 운명을 이미 알고 있었던 에레트리아인들은 필사적으로 저항했다. 이 때문에 페르시아 군대는 에레트리아 공략에 예상보다 더 애를 먹었다. 결국 페르시아 군대는 에레트리아를 함락시킨 뒤 에우보이아 섬에서 겨울을 날 수밖에 없었다.

이렇게 시간이 지나가는 동안 아테네 병사들은 훈련할 시간을 벌었고, 늘 결단이 느린 스파르타의 엉덩이를 두들길 시간 또한 벌 수 있었다.

마라톤

겨울이 지나고 기원전 490년 봄이 찾아왔다. 아무리 희망 어린 관측을 좋아한다고 해도 페르시아 군대의 표적이 아테네로 정해져 있다는 것을 의심하는 사람은 없었다.

이 시기 페르시아의 두 사령관이 어떤 전략을 수립했는지는 알려져 있지 않다. 알려진 것 가운데 하나는 두 사람이 함께 행동하지 않았다는 점이다.

또 제1군이 낙소스와 비슷한 운명을 겪어야 했던 에레트리아의 전후 처리를 끝내고, 앞서 출발한 제2군과 마라톤에서 합류하기로 했는지, 아니면 마라톤에 상륙해서 육로로 아테네를 향할 예정이던 제2군과 아테네 근처 팔레론 항구에서 합류하기로 했는지도 알려져 있지 않다. 아테네가 알고 있었던 것은 페르시아 군대가 마라톤에 상륙한다는 것뿐이었다.

아테네는 페르시아군과 맞설 군대를 어디로 보내면 좋을지는 알고 있었던 셈이다. 아테네 군대는 준비를 마치고 마라톤으로 향했다. 아테네에서 마라톤까지는 약 40킬로미터 거리여서 강행군했을 것으로 추정된다. 거리만 따지자면 더 짧은 산길보다 해안을 따라 난 길을 선택한 것은 해상으로 접근할지 모르는 적의 선단을 감시할 목적도 있었기 때문이다.

아테네 군대가 마라톤 평원 배후를 에워싼 숲에 도착했을 때 그들 눈앞에는 이미 상륙을 마친 페르시아 병사들이 평원을 채우고 있는 광경이 펼쳐졌다. 아테네의 '스트라테고스'들은 그 모습을 보고 페르시아 군대가 모두 모인 것이 아님을 알아차렸을 것이다. 아테네 군대는 합류한 플라타이아이의 기병 1,000명을 더해도 1만 명밖에 되지 않았다. 그만큼 페르시아의 병력이 더 많았다. 물론 페르시아 군대도 아테네 군대가 도착한 것을 비로 일았다. 아테네 군대가 숲 속에 숨지 않고 당당하게 평원으로 나섰기 때문이다. 이렇게 자기들의 모습을 적에게 알린 것은 미리 계산된 행동이었다.

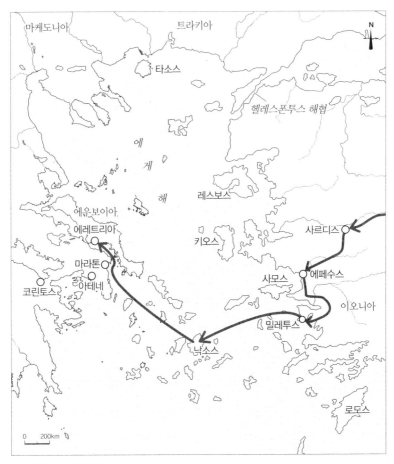

마케도니아   트라키아   N

타소스

헬레스폰투스 해협

에

게

해   레스보스

에우보이아.

에레트리아   키오스   사르디스

마라톤   사모스   에페수스

코린토스   아테네   이오니아

밀레투스

넉소스

로도스

0 200km

- 제1차 페르시아전쟁

그리하여 마라톤 평원에서 두 군대가 마주했지만 곧바로 전투에 돌입하지는 않았다. 페르시아 군대가 움직이지 않았기 때문이다. 또 아테네 군대도 움직이지 않았다. 페르시아 쪽은 제1군이 도착하기를 기다리고 있었는지 모른다. 아테네 쪽은 스파르타 군대가 도착하기를 기다렸다.

교착상태가 5~6일 계속되었던 모양이다. 아테네 쪽은 이 기간을 낭비하지 않았다. 아테네 군대는 전투의 향방을 좌우할 정도로 중요한 지휘 계통 일원화에 힘썼다.

도시국가 아테네는 군대 지휘를 10명에 이르는 '스트라테고스'가 각각 나흘씩 담당하기로 결정되어 있었다. 과연 '데모크라티아'의 나라다웠다. 지휘하는 권리까지 평등했던 것이다.

그런데 이 결정을 실제로 적용해야 할 때가 찾아왔다. 문제는 만약 10명 가운데 1명이 총사령관에 적임자라고 공감하고 의견이 일치하더라도 그 사람이 지휘권을 발휘할 수 있는 기간은 40일 중 4일뿐이라는 것이었다. 한 번 총사령관을 맡고 나면 그 후 36일 동안은 지휘권을 맡을 수가 없었다. 그때 누군지는 알려져 있지 않지만 두 배나 많은 적과 상대해야 하는 상황에서 법률을 엄격하게 적용할 여유가 없다고 생각한 사람이 있었다.

그러나 그 사람 생각대로 하자면 '양식良識에 따른 판단을 토대로 한 법률의 우회'를 해야 하는데 그런 밀을 밀티아데스가 내놓을 수는 없었다. 그는 정직한 사람이고 전쟁터에서 천재였지만 정치 면에서는 힘이 약했다. 또 정의로운 사람이라고 자타가 공인하는 아리스티데스 또한 그런 제안을 할 수 없었다. 그러자 목적을 위해 유효한 수단을 선택해야 한다고 누군가 제안했고, 그것을 다른 9명도 양식에 비추어 판단해서 결정했을 것으로 추정된다.

이렇게 해서 10명으로 구성된 '스트라테고스' 가운데 9명이 자기들이 가진 전투 지휘권을 '방기'하는 것이 아니라 '양도'하는 형태로 밀티아데스 한 사람에게 맡겼다.

그래서 아테네는 페르시아의 절반밖에 되지 않는 병력이었지만 지휘 계통 일원화에 성공했다. 그리고 공적으로는 '스트라테고스' 중 한 사람에 불과했지만 사실상 총지휘관이 된 밀티아데스는 동료들이 내린 양식에 따른 판단이 틀리지 않았음을 마라톤 평원에서 증명해 보였다.

두 군대가 서로를 노려보고 있는 상태를 먼저 깬 것은 아테네였다.

밀티아데스는 스파르타 군대가 도착하기를 기다리는 한편, 그보다 앞서 페르시아 군대가 합류할까 봐 걱정했다. 그래서 현재 전력으로 승부를 보겠다고 결정 내렸다. 그렇게 전술이 수립되었고, 거기에 스트라테고스 전원이 동의했다.

1만 5,000명 페르시아 군대가 플라타이아이 기병 1,000명을 합쳐 1만 명이 된 아테네 군대와 대결했다. 밀티아데스는 대치 상태였던 며칠 동안 보병이 마라톤에서 전투를 좌우하리라는 사실을 알아차렸을 것이다.

아테네 군대 가운데 기병은 원래 부유계급에게 부과된 병역이어서 숫자가 적었다. 따라서 주요 전력으로 보기 힘들었다. 그리스 도시국가의 주요 전력은 어디까지나 중무장 보병이었다.

한편 페르시아 군대는 드넓은 메소포타미아 지역과 이집트를 전쟁터로 삼았던 경험 때문에 기병 전력을 중요하게 생각했다. 페르시아 기병은 말을 타고 질주하면서 활을 쏠 수 있는 공격력과 기동력을 모두 갖춘 전력이었기 때문이다.

그런데 다리우스는 제1차 페르시아전쟁에서 기병을 1,000명밖에 참전시키지 않았다. 게다가 그 1,000명도 마라톤전투에는 사실상 참전하지 않았다. 페르시아 기병 대부분은 어쩌면 에레트리아를 함락한 후 에우보이아 섬 전체를 페르시아 지배 아래에 두는 작전을 수행하다가 제1군에 편입된 것인지도 모른다. 아무튼 마라톤전투에서 페르시아 기병은 전력이라고 볼 만한 규모가 아니었다.

또 밀티아데스는 적의 보병이 1만 5,000명이어서 숫자 면에서는 우세하지만 경무장 보병이라는 점을 알아차렸을 것이다. 20년 이상 아시아와 접한 헬레스폰투스 해협 근처에서 살았던 밀티아데스는 아시아, 즉 당시 페르시아 병사의 모습만 보고도 중무장인지 경무장인지 알 수 있었을 것이다.

경무장 보병과 중무장 보병의 차이는 칼과 창, 활이라는 공격용 무기의 우열보다는 투구와 흉갑, 다리보호대, 방패와 같은 적의 공격을 방어할 수 있는 무구의 우열에 있었다.

역사적으로 유명한 '마라톤전투'는 숫자에서 우세한 경무장 보병과 숫자에서 열세인 중무장 보병의 대결이었다.

밀티아데스는 대치 기간 동안에 이런 페르시아 군대를 상대로 승리하는 것을 최대 목표로 하는 전술을 생각해냈을 것이다. 페르시아 쪽이 이 대치 기간을 이용해서 진형을 정비했기 때문인데, 페르시아의 진형은 전투 방식의 상식을 그대로 답습한 것이었다.

대개 진형은 우익, 중앙, 좌익 형태였다. 따라서 전투가 시작되면 처음에는 좌익은 상대의 우익, 중앙은 상대의 중앙, 우익은 상대의 좌익과 격돌하게 된다.

페르시아 군대 지휘관 다티스도 좌익, 중앙, 우익으로 포진했는데 중앙에 가장 많은 병력을 배치했다. 우익과 좌익의 보호를 받는 형태로 중앙이 우익, 좌익과 함께 한 덩어리로 공세에 나서서 적을 일거에 섬멸하려는 전략이었을 것이다.

아테네 군대 지휘관 밀티아데스 역시 동일하게 군대를 좌익, 중앙, 우익으로 삼분했다. 그러나 각각에 배치한 병사 숫자는 페르시아 군대와 반대였다. 좌익과 우익에 많은 병사를 배치하고 중앙을 지키는 병력은 상식을 뒤엎고 크게 줄였다.

밀티아데스가 생각한 전술은 적을 포위해서 괴멸시키는 작전이 분명했다. 이 포위 괴멸 작전은 훗날 알렉산드로스 왕, 그 이후에는 한니발, 그 한니발을 격파한 로마의 명장 스키피오, 그리고 율리우스 카이사르 등 고대의 명장이라 불리는 사람들이 모두 구사했던 전법이다. 그러나 이들은 모두 기병을 활용했다. 단지 밀티아데스만 보병만으로 그 작전을 수행해 성과를 거두었다.

밀티아데스는 수하 장군들인 '스트라테고스' 전원을 소집한 자리에서 다음과 같이 설명하고 지시를 내렸을 것이다.

'적군과 우리 사이의 거리는 1,400미터다. 이 정도 거리를 전력 질주하면 중무장 보병들은 체력이 바닥나 그 직후의 전투에서 싸울 수 없다. 페르시아 군대가 쏘는 활의 사정거리는 200미터가 한계다. 따라서 화살의 사정거리 밖인 1,200미터까지는 무리하지 않는 정도의 빠른 걸음으로 전진한다. 그리고 사정거리에 들어서는 순간 전력 질주하며 방패를 머리 위로 올려 화살을 막으면서 적과 거리를 급격히 줄인다. 근접전이 시작되면 우리 군대의 중무장 보병은 창이나 칼 모두 페르시아 병사의 것보다 길기 때문에 유리하게 싸울 수 있다.'

실제로 페르시아 병사의 창 길이는 2미터가 되지 않았지만 아테네 병사의 창 길이는 그 두 배였다. 칼도 페르시아 병사의 것은 40센티미터였지만 아테네 병사의 칼 길이는 그보다 두 배 가까이 길었다.

올림피아에서 개최된 고대올림픽 종목 가운데 중무장을 하고 경기장을 몇 바퀴 도는 경기가 있는데, 밀티아데스는 그 경기를 마라톤전투에서 병사들에게 요구했다. 전쟁터든 경기장이든 중무장을 하고 전력 질주를 하는 것은 동일하다. 단지 쏟아지는 화살이 있는가 없는가 차이밖에 없었다.

지휘 계통 일원화가 갖는 효력은 참가하는 사람 전원이 어떻게 행동하면 좋은지를 명쾌하게 이해할 수 있다는 점이다. 마라톤에서는 '스트라테고스'들이 먼저 이해하고 그다음에 병사들도 밀티아데스의 전술을 자기 것으로 만들었다.

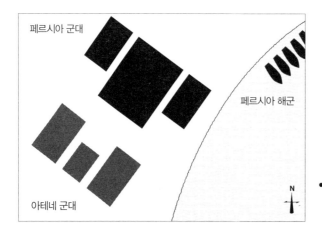

● 마라톤전투에서
취한 양쪽 군대
의 포진

양쪽 군대의 포진을 그림으로 그리면 위와 같다.

아테네 군대는 오른쪽에 바다를 두고 평원에 포진했다. 반면에 페르시아 군대는 바다를 왼쪽에 두고 평야에 포진했다. 거기까지 타고 온 수송 선단은 그들의 왼쪽 후방 해변에서 뱃머리를 바다로 향하고 나란히 정렬한 채 전투 결과를 기다리고 있었다. 그런데 이는 페르시아 병사들이 전세가 불리해지면 도망칠 곳이 있다고 생각하게 만들었다.

밀티아데스는 우익 병사들에게 페르시아 좌익을 격파하는 것에 그치지 말고 그들이 배로 도망칠 시간 여유를 주지 않으면서 재빨리 전투를 끝내라는 임무를 맡겼다. 이 우익을 지휘한 이는 '스트라테고스' 회의의 의장이라는 느낌을 주는 지위에 있었던 칼리마코스였다. 그래서 공식적으로는 칼리마코스가 총사령관이었다. 도시국가 시대의 그리스에서는 총사령관이 우익을 거느리는 것이 일반적이었다.

한편 적을 격파하는 것에 그치지 않고 적의 배후까지 돌아가 포위하는 어려운 임무를 맡은 좌익은 밀티아데스가 지휘했다.

중앙에 맡겨진 임무 또한 어렵기는 마찬가지였다. 적은 병력으로 5~6배에 이르는 적의 맹렬한 공격에 맞서 싸우면서 버텨야 했다. 적에게 돌파당하지 않는 것만도 어려운 일이었지만 어려운 점은 그것만이 아니었다. '한 걸음도 물러서지 않고'가 아니라 적이 알아차리지 못할 정도로 조금씩 '후퇴하면서' 맞서 싸우는 임무를 맡았던 것이다. 이는 자기 군대의 우익과 좌익이 진행하는 포위 섬멸 작전을 돕기 위해서였다. 만약 중앙이 붕괴되면 이 작전은 물거품이 되고 만다. 이 매우 중요한 중앙을 60세인 밀티아데스는 40세인 아리스티데스와 34세인 테미스토클레스에게 맡겼다. 아테네 정계의 신세대로 떠오르고 있던 두 맞수는 마라톤 전쟁터에서 어깨를 나란히 하고 싸우는 전우가 되었다.

역사적으로 유명한 '마라톤전투'가 기원전 490년 여름에 벌어졌다는 사실은 알려져 있다. 그러나 정확한 달과 날은 알려져 있지 않다. 이를 기술한 유일한 사람인 역사가 헤로도토스가 정확한 날짜에 흥미가 없었기 때문인데, 근현대 연구자들은 8월 말에서 9월 초 사이의 어느 날로 추정한다. 태양이 뜨고부터 시작되어 해가 질 무렵까지 하루 종일 전투가 벌어졌다. 전투가 끝난 뒤에 아테네 병사들은 피와 땀으로 범벅이 되었을 것이나.

그러나 전투의 전개는 밀티아데스가 생각한 그대로 시작되어 진행되었고 결국 이렇게 끝이 났다.

페르시아 측 전사자: 6,400명

아테네 측 전사자: 192명

　우익을 거느리고 싸운 칼리마코스와 또 한 사람의 '스트라테고스'가 전사자 192명 가운데 포함되었다. 아테네 군대는 지휘하는 자가 선두에 서서 싸움을 벌였다. 페르시아 측 손실은 1만 5,000명 가운데 6,400명이어서 42퍼센트에 이르렀다. 아테네 쪽 손실은 1만 명 가운데 192명이어서 1.2퍼센트였다. 아테네 군대는 페르시아의 배 7척도 포획했다. 페르시아 군대는 사망자뿐 아니라 부상자까지 내버려두고 배를 타고 허둥지둥 마라톤을 떠났다.

　그러나 아테네 측은 승리를 만끽할 여유가 없었다. 패배했다지만 페르시아 쪽에는 아직 8,000명이 넘는 병력이 남아 있었다. 거기에 마라톤전투에 참가하지 않은 제1군이 온전한 상태였다. 제2군의 나머지에 제1군이 합류하면 2만 명에 가까운 페르시아 군대가 아테네 바로 근처에 있다는 뜻이 된다.

　마라톤에 전 병력을 투입했기 때문에 무방비 상태가 된 아테네를 그 페르시아 군대가 직격할 수 있다는 생각만으로도 승리에 도취할 여유가 없었던 것이다. 승리 후 병사들에게 주어진 것은 짧은 휴식뿐이었다.

　밀티아데스는 사망자 매장과 부상자 처리를 아리스티데스와 그 부하들에게 맡기고 남은 병력을 거느리고 아테네를 향해 강행군을 했다. 한시라도 빨리 아테네에 도착하려고 산을 지나는 길을 선택했을 것이다. 그래서 해안 길을 따라 오고 있던 스파르타 군대와 만나지 못했던 것 같다.

스파르타 군대는 하루 늦게 마라톤에 도착했다. 뒤늦게 전쟁터에 들어선 스파르타 병사들은 전사한 페르시아 병사들로 가득한 전쟁터를 둘러본 다음 아리스티데스에게 말했다. 완벽한 승리였다고.

그리스와 페르시아가 벌인 본격적인 첫 번째 전투에서 아테네는 그리스 최강의 육상 전력이라고 자타가 인정하는 스파르타의 도움 없이 자기만의 힘으로 승리를 거두었다. 전후 처리를 일임받은 아리스티데스는 아테네 측 전사자 이름을 하나씩 기록하고 그들이 속한 '트리부스' 이름까지 기록한 다음 화장해서 매장했다. 그 일을 끝낸 뒤에는 화장하는 관습이 없는 페르시아 쪽 전사자 시체를 그대로 한곳에 매장했다.

결국 도시국가 아테네에 대한 페르시아 군대의 공격은 실행되지 못하고 끝났다. 제1군을 거느리고 있던 아르타페르네스나 제2군을 거느리고 있던 다티스 모두 더는 위험을 무릅쓸 이유가 없었을 것이다. 전제국가의 신하는 싫든 좋든 관료적이 되기 마련이다. 또 패배하게 되면 아르타페르네스는 사르디스의 장관이라는 수입이 좋은 지위를 잃게 되고, 페르시아에서 온 다티스는 목이 날아갈 공산이 컸다. 두 사람 모두 에레트리아와 낙소스의 주민을 진상품으로 삼아 수사까지 데리고 가면 다리우스의 분노를 잠재울 수 있다고 생각했을 것이다.

아테네 주민은 페르시아 군대를 실은 선단이 멀리 동쪽으로 사라지는 것을 보고서야 비로소 안심할 수 있었다. 제1차 페르시아전쟁은 이렇게 막을 내렸다.

그러나 마라톤 평원에서 벌어진 전투가 지닌 역사적 의의는 매우 컸다. 페르시아가 패배할 수 있다는 것이 처음으로 증명되었다. 페르시아의 다리우스 왕은 이 사실이 그리스 세계뿐 아니라 중동이나 이집트까지 퍼져나가는 것을 받아들여야 했다. 그리고 전투가 벌어진 '마라톤'은 근대올림픽 종목인 '마라톤'으로 이름을 남겼다.

제1차와 제2차 전쟁 사이의 10년

아테네 시민 사이에서 밀티아데스의 명성은 정점에 이르렀다. 이제 아테네 시민 가운데 이 '마라톤의 영웅'이 불과 2년 전에는 재판에 회부될 뻔했다는 사실을 떠올리는 사람은 없었다. 시민집회에서 밀티아데스는 압도적인 지지로 이듬해의 '스트라테고스'로 선출됐다. 60세인 밀티아데스도 의기양양했을 것이다. 그가 트라키아에서 페르시아 군대에 쫓겨 꼬리를 말고 조국으로 돌아온 지 3년도 지나지 않았다. 떨어질 대로 떨어진 뒤에 찾아온 급상승이었다. 정직하고 직선적인 남자였기 때문에 고양감에 도취되었을 것이다. 기원전 489년 '스트라테고스'에 10명이 선출되었지만 밀티아데스 한 사람이라는 느낌이 강했다. 아테네 시민은 그에게 또 다른 대승리를 기대했다.

남쪽을 크레타 섬이 가로막고 있는 에게해의 남부는 키클라데스 제도라고 불리는데, 다도해라는 이름에 걸맞게 수많은 섬이 흩어져 있는 해역이다. 북쪽에서 남쪽으로 비교적 이름이 알려진 섬들을 거론해보면 안드로스, 미코노스, 델로스, 낙소스, 파로스 등이다. 그 동쪽에는 사모스와 코스가 있고, 여기까지 오면 이오니아 지방이 코앞이다. 즉 마라톤전투 이후에도 페르시아 지배 아래에 있는 이오니아 지방과 아테네 사이는 쉽게 오갈 수 있는 거리였다.

그리고 이들 섬의 대부분은 제1차 페르시아전쟁이 시작하기 이전부터 페르시아의 지배 아래에 있었다. 그리스인들의 신앙이 두텁다는 이유로 다리우스가 묵인해주었던 델로스, 페르시아 왕에게 반기를 들었던 밀레투스와 가깝기 때문에 그리스 쪽에 가담하겠다고 선언한 낙소스를 제외하고, 대부분의 섬이 다리우스가 통보한 '땅과 물'을 내놓으라는 명령에 굴복해서 페르시아의 속국이 되었다. '땅과 물'을 내놓기를 거부한 낙소스는 철저하게 파괴되었을 뿐 아니라 주민 대부분이 에게해에서 멀리 떨어진 메소포타미아 지역으로 끌려가 노예 신분이 되었다.

압도적인 다수의 지지로 '스트라테고스'에 선출된 밀티아데스는 파로스 섬을 공략하기 위해 배 60척을 요청했다. 시민집회는 이를 압도적인 숫자로 가결했다. 키클라데스 제도에 속한 파로스는 '땅과 물' 요구를 받아들여 페르시아 지배 아래로 들어간 섬인데, 낙소스와는 가장 가깝다.

목표를 정하는 방식은 옳았다. 그러나 이를 집행하는 전술이라는 점에서 밀티아데스가 서둘렀다고 생각한다.

당시 낙소스는 남은 주민이 노인과 아이들뿐이라고 할 정도로 타격을 입은 상태였다. 그러나 그런 상태에서도 페르시아의 '땅과 물' 요구를 거부했다. 따라서 아테네 군대는 낙소스에 상륙해서 그곳을 전초기지로 삼아 10킬로미터밖에 떨어지지 않은 파로스를 공격하는 전술을 쓸 수 있었다. 그런데 밀티아데스는 낙소스를 거치지 않고 직접 파로스를 공격하는 쪽을 선택했다. 게다가 파로스에는 상륙작전에 돌입하기 전에 100탈란톤talanton(달란트)을 배상금으로 지불하면 다시 그리스 품으로 돌아올 수 있다는 최후통첩을 보냈다.

1탈란톤은 6,000드라크마에 해당한다. 당시 직공의 월수입이 15드라크마 정도였다. 100탈란톤은 60만 드라크마이므로 직공 4만 명의 월수입이었다. 파로스 주민들은 그 정도 막대한 금액을 배상금으로 지불하고 그리스로 돌아가기보다는 페르시아에 얼마 안 되는 공납금을 지불하는 것이 낫다고 판단하고 페르시아 지배 아래 남아 있는 쪽을 선택했다.

공방전은 8월의 태양 아래에서 시작되었다. 배 60척에 병사를 몇 명까지 태울 수 있는지는 알려져 있지 않다. 또 60척이라지만 이 시기의 아테네가 군선으로 알맞는 '삼단 갤리선'을 60척이나 보유하지는 못했을 것이다. 사료에도 '트리에레스trieres'라고 기록되어 있지 않기 때문에 상선 겸용인 보통 배 60척이었을 것이다. 상륙 후 20일이 지났으나 전황은 나아질 기미가 보이지 않았다. 그뿐 아니라 총사령관 밀티아데스가 다리에 중상을 입었다. 마라톤에서 페르시아 대군을 상대

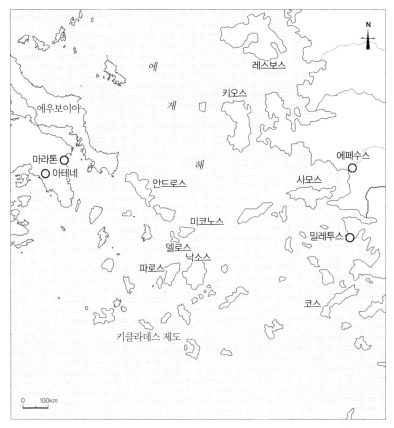

● 에게해의 섬들

하면서도 부상 하나 입지 않았던 밀티아데스가 그때의 10분의 1도 되지 않는 파로스의 방위군과 벌인 전투에서 오른쪽 다리에 깊은 부상을 입고 말았다.

그런 상황에서 시간이 흘러갔다. 가을이 코앞으로 바짝 다가왔다. 에게해는 평소에는 평온한 바다지만 겨울이 가까워지면 갑자기 날씨가 변해 바다가 거칠어지기 때문에 해안가에 정박한 배가 산산조각 나는 경우가 적지 않았다. 바다의 신 포세이돈이 분노하면 주신 제우스도 손을 쓸 수 없었다.

밀티아데스와 그의 부하들은 포세이돈이 본격적으로 화를 내기 전에 귀국해야 한다는 데 의견이 일치했다. 파로스 공략이 목표였던 아테네 군대는 목적을 이루지 못하고 후퇴하고 말았다. 최후 통보를 보내고 불과 26일밖에 지나지 않은 때였다. 중상을 입은 밀티아데스 외에 별다른 손실 없이 전쟁을 마친 것을 다행이라고 위안할 수밖에 없었다.

그러나 아테네로 귀환해서 부상을 치료하던 밀티아데스를 덮친 것은 고발이었다. 죄목은 '도시국가 아테네의 주권자인 아테네 시민을 배신한 죄'였다. 고발자는 '온건파' 영수들 가운데 하나인 크산티푸스였다.

크산티푸스와 아리스티데스가 속한 '온건파'와 밀티아데스와 테미스토클레스가 거느린 '과격파'는 페르시아를 바라보는 관점에서 차이를 보였다. '온건파'는 마라톤전투 이후에 페르시아 문제를 외교로 해결해야 한다고 생각한 사람들이고, '과격파'는 다리우스의 머릿속에는 외교적 해결이 들어 있지 않으며 반드시 페르시아가 다시 침공해 올 것이라고 확신하는 사람들이었다. 3년 전의 고발은 물밑 공작으로 고소를 취하할 수 있었지만 이번에는 테미스토클레스가 준비한 공작에 아리스티데스가 응하지 않았다. 그 때문에 공개 장소에서 재판이 열렸다.

밀티아데스는 다리에 입은 중상 때문에 법정에 출두할 수 없었다. 그런 피고의 자리가 공석인 법정에는 '아테네 시민을 배신했다'가 아니라 '아테네 시민의 기대를 배신했다'에 지나지 않는다는 생각이 들어갈 자리가 없었다. 시민들은 기대가 컸던 만큼 실망도 컸고, 그 분노를 밀티아데스 한 사람에게 쏟아부었다. 그리고 '온건파'는 그런 시민들의 생각을 이용했다. 테미스토클레스는 마라톤전투에서 승리하는 데 가장 큰 공을 세운 사람이 밀티아데스였다고 필사적으로 변호했다. '시민을 배신한 죄'가 유죄로 판명 나면 기다리는 것은 사형이었기 때문이다. 이에 대해 고발자인 크산티푸스는 마라톤전투에서 공식적인 총사령관으로 전사한 칼리마코스의 공적이 더 크다고 뛰어난 언변으로 반론했다. 법정에서 이를 듣고 있던 아리스티데스는 마라톤에서 밀티아데스의 부장副長 지위에 있었기에 밀티아데스의 전략과 전술을 잘 알고 있었지만 입을 굳게 다물었다.

테미스토클레스는 밀티아데스가 중상을 입은 몸이라는 점을 강조해서 사형 대신에 벌금형으로 감형된 판결이 나오도록 하는 데 성공했다. 시민들의 기대를 저버린 죄에 부과된 벌금은 50탈란톤이었다.

직공 2만 명의 월수입에 해당하는 금액이었다. 외국에서 돌아와 곧바로 마라톤에서 온 힘을 다해 전략을 세웠던 밀티아데스에게 이 정도의 막대한 금액을 빌려줄 사람은 없었다. 그래서 20세가 된 밀티아데스의 아들 키몬은 가능한 수준에서 조금씩 갚아가는 분할납부를 제안했고 재판장이 그것을 받아들였다. 그러나 밀티아데스는 그 판결이 있은 지 며칠 후 세상을 뜨고 말았다. 부상 입은 곳을 덮고 있던 고름이 전신으로 퍼져나가면서 재판이 열리지 않았어도 죽음을 피할 수 없었던 셈이다. 이렇게 마라톤의 영웅은 죄인으로 죽었다.

페르시아에 강경하게 대응할 것을 주장했던 과격파 지도자로는 35세인 테미스토클레스만 남았다.

페르시아제국도 마라톤에서 깊은 상처를 입었다.

민주정치 체제를 유지하면서 나라의 질서를 잡기는 힘들며 오히려 전제군주국이라면 쉬울 것처럼 생각할지 모르지만 그렇지 않다.

'왕 중의 왕'인 페르시아 왕 다리우스 앞에 속국과 속주의 수장들이 무릎을 꿇은 이유는 두 가지다.

첫째, 조로아스터교의 최고신 아후라 마즈다의 지상 대리인이기에 다리우스 왕 역시 신이다. 따라서 잘못을 저지를 수 없으니 그를 따르면 자기들의 지위도 안전하다고 생각했다.

둘째, 그 다리우스가 통솔하는 것이 무적이며 무패를 자랑하는 페르시아 군대다. 따라서 다리우스 왕의 명령에 따라 종군해야 한다고 생각했다.

대병력을 소집할 힘을 가진 다리우스 왕은 마라톤전투에서 패배했지만 군사적으로는 큰 타격을 입지 않았다. 그리스 침공에 나선 병력은 2만 5,000명 정도였다. 당시 페르시아의 국력을 생각하면 그보다 열 배나 많은 군대를 동원해 곧바로 공격할 힘이 있었다. 다리우스가 입은 진정한 타격은 위에서 제시한 두 가지 이유, 즉 '왕 중의 왕'의 '신화'가 무너졌다는 점이다.

　실제로 1만 명밖에 되지 않는 아테네에 패배하자 그 열 배에 이르는 속주의 주민들이 봉기를 일으켰다. 페르시아는 아테네에 설욕전을 펼칠 힘을 잃었다. 마라톤에서 철수한 뒤 4년 이상을 이집트 전역으로 퍼져나간 반란을 진압하는 데 허비하고 말았다.

　기원전 486년, 아직 반란이 완전히 진압되지도 않았는데 심신이 지친 탓인지 '왕 중의 왕' 다리우스가 죽고 말았다. 이렇듯 무패와 무적으로 전진하던 다리우스의 36년에 이르는 치세가 막을 내리게 만든 것은 마라톤에서 당한 패배였다. 다리우스는 자기 뒤를 이어 '왕 중의 왕'이 될 아들 크세르크세스에게 그리스에 대한 설욕전을 유언으로 남겼다.

　역사가인 헤로도토스에 따르면 33세로 페르시아제국의 주인이 된 크세르크세스는 키가 크고 아름다운 청년이었다. 게다가 권위를 가지기에 최적의 수단이기도 한 혈통 면에서 완벽했다. 아버지 다리우스는 왕가라고는 하지만 방계에서 태어나 실력으로 최고의 지위에 올랐으며, 아케메네스왕조의 시조인 키루스 대왕의 딸 아토사와 결혼해서 권위를 획득한 인물이었다. 크세르크세스는 키루스 대왕의 딸인 어머

니와 페르시아를 제국으로 끌어올린 행동주의자 다리우스 사이에서 태어난 장남이었다. 태어날 때부터 권위와 권력을 갖고 있었고 온후하고 예의 바른, 전형적인 오리엔트 귀공자의 모습을 갖춘 인물이었다. 그러나 크세르크세스는 아버지 다리우스의 유언이 없었다고 해도 '왕 중의 왕'인 이상 그리스 문제는 피할 수 없었다. 제2차 페르시아전쟁은 페르시아 쪽에서든 아테네 쪽에서든 이미 예고된 전쟁이었다.

한편 아테네에서는 민주정치의 나라임을 증명이라도 하겠다는 듯이 각 당파의 다툼이 다시 시작되었다. 전제군주정치라면 있을 수 없는 당파 사이의 다툼이 민주정치에서는 일어났다. 인간을 '호모 폴리티쿠스Homo politicus(정치적 인간)'라고 부른 것도 그리스인 아리스토텔레스였다.

마라톤전투에서 승리한 직후 아테네는 네 개 당파로 분리되었다. 당시 아테네의 당파는 다음과 같다.

알크마이온파: 클레이스테네스를 배출한 명문 중의 명문과 관련 있는 남자들이 거느린 당파로 아리스티데스, 메가클레스, 크산티푸스가 지도자였다.

페이시스트라토스파: 과거 참주정치 시대에 대한 향수를 가진 시민들로 이루어진 당파로, 이 시기의 지도자 역시 페이시스트라토스의 손자로 보이는 히파르코스였다.

귀족파: 마라톤의 영웅 밀티아데스 아래 집결한 사람들로 이루어진 당파지만, 내가 생각하기로는 페르시아 군대의 공격 때문에 해외 자산을 잃은 사람들이 모인 당파였을 것이다.

민중파: 테미스토클레스가 거느린 당파로, 제3계급의 아래 절반과 제4계급의 시민들로 구성되었다.

넷으로 분리된 당파가 둘씩 연립해서 두 당파를 만드는 것도 민주정치에서 자주 나타나는 현상이다. 이에 따라 마라톤에서 승리한 이후부터 1년 뒤 밀티아데스에 의한 파로스 섬 공격 직전까지 아테네에서는 연립한 두 당파가 대립하고 있었다.

네 당파 중 앞의 두 당파가 연립해서 '온건파'를 결성했고, 뒤의 두 당파가 연립해서 '과격파'를 결성했다. '모데라트'라든가 '래디컬'이라는 호칭은 후세 연구자들이 편의상 붙인 이름이다. 당시 사정을 반영한 이름으로 바꾸면 '페르시아에 대한 온건파' '페르시아에 대한 강경파'가 된다. '페르시아에 대한 온건파'는 마라톤전투 패배 이후 이집트의 반란 때문에 고심하고 있던 페르시아와 외교로 문제를 온당하게 해결할 수 있다고 생각한 사람들이었다. '페르시아에 대한 강경파'는 그 반대였다. 이르건 늦건 페르시아는 반드시 공격해 올 것이라고 단언하고, 이에 대비해 아테네는 맞서 싸울 준비를 시급히 시작해야 한다고 주장한 사람들이었다.

대립하던 두 당파 가운데 처음 타격을 입은 쪽은 '페르시아에 대한 강경파'였다. 파로스 공격 실패를 규탄하는 재판에 밀티아데스가 회부되고 결국 부상이 덧나 죽으면서 무대에서 퇴장했기 때문이다. 이 당파의 지도자로 홀로 남게 된 테미스토클레스는 '페르시아에 대한 온건파'의 지도자 전원, 즉 아리스티데스, 메가클레스, 크산티푸스, 히파르코스라는 정적 4명을 상대해야 했다.

그렇지만 테미스토클레스는 처음에는 시민집회나 아고라^{agora}(시장)에서 당당하게 자기주장을 펼쳤다. "페르시아는 반드시 다시 공격해 올 것입니다." 이 경우 아테네 방위는 바다에 달려 있었다. 따라서 군선의 건조가 시급히 이루어져야 한다고 주장했다. 그러나 36세 인물이 주장하는 열변에 정적들은 물론이고 시민들의 반응도 무덤덤했다. 이는 어쩌면 당연한 일이었다.

첫째, 인간은 늘 희망적인 관측으로 기울기 마련이다. 훗날 로마인 율리우스 카이사르는 다음과 같이 말했다. "인간이라면 그가 누구든 현실의 모든 면을 볼 수 없다. 많은 사람은 보고 싶은 현실밖에 보지 못한다."

둘째, 마라톤전투에서는 육군, 즉 중무장 보병 덕분에 승리했다는 사실 때문이다. 그런 아테네인들에게 '다음은 바다'라고 말해도 현실 감이 별로 느껴지지 않았을 것이다.

당시 아테네는 해군과 거리가 먼 나라였다. 군선으로 쓰기에 적합한 삼단 갤리선을 그리스의 도시국가 가운데 가장 많이 보유한 곳은 코린토스, 아이기나 순이었지 아테네가 아니었다. 에게해의 맞은편에 있는 이오니아 지방까지 포함하면 아테네의 순위는 대여섯 번째로 밀려나, 필요할 때 코린토스에 원군을 요청하는 것이 고작이었다. 코린토스도 삼단 갤리선은 100척 정도밖에 없었다. 그런데 테미스토클레스는 200척이 필요하다고 주장했다. 코린토스와 아이기나를 뛰어넘는 그리스 최고의 해군 보유국이 되어야 한다는 말이었다. 이 말에 아테네 시민은 어안이 벙벙했을 테고 시민집회에서도 반응을 끌어내지 못했을 것으로 보인다.

테미스토클레스는 앞에서 말한 것처럼 아테네의 명문 출신이 아니었다. 아마 아버지는 수입별로 계급을 나눈 솔론의 개혁을 기준으로 보면 제3계급에 속한 사람이었을 것으로 보인다. 또 어머니는 트라키아인이어서 아테네인이 보기에는 외국에서 태어난 사람이기 때문에 아테네 내에는 어머니와 관련된 연고도 없었다.

아테네에서는 정치적 야심을 가진 뛰어난 사람이 지명도를 높이고 정치적·경제적 지원 체제를 갖추기 위해 명문가 여자와 결혼하는 일이 있었다. 페이시스트라토스나 크산티푸스도 알크마이온 집안의 여자를 아내로 맞이했다.

그러나 테미스토클레스는 그 길을 걷지 않았다. 그는 요직에 오를 수 있는 자격 연령인 30세가 되기 전에 이미 아테네의 서민 지구로 거처를 옮겼다. 그곳에서 자기 기반을 개척하려는 목적이었는데, 그 지구에는 도기 제조업자들이 모여 살았다. 불을 사용하기 때문에 도심에서 떨어진 교외에 있었다.

그곳에서 살게 된 청년 테미스토클레스는 항아리나 접시를 만들지 않았다. 그는 매일 아침 도심에 있는 재판소로 출근했다. 그는 변호사, 그것도 민사 변호사를 맡고 있었다. 출퇴근도 그냥 하지 않았다. 도기를 만들고 있는 곳으로 들어가 직공들에게 일의 진행 상태를 묻거나 그들 의견에 귀 기울이고, 만약 법적으로 귀찮은 일이 발생하면 변호 일을 맡는 등 이른바 이동식 상담소를 운영했다. 이렇듯 테미스토클레스는 여기저기 들르는 출퇴근을 하면서 세력 기반을 구축하고 확장했다. 사람들 입에서 입으로 전해지는 평판을 잘 활용한, 고대사회에서는 매우 보기 드문 정치가였다.

그러나 이렇게 얻은 지지자들조차 200척으로 이루어진 해군이 필요하다는 그의 주장에 공감하지 못했고, 사회적으로나 경제적으로 혜택을 입고 있던 다른 시민들 또한 마찬가지였다. 그렇다고 그런 현실적 장벽에 부딪쳐 낙담할 테미스토클레스가 아니었다. 그의 정책을 이해할 능력은 없어도 그를 지지하는 이 사람들 역시 아테네 시민들이었고, 선거에서 한 표를 행사할 수 있었다.

정적 제거

기원전 487년, 37세가 된 테미스토클레스는 강경책을 꺼내 들었다.

클레이스테네스의 정책에서 제안되었지만 그때까지 실시되지 않았던 도편추방 제도를 활용하기로 한 것이다. 정적들 가운데 쓰러뜨리기 가장 쉬운 사람을 목표로 정했다. 페이시스트라토스 회고파라고 불러도 좋을 당파의 지도자로서, 과거 '참주'의 피를 이어받고 알크마이온파와 연립한 히파르코스였다. 그를 무너뜨리기 쉽다고 생각한 것은 참주정치라는 말만 들어도 알레르기를 일으키는 알크마이온 일파가, 참주정치 부활을 노린다는 이유로 도편추방의 표적이 되면 히파르코스를 버릴 것이라고 판단했기 때문이다. 실제로 도편추방 결과는 테미스토클레스의 생각대로 되었고, 그 결과 정적 한 사람이 무대에서 사라졌다.

되풀이해서 말하지만 도편추방이 되면 10년 동안 국외에 거주해야 하고 아테네로 돌아올 수 없었다. 명예가 추락되는 것도 아니고, 재산도 그대로 지킬 수 있고, 가족도 아테네에 거주할 수 있었다. 다만 10년 동안 아테네 중앙 정계와 단절되기 때문에 권력 기반이 약해지는 일은 피할 수 없었다.

다음 해인 기원전 486년, 테미스토클레스는 다시 도편추방을 이용했다. 이번 목표는 메가클레스였다. 정치가로서 능력은 별로 없지만 명문 중 명문인 알크마이온 집안의 직계였다. 이 사람이 도편추방의 표적이 된 이유는 페르시아 왕과 비밀리에 내통했다는 것이었다.

테미스토클레스의 '페르시아에 대한 강경파'에 대응하여 메가클레스가 '페르시아에 대한 온건파'의 일원으로서 페르시아와 연락을 주고받았을지도 모른다. 그러나 사실은 메가클레스가 비록 명문 알크마이온의 가주※主였지만 정치적으로 별로 눈에 띄지 않고 시민들 사이에서 인망도 높지 않았기에 무리 없이 도편추방이 되었을 것이라고 생각한다. 이렇게 해서 두 번째 정적이 무대에서 사라졌다.

앞에서도 말했듯이 도편추방 제도는 1년에 한 번 시행할 수 있었고 그것도 6,000명 이상의 유권자가 모여야 했다. 이렇게 모인 유권자의 과반이 넘는 시민이 투표용지인 부서진 도기 조각에 추방하고 싶은 사람의 이름을 새기면 효력이 발휘되는 시스템이었다. 클레이스테네스는 아테네가 자신이 이룬 개혁으로 성립된 민주정치에서 다시 참주정치로 돌아가서는 안 된다는 생각에서 이 제도를 만들었다. 그러나 테미스토클레스는 당시 양식 있는 사람이라면 눈살을 찌푸렸을 '정적을 제거하는 수단'으로 이 도편추방을 활용했다.

테미스토클레스는 도편추방으로 정적 4명 가운데 2명을 제거했다.

그러나 아직 2명이 남아 있었다. 그런데 테미스토클레스는 일단 도편 추방 활용을 중지했다. 그것은 다음 몇 가지 이유 때문이었다.

첫째, 1년에 한 번으로 정해진 도편추방을 매년 계속하면 정적 제거라는 그의 '진심'을 시민들에게 들킬 위험이 있었다. 둘째, 남아 있는 두 정적 크산티푸스와 아리스티데스는 이미 무대에서 사라진 두 사람과 비교해서 강력했다. 이 둘을 도편추방에 처하려면 더 신중하게 진행할 필요가 있었다. 셋째, 정적 두 사람을 제거한 효과로 테미스토클레스는 200척에는 턱없이 미치지 못했지만 새로 건조하는 배의 숫자를 조금씩 늘려나가는 방향으로 시민집회를 유도하는 데 성공했다. 넷째, 아테네의 조선 능력이 조금씩 향상되고 있었다. 테미스토클레스는 그저 숫자를 늘리는 데서 그치지 않고 질적으로 향상시키려고 했고, 그 부분도 현실화되고 있었기에 정적 제거는 일단 멈추고 그쪽에 전념할 가치가 충분히 있었다.

그리스는 마차보다는 배로 가는 편이 빠르고 몸도 덜 피곤한 지세였다. 따라서 아테네인은 배와 바다에 익숙한 사람들이었다. 그뿐 아니라 스파르타인이라면 상상도 하지 못할 만큼 아테네인은 태어날 때부터 배와 바다에 친숙했다. 그러나 그들이 익숙한 것은 사람이나 물건을 운반하는 상선이지 군선이 아니었다. 또한 상선과 군선은 달랐다.

아테네인은 더 많은 상품을 운반하기 위해 되도록 크고 가벼운 상선을 선호했다. 교역을 중시한 페니키아, 농업 대국이던 이집트, 그리스 도시국가 모두 당시에는 상선이 주류였다. 해전은 이 책의 클라이맥스가 되는 '살라미스해전'이 최초였다. 그 이전 고대 세계에서는 해전다운 해전이 없었기에 그 시대 사람들이 배라면 상선을 떠올린 것은 당연한 일이었다. 그러나 군사 목적으로 배를 사용하게 되면 이야기가 완전히 달라진다.

육지에서 벌어지는 전투에서는 대군을 거느린다고 해도 드넓은 평야를 전쟁터로 삼는 사령관은 없다. 군대 병력을 한곳에 집중해야 승리할 수 있기 때문이다. 특히 적보다 적은 병력으로 싸워야 하는 사령관은 전쟁터 선택에 더욱 신경을 쓰게 된다. 바다에서 벌이는 전투에서도 논리적으로는 다를 것이 없다. 넓은 바다에서 싸우는 것은 바보짓으로, 전쟁터를 가능한 한 좁은 해역으로 집중시켜야 승리할 확률이 높다. 더욱이 에게해는 바람의 방향이 자주 바뀌는 바다였다. 에게해에서도 좁은 만을 전쟁터로 삼는 경우에는 바람뿐 아니라 조류까지 고려해야 했다.

테미스토클레스가 건조하고 있던 '삼단 갤리선(트리에레스)'은 소형이지만 무게가 나가는 배였다. 그래서 바람이나 조류의 영향을 최소한으로 억제할 수 있었다. 해전이 벌어지면 배의 돛을 내리고 노만 저어서 적에게 접근할 수 있어서 좁은 지역에서 재빠르게 움직일 수 있었다. 따라서 넓은 바다에서 활동하기 유리한 대형 배의 이점을 오히려 결점으로 만들 수 있었다.

게다가 페르시아에는 해상운송의 전통이 없었다. 그런 페르시아가 공격해 온다면 그 배는 페르시아가 지배하는 페니키아나 이집트의 배일 터였다. 크지만 무게는 가벼운 배였다.

39세가 된 테미스토클레스는 멀리 보는 남자였다. 동시에 가까운 곳도 볼 줄 아는 남자였다. 그는 페르시아 공격의 위험을 주장하고, 따라서 신형 군선 200척을 건조해야 한다고 주장하던 전략을 바꾸었다. 사람들 시선을 멀리 있는 위험으로 향하게 하던 것에서 가까운 위험으로 바꾼 것이다.

살라미스에서 남쪽으로 20킬로미터가 채 떨어지지 않은 해상에 아이기나가 있다. 아이기나는 그리스의 도시국가들 가운데 중간쯤에 해당하는 나라지만 해상운송은 아테네보다 앞서 있었다. 아이기나는 살라미스가 아테네의 지배를 받게 되면서 위기의식을 숨기지 않았고, 페르시아 쪽에 서겠다는 의사를 분명하게 드러냈다. 아테네 측에서 보면 20킬로미터 거리에 페르시아 세력이 존재하는 셈이었다. 당연히 페르시아 왕의 '땅과 물' 요구를 거부한 아테네와 그것을 받아들인 아이기나의 관계는 점점 악화되었고 결국 전쟁 상태로 돌입했다.

그런데 이 전선의 추이를 전혀 예측할 수 없었다. 왜냐하면 아테네에는 아이기나에 병사를 태워 보낼 수 있는 배가 40척밖에 없었기 때문이다. 코린토스에 요청해서 받은 20척을 더해 겨우 60척으로 늘렸지만 해운의 선배 격인 아이기나는 이미 60척을 갖고 있었다. 해상에 띠 있는 심을 공격하려면 배가 반드시 필요했다. 게다가 병사를 태우는 것 외에 군량도 운송해야 했다. 테미스토클레스는 아테네와 가까운 곳에서 전개되는 이 문제를 시민집회에서 거론하며 배 200척 건조

● 아테네와 그 주변

그리스인 이야기 I

의 필요성을 강조했던 것이다.

시민집회도 이번에는 상당히 진지하게 토의했지만 '페르시아에 대한 온건파'의 벽은 여전히 두꺼웠다. 다리우스가 죽고 신사 크세르크세스가 페르시아 왕이 되자 온건파 지도자들이 외교로 해결할 수 있다는 생각을 전보다 더 강하게 했을지도 모른다. 이럴 때 많은 배를 건조하기로 가결하면 페르시아 왕을 자극할 수 있다는 것이 테미스토클레스 주장에 맞선 반대 논리였다.

기원전 484년, 40세가 된 테미스토클레스는 세 번째 도편추방을 이용했다. 이때 표적은 크산티푸스였는데, 그 이유로는 아이기나를 상대한 전투에서 보인 전략과 전술의 결여를 들었다. 36세던 크산티푸스는 그 전해부터 아테네 군대를 거느리고 아이기나에서 전투를 벌였다. 아이기나를 상대로 하는 전쟁이 해결되지 않는 것에 불만을 품은 시민들이 일제히 도편에 이름을 새겨 넣었다. 역사가 투키디데스가 이상적인 정치가로 꼽았던 위대한 정치가 페리클레스는 11세에 국외추방자의 아들이 되고 말았다. 어쨌든 이 강경책 덕분에 테미스토클레스는 시민집회에서 그가 구상한 '신형 군선 건조'를 100척까지 늘리기로 가결시키는 데 성공했다.

'신형 군선'이라고 해서 전혀 새로운 형태의 배를 만든 것은 아니었다. 삼단 갤리선을 기존의 것보다 튼튼하게 만들고 그 밑바닥에 돌덩어리를 많이 실어서 무게를 늘렸다. 돌을 너무 많이 실으면 중심을 잡을 수 없기 때문에 돌을 싣는 데는 상당한 기술이 필요했다. 그래서 일단 돌을 실으면 그대로 유지했다. 이렇게 되면 당연한 말이지만 배의 무게 변화에 따라 그에 적합하게 선원들을 훈련하는 일도 필요해진다. 테미스토클레스는 그런 아이디어를 모두 포함해 '신형 군선 건조'를 계획했고, 앞으로 해군은 그런 모습이어야 한다는 것이 테미스토클레스의 생각이었다.

테미스토클레스와 그에게 동의하지 않는 '온건파'의 진짜 대결은 2년 후에 찾아온다. 그 무렵 아테네와 가까운 라우리온에서 발견된 은 광산에서 생긴 수익을 어떻게 사용할지를 둘러싸고 갈등이 표면화되었다.

42세가 된 테미스토클레스는 당연하다는 듯이 새로운 군선 200척을 건조하는 데 전액을 사용해야 한다고 주장했다. 테미스토클레스보다 6년 연상으로 그때까지 젊은 크산티푸스에게 당파를 맡기고 뒤로 물러나 있던 아리스티데스는 크산티푸스가 도편추방으로 추방되자 표면에 나서지 않을 수 없었다. 그의 주장은 라우리온의 은 광산에서 생긴 수익을 아테네의 모든 시민에게 분배해서 시민의 생활이 향상되도록 해야 한다는 것이었다.

테미스토클레스는 자기와 아리스티데스의 의견 가운데 어느 쪽이 더 좋은지에 대한 선택을 시민집회에서 결정하지 않고 도편추방에 회부했다. 아리스티데스의 생각이 시민집회에서 부결되어도 그만이었지만 도편추방이라면 아리스티데스를 제거할 수도 있었기 때문이다.

도편을 이용한 투표 결과 추방된 인물은 오히려 시민들이 좋아할 만한 내용을 주장한 아리스티데스였다. 기원전 482년은 이집트의 반

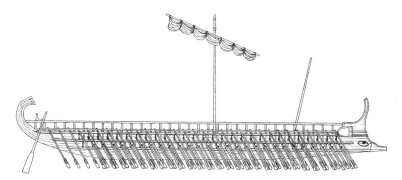

● 아테네가 새롭게 건조한 '삼단 갤리선'

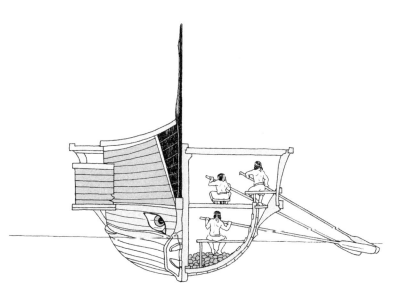

● 새롭게 건조된 '삼단 갤리선'의 노 젓는 선원과 돌을 쌓은 배 밑바닥

란을 모두 제압한 페르시아 왕 크세르크세스가 공공연하게 그리스 공격을 준비하던 시기였다. 마침내 아테네 시민들도 테미스토클레스의 말에 진지하게 귀 기울이게 되었는지 모른다.

『플루타르코스 영웅전』의 저자 플루타르코스는 이때의 도편추방에서 일어난 일화를 다음과 같이 기록했다.

한 남자가 도편추방 투표장에서 아리스티데스에게 말을 걸었다. 그 남자는 수도에서 멀리 떨어진 지방에서 왔는지, 상대가 아리스티데스라는 사실을 알아보지 못하고 말을 걸었다. 남자가 말했다.

"미안하지만 아리스티데스라고 써주시겠어요? 내가 글을 쓸 줄 몰라서."

아리스티데스는 그 남자에게 아리스티데스라는 인물이 왜 나쁘냐고 물었다. 남자가 고개를 흔들면서 대답했다.

"나는 그 사람 얼굴도 몰라요. 다만 여기저기서 자꾸 아리스티데스가 정의로운 인물이라는 말을 듣고 짜증이 나서 말이죠."

아리스티데스는 아무 말 하지 않고 남자가 내민 도편에 자기 이름을 새기고 남자에게 돌려주었다. 그해, 그렇게 아리스티데스는 아테네에서 추방되었다.

이 대목만 읽으면 도편추방이 나쁜 제도라고 생각하게 된다. 그러나 플루타르코스는 그보다 600년 후대의 사람이며, 오현제五賢帝 시대라고 불리는 로마제국 전성기에 살았던 그리스인이다. 지식을 향한 욕구는 1급이었지만 그리스인이라는 자의식이 결여된, 사회적 지위나 재산에 부족함이 없는 컨트리 젠틀맨country gentleman이었다.

● 아리스티데스
　이름이 적힌 도편

　그런 플루타르코스가 높이 치켜세운 '정의로운 사람'이라는 평가가 일반인에게 정착되었는데 아리스티데스 스스로 누구보다 그런 평판을 중요하게 여겼던 것이 아닐까 생각한다. 타의 추종을 불허하는 명문 집안 출신에 엄청난 재산을 가진 알크마이온 가문을 거느린 지도자였지만 정작 본인은 가난하게 생애를 마쳤다. 당시 아테네의 선거 슬로건 가운데 '나오고 싶어 하는 사람보다 나오면 좋은 사람을'이라는 것이 있었다면 아리스티데스만큼 '나오면 좋은 사람'에 해당하는 정치가가 또 있었을까?

　한편 테미스토클레스는 '나오고 싶어 하는 사람'의 전형인 인물이었다. 그는 도시국가 아테네를 덮친 위험은 이러이러한 것이며, 그것에 대처하려면 무엇을 해야 하는지, 그리고 시민 모두가 어떻게 해서 자기가 속한 국가를 지킬 수 있을지를 구체적으로 열거해서 그에 대한 찬반을 묻는 정치가였다.

　아테네 시민 중에는 글을 쓰지 못하는 사람도 있었을 것이다. 그러나 그런 사람까지 포함해 아테네 시민 대부분이 지평선 너머에 있는 페르시아 군대를 생각하게 되면서 아리스티데스보다는 테미스토클레스를 선택했다. 시민 모두가 당사자로서 문제의식을 가지게 되었기 때문이다.

6년밖에 차이 나지 않는 아리스티데스와 테미스토클레스 두 사람은 평소에 생각이 정반대였지만 공통점이 하나 있었다. 두 사람 모두 정치가로서 국익을 최우선시하는 사람이었다는 점이다. 아테네에서는 공직자에게 보수가 없었다. 따라서 아테네인들은 국가를 위해 하는 일로 돈을 벌겠다는 생각이 없었다. 그러니 아테네에서는 공금횡령죄로 고발되는 일이 없었다. 나랏돈을 자기 주머니에 넣는다는 관념 자체가 없었다.

그러나 공금을 악용한 죄로 고발되는 경우는 있었다. 나랏돈을 악용했다는 것은 국가 정책을 잘못 처리한 것을 의미하고, 그 때문에 국가에 손해를 끼쳤으니 죄를 지은 것이다. 그리고 도편추방은 그것이 적절한 제도인지 아닌지는 별개로 하고, '아직 드러나지는 않았지만 드러날 위험이 있다'고 여겨지는 사람에게 부과된, 이른바 사전 처리였다. 민주정치로 운용되는 아테네에서 정치 지도자가 되려면 목숨을 걸어야 했다. 일본의 저명한 평론가 고바야시 히데오小林秀雄는 이렇게 말했다.

투키디데스의 『펠로폰네소스전쟁사』가 어떤 식인지는 모르지만 『플루타르코스 영웅전』에 등장하는 영웅들은 모두 정치가들이다. 물론 저자

(플루타르코스)에게는 현대식 구분에 따른 정치가형 인간과 같은 구별이 없었을 것이고, 따라서 도덕적이며 정력적인 행동가가 정치가가 될 수밖에 없었던 당시 사회 상황에 따라 기술했을 것이다. (…)

정치는 직업이나 기술이 아니라 고도의 긴장이 필요한 생활이다. 따라서 플루타르코스가 묘사한 인물들은 그들이 어떤 곳에 있든 각자의 모든 경험을 드러내고 있는 것처럼 보인다. (…)

정치 참여 또는 정치에 대한 무관심 같은 요즘 자주 쓰는 말은 그 시대 교양인이라면 전혀 이해할 수 없는 말이었다. 이에 대해 다시 생각해볼 필요가 있다.

현대를 살아가는 우리의 틀에 맞는 것만을 생각해서는 고대를 살았던 사람들을 이해할 수 없다. 상상력의 문을 활짝 열고 그들의 '모든 경험'을 추체험하며 다가갈 때 이해할 수 있을 것이다. 21세기의 현대에서 그들을 바라보는 것이 아니라 21세기를 살아가는 우리 모두가 2,500년 전으로 돌아가 그 시대에 살았던 사람들과 문제의식을 공유하는 것이다.

기원전 482년 아리스티데스가 퇴장한 이후 아테네는 신형 군선의 건조에 집중했다. 200척이 차례로 진수되었다. 조선 체제 확립은 200척을 건조하는 데 그치지 않고 필요하다면 곧바로 신형 배를 건조할 수 있다는 것을 의미했다. 또 이미 사용하고 있는 배의 개조나 수리 또한 그전보다 훨씬 용이해졌다는 것을 뜻한다. 조선 시스템이 정비되자 배를 만드는 목수가 상주하게 되었다.

새롭게 건조된 배가 증가함에 따라 그 배에 타는 선원 수요도 늘어났다. 선원의 대부분을 차지하는 노 젓는 인원이 전보다 더 많이 필요해졌다. 노 젓는 선원의 역할은 후대의 모터와 역할이 동일했다. 돛만 있으면 바람에 좌우되지만 인간이 노를 저으면 행동의 폭이 넓어지며 자유로워진다. 돛을 내리고 노를 저어 적에게 접근하는 것이 본격적인 전투의 전 단계라는 점에서 노 젓는 선원을 좀 더 많이 확보하는 것은 최우선 과제였다.

오리엔트에서는 노예들이 노를 젓는 것이 일반적이었다. 이런 방식은 범선이 주류가 되는 시대까지 계속되었다. 그러나 고대 그리스에서는 전통적으로 자유시민이 노를 저었다. 무엇보다 도시국가였기 때문에 인구가 적었고, 따라서 적의 배에 접근한 뒤에는 노 젓던 선원들이 노 대신 칼을 잡고 병사가 될 필요가 있었기 때문이었다.

솔론의 개혁에서 무산자라는 이유로 사회 최하층인 제4계급에 속한 시민들이 테미스토클레스가 편성한 아테네 해군에서 중요한 임무를 맡았다. 테미스토클레스는 이들 아테네의 프롤레타리우스 계급에게 안정된 고용을 보장했을 뿐 아니라 자기들이 국가 방위를 담당하고 있다는 자각까지 부여했다.

테미스토클레스는 신형 군선 건조 체제를 확립하자 이번에는 아테네의 정치체제 개조에 착수했다. 정적이 모두 사라진 당시 시민집회에서 그에 대한 지지는 반석과 같았다. 그러나 그는 최소한의 개혁밖에 하지 않았다. 그 이유는 두 가지였다.

첫째, 테미스토클레스는 솔론이나 클레이스테네스 같은 개혁자로서 이름을 남기는 데 전혀 관심이 없었다. 그는 눈앞에 닥친 과제인 '페르시아 군대에 어떻게 맞서 싸워야 하는가'에만 생각을 집중했다. 다만 눈앞의 과제를 처리하는 것이 본질적인 일과 관련된 경우 그것이 '백년지계'로 이어진 사례가 역사에서 종종 나타나는 현상이기도 했다. 아무튼 제2차 페르시아전쟁을 앞두고 어떻게 페르시아에 승리할 것인지에만 집중한 것은 분명하다.

둘째, 테미스토클레스 스스로가 아테네의 정치체제인 민주정치 체제를 존중했다. 민주정치 체제가 아니었다면 그처럼 출생이나 자산 면에서 지극히 평범했던 시민이 지도자 지위에 오를 수 없었다. 테미스토클레스는 아테네 민주정치가 낳은 아이였다. 이에 더해 출생이나 자산 면에서 그보다 뛰어났던 선대의 개혁자들과 마찬가지로 그들이 생각한 '데모크라티아'는 관념적인 '주의主義'가 아니었다. 그것은 도시국가 아테네가 지닌 자원인 시민 한 사람 한 사람이 지닌 힘을 최대한 활용하는 일에서 왕정이나 참주정치, 귀족정치와 비교해 유효하다고 생각한 '수단'이었다.

아테네에서는 지도자들이 법률이나 정책을 제안할 수 있었다. 그들 역시 논리와 수사법rhetoric을 창조한 그리스인이었다. 그런 기술을 구사해서 유권자들을 유도할 수 있었다. 그러나 어디까지나 그에 대해 "예스"나 "노"로 대답하는 것은 시민권이 있는 20세 이상 시민 전원에게 참가 자격이 있는 시민집회였다. 그들이 현란한 언어를 구사해서 설득해도 최종 결정을 내리는 것은 시민집회였다. 나라의 최고 결정 기관이 시민집회라는 것이야말로 아테네 직접민주주의의 근간이었다.

그러나 민주정치 체제라는 '형태'와 그것이 실제로 기능하게 만드는 것은 전혀 다른 문제다. 민주주의의 가장 큰 적은 '기능을 하지 않는' 것이며 '결과가 나오지 않는' 것이다. 따라서 테미스토클레스는 민주정치 체제를 존중하기 위해 가부를 시민집회에 물었다. 하지만 그가 정작 의도한 것은 페르시아 군대의 공격을 눈앞에 두고 있던 당시 아테네 민주정치를 유지하면서 그것이 어떻게 충분히 기능하게 할 것인지에 대한 구체적인 방법이었다.

아테네에는 이미 100년 이전부터 '아르콘'이라고 불리는 최고위 관직이 있었다. 수입 액수에 따라 시민을 네 계급으로 분리한 솔론의 개혁으로 탄생한 관직으로, 제1계급과 제2계급에 속하는 부유한 사람에게만 선출권이 있는 관직이었다. 당연히 선출된 사람은 두 계급에 속한 사람이었다.

본격적으로 개혁을 단행한 클레이스테네스도 '아르콘'은 그대로 두었다. 그러나 한편으로 시민 전체에게 선출권이 있는 '스트라테고스'를 신설했다. 이렇게 해서 아테네의 '내각'이라고 불러도 좋을 9명으로 구성된 '아르콘'이 갖고 있던 권위와 권력은 10명으로 구성된 새로운 '스트라테고스'에게 넘어갔다.

테미스토클레스가 제안하고 시민집회가 가결에 응했다는 것은 이 '아르콘'의 완전한 유명무실화를 뜻한다. 그리고 그때까지 '선출'이었

그리스인 이야기 I

던 것을 '추첨'으로 바꾸었다. 선출이라면 그 사람의 능력이 중요하다. 그것이 추첨으로 바뀌면 그리스인의 사고방식으로는 그 결과를 신의 뜻이라고 여기기 때문에 뽑힌 사람에게 책임을 지울 근거가 약해진다. 이전까지 아테네에서는 행정을 담당하는, 지금에 비유하면 '관료'의 선출에만 추첨 방식을 활용했다. 테미스토클레스는 '아르콘'까지 추첨으로 바꾸었다. 그러니 '아르콘'의 권위와 권력이 약화된 것은 당연한 일이다.

그런데 테미스토클레스는 '스트라테고스' 제도의 개정까지 시민집회에 요청했다. 그것은 스트라테고스 중 한 사람으로 참전했던 마라톤전투의 경험에서 배운 생각이었을 것으로 추정된다.

'아르콘'의 무력화로 도시국가 아테네의 정치·군사를 담당하게 된 '스트라테고스'는 10개 '트리부스'에서 1명씩 선출되었기 때문에 모두 10명이었다. 클레이스테네스가 주도한 정치체제에서는 이 10명에게 평등한 결정권, 즉 전시라면 지휘권이 부여되었다. 10명이 돌아가면서 나흘씩 총지휘권을 맡는 구조였다.

그러나 이를 충실하게 지키면 전시에는, 아니 평상시에도 지휘 계통 일원화는 꿈이 되고 만다. 책임 소재마저 명확하지 않게 된다. 앞서 살펴본 것처럼 9년 전 마라톤에서는 밀티아데스 외 스트라테고스(그 가운데 아리스티데스와 테미스토클레스도 포함되어 있었다) 9명이 각자의 권리인 나흘 동안의 총지휘권을 자진해서 밀티아데스에게 양도하는 형태로 문제를 해결한 바 있다. 그리고 그 결과는 페르시아를 상대로 한 첫 번째 승리였다. 테미스토클레스는 그때의 해결책이 되풀이되어서는 안 된다고 생각했다. 자진 양도는 언제든지 자진 비양도가 될 가능성이 있기 때문이었다. 어쨌든 10명 전원에게 나흘씩 총지휘권이 인정되는 이상 10명 가운데 양도를 거부하는 사람이 나올 수도 있었다.

이런 상황을 상정할 필요가 있다고 생각한 테미스토클레스는 '자진'을 '법률화'하기로 생각했다. 그는 스트라테고스 10명 가운데 1명을 '스트라테고스 아우토크라토르strategos autokrator'의 지위에 두자고 제안했다. 10명으로 구성된 내각에서 총리 1명과 장관 9명 사이의 차이를 명확히 하는 것과 비슷하다. 이 내각이 있는 동안 일어나는 모든 책임은 당연히 '스트라테고스 아우토크라토르'가 지게 된다. 이 지위가 전시에는 최고사령관이 된다.

민주정치를 운영하는 아테네에서 스트라테고스 10명의 임기는 1년으로 정해져 있었다. '아우토크라토르' 또한 스트라테고스에 속하기때문에 '최고사령관'의 임기도 1년이 된다. 시민집회는 이 모든 것을 다수의 찬성으로 가결했다. 가결 직후 테미스토클레스는 다음 해 '스트라테고스 아우토크라토르'로 취임했다.

다음 해인 기원전 480년 최고사령관은 주사위를 던져서 정하지 않았다. 페르시아 왕 크세르크세스가 수도 수사를 떠나 서쪽으로 향하고 있다는 정보가 들어왔기 때문이다. 그 정보를 바탕으로 아테네는, 페르시아 유일의 포장도로인 '왕의 길'을 거쳐 서쪽으로 향한 페르시아 왕이 그 길의 종점인 사르디스에는 가을에 도착할 테고, 사르디스를 뒤로하고 그리스를 공격하는 시기는 다음 해인 기원전 480년 봄이라고 내다보았다.

그리고 또 한 가지를 예상했다. 일반적으로 대규모 군대가 적지에서 공격하려면 군량 보급 지원이 필요하기 마련이다. 게다가 그 정도 대규모 군량을 적지에서 조달하는 것은 아무리 페르시아 왕이라고 해도 쉬운 일이 아니었다. 또 이집트나 중동 전역을 지배하는 페르시아 왕은 그리스 공격에만 전념할 시간 여유가 없었다. 따라서 왕은 가능한 한 빠른 시간 내에 그리스 정복을 원할 것이 틀림없었다.

테미스토클레스는 상대의 이런 여러 조건을 고려한 끝에 스스로 기원전 480년 최고사령관에 취임했다. 39세가 된 페르시아 왕 크세르크세스는 기원전 480년 중에 그리스 전체를 지배 아래 두겠다고 결심했다. 44세가 된 테미스토클레스 또한 기원전 480년 중에 페르시아 군대를 격파하겠다고 결심했다.

한편 아테네에서는 싸울 준비가 착착 진행되었다. 조선소는 풀가동되었다. 지휘 계통 일원화는 최고사령관 아래 사령관(스트라테고스) 9명이라는 형태로 성립되었다. 중무장 보병이 주요 전력인 육군도 시민 개병 제도에 따라 준비가 끝났다. 이렇게 모든 것을 준비한 테미스토클레스는 안건 하나를 시민집회에 제출해서 찬반을 물었다.

테미스토클레스는 국가 존망의 위기에 시민 전원이 힘을 합칠 필요가 있다고 주장하며 도편추방에 따라 국외로 추방된 사람들의 귀국을 제안했다. 시민집회는 이 안건을 다수의 찬성으로 가결했다. 이로써 3년 전에 추방된 크산티푸스와 1년 전에 추방된 아리스티데스는 귀국할 수 있었다. 두 사람은 정책 면에서 테미스토클레스에게 사사건 건 반대한 강경한 '야당'이었지만 전쟁터에서 지휘 능력은 '스트라테 고스(사령관)'에 버금가는 사람들이었다. 그리하여 일단 귀국이 결정되 면 추방 기간이 얼마가 남아 있든 모두 소멸된다는 선례가 만들어졌 다. 이참에 그리스를 정복하겠다고 결심한 페르시아 왕 크세르크세스 에 맞서서 그 10의 1도 안 되는 군사력으로 대항해야 했기에 국가 존 망의 위기라는 말은 과장이 아니었다.

전쟁 전야

크세르크세스는 반드시 성공해야 하는 전쟁을 향해 발걸음을 옮기기 시작했다. 아버지 다리우스가 10년 전 마라톤 전투에서 패배하면서 페르시아는 그 후 4년 동안 반기를 든 바빌로니 아와 이집트를 진압하느라 애를 먹었다. 게다가 반란을 진압하는 일 은 다리우스가 죽을 때까지도 끝나지 않았다. 따라서 다리우스의 뒤 를 이어 왕이 된 크세르크세스는 왕위뿐 아니라 반란을 진압하는 일 까지 물려받았다. 중동에서 이집트까지 석권한 페르시아 왕이 페르 시아인의 말마따나 '밀 한 줌'밖에 되지 않는 그리스를 재공격하는 데 착수한 것은 아버지가 죽은 지 2년 뒤의 일이었다.

또 크세르크세스는 아버지에게는 없던 중압감도 느꼈다. 크세르크 세스는 페르시아 아케메네스왕조의 창설자로서 '대왕' 존칭이 따라붙 는 키루스의 직계 후손이다. 대왕 키루스의 딸을 어머니로 두었기 때문에 페르시아제국의 신민들이 보기에 그것만으로 '왕 중의 왕'에 가장 적합한 인물이었다. 그가 '밀 한 줌'밖에 안 되는 상대에게 패배할 이유가 없었다. 그리스를 재공격하는 일은 늘 부드럽고 인간미 넘치는 오리엔트 귀공자인 그에게 인생 최대의 승부처였다.

39세가 된 크세르크세스는 주도면밀하게 준비를 진행시켰다. 먼저 아버지 다리우스 때 벌어진 10년 전 제1차 페르시아전쟁에서 페르시아 지배 아래로 들어온 지역을 확보했다. 소아시아 서쪽 해안에 위치하고 에게해의 파도가 밀려오는 이오니아 지방은, 페르시아가 전초기지로 생각하는 사르디스에서 영향력을 발휘할 수 있었기 때문에 마라톤전투에서 패배한 이후에도 페르시아의 지배 아래 있었다. 밀레투스와 가까운 사모스 섬에는 마라톤전투 이후 페르시아 함대가 주둔하고 있었다. 다시 말해 에게해 동쪽 해안은 모두 페르시아 영토였다. 또 에게해 북쪽에 위치한 트라키아와 마케도니아도 10년 동안 페르시아의 지배 아래 있었다. 페르시아 왕의 '땅과 물' 요구를 받아들여 속국이 되었기 때문이다.

이런 이유로 그리스인이 사는 지역인 그리스 세계에서 동부와 북부는 제2차 공격이 시작되기 이전부터 페르시아제국에 포함되어 있었다. 그렇기에 크세르크세스가 세운 그리스 공격 전략은, 사르디스를 떠난 페르시아 군대가 헬레스폰투스 해협을 건너 그리스 지역으로 들어가 북부에 있는 트라키아에서 남하해 아테네를 치는 것이었다.

젊은 페르시아 왕은 아버지 다리우스가 시도하지 않은 것을 실행했다. 당시 지중해 서쪽 지역에는 페르시아와 아테네가 모두 인정하는 두 강대국이 있었다. 지중해 최대 섬인 시칠리아의 동부를 지배하는 시라쿠사와, 아프리카 북쪽 해안 일대를 지배하는 카르타고였다. 시라쿠사는 그리스인이 식민을 시작한 나라여서 그리스 계통이었다. 카르타고는 페니키아인이 식민했기 때문에 오리엔트 계통이었다. 여기에 카르타고인에게 모국인 페니키아는 당시 페르시아제국에 속해 있었다. 크세르크세스는 카르타고와 동맹관계를 맺었다. 그는 카르타고의 병력 지원을 기대하지는 않았다. 카르타고가 군대를 시칠리아에 상륙시켜 시라쿠사의 배후에 압력을 가해 아테네가 원군 파견을 요청하더라도 시라쿠사가 그에 응하지 못하게 하려는 의도였다.

그리고 마지막으로 그 어떠한 전략도 이것 없이는 성립되지 않으니, 바로 군대 편성이었다. 그리스 공격은 반드시 성공해야 했기 때문에 '왕 중의 왕'이 진심임을 내외에 보여줄 필요가 있었다. 다리우스는 제1차 페르시아전쟁에 직접 참전하지 않았다. 파견한 군대도 오리엔트 사람들의 기준에서 보면 소규모인 2만 5,000명이었다.

제2차 페르시아전쟁에서는 모든 것이 변했고, 그 모든 것이 대규모로 바뀌었다. 대군을 거느린 이는 '왕 중의 왕' 크세르크세스 본인이었다. 동생들을 포함해 페르시아 왕실의 대부분이 참전했는데 단순한 참전이 아니라 실제 전투 지휘를 맡았다. 따라서 전사할 가능성도 높았다. 왕실이 총동원되어 참전했기 때문에 제국 전역에 있는 속주의 장관들까지 참전했다. 기원전 481년과 기원전 480년 사이의 겨울 사르디스는 페르시아제국의 수도가 그대로 옮겨온 듯한 느낌이었을 것

마케도니아　트라키아

펠라 ○

아드리아 해

헬레스폰투스
해협

○ 나폴리
타란토 ○

에
게

에페수스

티레니아 해

해

사모스

메시나

이오니아 해

코린토스 ○
○ 아테네

시칠리아

○ 시라쿠사

스파르타 ○

르타고

지　중　해

크레타

N

0　200km

● 이오니아 해와 그 주변

이다.

오리엔트의 젊은 귀공자는 그리스라는 나라는 존재하지 않고 그것이 도시국가들의 집합체임을 알고 있었다. 또 도시국가는 도시를 중심으로 이루어져 있기에 한 도시국가의 인구는 적다는 것도 알고 있었다. 그래서 페르시아 왕은 그리스를 '물량'으로 제압하려고 생각했다. 그런 전략으로 기존에 바빌로니아와 이집트를 상대로 성공을 거둔 적이 있었다.

동시대 인물로는 유일하게 페르시아전쟁을 기록한 역사가 헤로도토스에 따르면 기원전 480년 제2차 페르시아전쟁에서 그리스 공격에 나선 페르시아 병사는 180만 명에 이르렀다고 한다. 그 외 하인과 같은 비전투 인원이 500만 명이었다. 이는 해군을 포함하지 않은 육군만의 숫자였다.

현대 역사학자들은 두 가지 이유를 들어 이 숫자가 '비현실적'이라고 단언한다.

첫째, 180만 대군을 그리스 전선에 투입하면 페르시아제국이 텅 비게 되는데 메소포타미아 지역과 이집트의 움직임을 잊지 않고 있는 크세르크세스가 그런 위험을 무릅쓰지는 않았을 것이라는 점이다.

둘째, 비전투 인원을 더하면 600만 명을 훌쩍 넘는데 그들을 먹일 '식량'이 문제가 된다. 수송용 선단으로 보급하는 것은 무기를 비롯한 무구 등으로, 식량은 전적으로 현지조달이었다. 페르시아 왕의 '땅과 물' 요구에 굴복한 지방에서 제공해야 하는데, 에게해를 둘러싼 그리스 세계 어디에도 그 정도 공급 능력이 있는 지역은 존재하지 않았다.

나도 이런 의견에 공감한다.

학자들은 기원전 480년에서 기원전 479년까지 일어난 제2차 페르시아전쟁의 여러 정황을 기초로 해서 페르시아 군대의 병력은 20만 명 이상일 것이라고 추정했다. 여기에는 왕이 가는 곳이면 어디든 따라다니는 '불사부대'라고 불린 페르시아 정예군 1만 명과 페르시아가 자랑하는 기병 1만 명이 포함되어 있었다. 그 외 18만 명은 그리스인이 보기에 경무장 보병이었다.

한편 스파르타와 아테네가 손을 잡았지만 두 나라에서 전쟁터로 내보낼 수 있는 병력은 2만 명이 한계였다. 그리스인은 육군만 따졌을 때 열 배나 많은 적과 맞서 싸워야 했다.

해군은 사정이 달랐다. 해운의 전통이 없는 페르시아는 그 지배 아래 있는 다른 민족에게 의지할 수밖에 없었다. 헤로도토스에 따르면 페르시아가 동원한 배는 삼단 갤리선 1,200척과 소형 수송선 3,000척이었다고 한다.

이에 대해 학자들은 상상조차 할 수 없는, 그래서 계산이 불가능한 수송선은 빼놓고 '주요 전력'인 삼단 갤리선에 관해서만 논의하고 있는데, 군선을 민족별로 살펴보면 다음과 같다.

페니키아: 300척
이오니아 지방과 에게해 섬들까지 포함한 그리스: 300척
이집트: 200척

그 외는 여기저기서 조금씩 끌어모은 배의 숫자이며, 여기에 해전이 시작되면 주요 전력에 포함되지 않는 수송선이 있다.

고대 페니키아인은 오늘날의 시리아나 레바논에 살았던 사람들이며, 통상과 해운에 뛰어난 민족으로 알려져 있다. 이 때문에 페르시아왕이 바다에서 가장 신뢰한 해상 전력이다. 이들의 항해 지역이 지중해 전역에 퍼져 있었기 때문에 대형 선박이 많았다. 다만 모터 구실을하는 노 젓는 선원들은 오리엔트 방식에 따라 노예가 맡았다.

이오니아 선단이라고 불리는 300척은 주로 에게해를 무대로 삼았기 때문에 배 크기는 페니키아의 것보다 작았다. 그러나 바람이 자주바뀌는 에게해를 항해해왔기 때문에 배를 조종하는 능력은 페니키아선원보다 뛰어났고, 노 젓는 선원은 그리스 방식에 따라 자유시민이맡았다. 페르시아 왕 크세르크세스가 페니키아 다음으로 신뢰할 수있는 해상 전력이었다.

페르시아 왕이 별로 신뢰하지 않은 것은 이집트에서 온 200척이었다. 이집트는 농업 국가여서 해운 전통이 없었다. 대부분의 이집트 배는 나일 강에서 지중해로 나가는 삼각주 하천용이었고, 노 젓는 사람은 노예들이었다. 해적을 상대로 하는 해전 경험 역시 페니키아나 이오니아 지방의 그리스 배와 비교하면 없다고 해도 과언이 아니었다.

그러나 그리스 공격에 나선 최고사령관 크세르크세스는 해상 전력이 결정타가 될 것이라고는 생각하지 못했던 듯하다. 페르시아인은지면에 발을 대지 않고 있으면 불안해했다. 페르시아인인 크세르크세스가 보기에 해군은 병사나 보급물자를 옮기는 수송과, 육지에서 아테네를 공격할 때 바다 쪽에서 하는 봉쇄 역할밖에 없었다. 그래서 만약 해전이 벌어진다면 쓸모없어질 것이 분명한 수송선을 수천 척이나 모은 것은 아닐까? 수와 양으로 적을 압도하기 위해 말이다.

이런 페르시아 해군에 비해 그리스 쪽 해상 전력은 아테네뿐 아니라 스파르타와 다른 여러 도시국가까지 참전했지만 400척이 채 되지 않았다. 10분의 1에도 미치지 못하는 육군에 비하면 형편이 나았지만 그리스는 해상에서마저 두 배 넘는 적과 맞서 싸워야 했다.

기원전 481년 겨울, 사르디스에 있던 페르시아 왕 크세르크세스는 아버지 다리우스와 마찬가지로 에게해의 섬들을 포함한 그리스 도시국가 전체에 '땅과 물'을 요구하는 사절을 파견했다. 그러나 이 최후통첩을 아테네와 스파르타에는 보내지 않았다. 제1차 페르시아전쟁 당시 이 두 나라만 거부했기 때문에 제2차 페르시아전쟁의 표적을 아테네와 스파르타로 정했다는 사실을 확실하게 보여준 것이다.

그와 비슷한 시기, 그리스 쪽에서도 각 도시국가의 대표가 모인 회의가 열렸다. 아테네가 속한 아티카 지방과 스파르타가 속한 펠로폰네소스 반도를 연결하는 좁은 지협인 이스트미아라고 불리는 지역에 '땅과 물'의 요구에 응하지 않은 그리스 도시국가의 대표가 모였다.

아테네에서는 다음 해의 최고사령관으로 결정된 테미스토클레스기 출석했다. 스파르타에서는 두 왕이 출석했다. 테살리아, 테베, 코린토스에서도 대표가 참석했다. 또 아테네와 전쟁 중이던 아이기나에서도 대표를 보냈다. 이 회의의 의제는 당연한 말이지만 페르시아 군대에 대한 대책이었다.

대표자 전원이 먼저 합의한 것은 페르시아 군대가 그리스 내에 있는 동안 도시국가들 사이 분쟁을 동결한다는 것이었다. 이를 통해 아테네와 아이기나 사이에 격심했던 적대 관계가 일단 해소되었고, 아이기나는 그때까지 페르시아에 의지하던 입장을 바꾸어 그리스 쪽에 서기로 결정했다. 이는 테미스토클레스에게 환영할 만한 성과였을 것이다. 페르시아와 대결은 해상에서 결정된다고 보았던 테미스토클레스가 아이기나를 아군으로 끌어들임으로써 제해권이 미치는 해역을 대폭 늘렸기 때문이다. 그때까지 아테네의 제해권은 외항인 피레우스에서 살라미스까지로 제한되어 있었는데 이제 살라미스에서 아이기나, 아이기나에서 펠로폰네소스 반도 동쪽까지 넓어졌다. 아테네 해상 전력의 활동 범위가 크게 확장된 셈이다.

한편 그 외의 논제와 관련해서는 그리스 특유의 논쟁을 좋아하는 성격이 재앙이 되어 구체적인 결정에 이르기까지 힘든 상황이 계속되었다. 그러나 테미스토클레스는 이런 경우 궤도를 되돌릴 줄 알았다. 또 페르시아의 침공이 확실해진 당시 그리스인들은 토론에 대한 열성을 제어할 정도의 양식은 갖고 있었다. 페르시아 군대를 어디서 맞이할 것인지를 놓고 구체적인 토론이 시작되었다.

페르시아에 파견했던 정찰병 또는 스파이가 가져온 정보를 토대로 몇 가지가 확실해졌다.

첫째, 페르시아 군대의 규모.

둘째, 페르시아 군대가 그리스를 침공하는 경로.

적군 규모가 열 배 이상이라고 알려졌지만 아테네와 스파르타는 동요하지 않았다. 공격 경로를 살펴보면 사모스에 집결한 적의 해군이에게해를 북상해, 헬레스폰투스 해협을 건너오는 육군과 테르마(현재 테살로니키)에서 합류하는 것으로 알려졌다. 페르시아 왕이 거느린 육군은 사르디스를 출발한 뒤 헬레스폰투스 해협으로 가서, 왕이 만들라고 미리 지시한 배를 붙여서 밧줄로 연결해 만든 배다리를 이용해 유럽 쪽으로 건너온다는 것이었다. 다리는 두 개 만들어졌다. 대군이었기 때문에 배가 왕복하며 수송하는 것은 시간이 너무 많이 걸렸다. 다리를 만들어 헬레스폰투스 해협을 건너는 것은 제1차 페르시아전쟁 때는 하지 않았던 일이었다.

정찰병의 보고만으로는 테르마에서 합류한 다음 페르시아 군대의 행선지를 알 수 없었다. 이 시점에서 그리스 지도자들에게는 적을 맞이할 장소로 세 가지 선택지가 있었다.

첫째, 테르마를 출발한 적군이 해안을 따라 그리스 중앙부로 들어오는 곳에 위치한 템페 계곡에서 적을 맞이한다는 선택지.

둘째, 템페 계곡에서 남쪽으로 직선거리 150킬로미터 떨어진 테르모필레 고개에서 적의 육군이 남하하는 것을 저지하는 한편, 해군이 북상해서 아르테미시온 곶 쪽으로 들어가 적의 육해군 합류를 저지한다는 선택지.

셋째, 테르모필레에서 다시 남쪽으로 직선거리 150킬로미터 지점에 있는, 펠로폰네소스 반도로 들어가는 입구로 당시 도시국가 대표들이 토론하러 모여 있는 이스트미아 지협에서 적군을 맞이한다는 선택지. 좁은 지협인 이스트미아에는 펠로폰네소스 반도에 있는 두 나라, 스파르타와 코린토스가 세운 이중 방어벽이 이미 존재하고 있었다.

첫 선택지는 곧바로 폐기되었다. 속국이 된 마케도니아를 출발해 그리스 중부로 들어온 순간 적을 격퇴하면 그보다 좋을 수 없겠지만, 테살리아 지방은 평야가 드문 그리스에서 예외적으로 넓은 평야가 펼쳐진 지역이었다. 템페 계곡 외에도 남하할 수 있는 길이 여럿 있었다. 또 이 지방은 바다와 접한 연안 지대에 많은 배를 접안하기가 쉽지 않았다. 이런 이유로 육군과 해군이 힘을 합쳐서 격퇴하기에 적합하지 않았다.

그러나 이 선택지를 폐기하는 것은 중부 그리스의 북쪽 절반을 버리는 일이 된다. 이스트미아 회의에 출석했던 테살리아 대표는 비통한 얼굴로 자기들만의 힘으로는 페르시아 군대와 싸울 수 없기 때문에 '땅과 물'의 요구를 받아들일 수밖에 없다고 말했다. '땅과 물'의 요구에 굴복한다는 것은 페르시아의 지배 아래로 들어간다는 것을 의미했다. 그것이 전시라면 페르시아 군대가 필요로 하는 모든 것, 즉 식량을 비롯해 모든 것을 요구하는 대로 내줘야 한다는 것을 뜻했다. 틀림없이 병사를 제공하라고 할 것이기에 테살리아 병사는 페르시아 군대에 참가해 아테네와 스파르타를 비롯한 그리스인과 싸워야 했다. 이렇게 테살리아는 제2차 페르시아전쟁에서 페르시아 쪽에 서서 참전한 이오니아 지방과 에게해의 섬들에 사는 그리스인과 같은 처지에

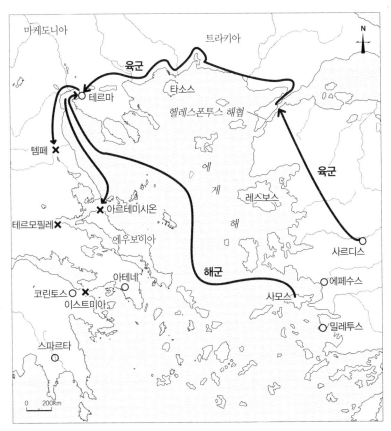

마케도니아

트라키아

육군

타소스

테르마

헬레스폰투스 해협

템페 ✕

에

게

레스보스

아르테미시온 ✕

육군

테르모필레 ✕

에우보이아

해

사르디스

해군

아테네

에페수스

코린토스 ○ ✕
이스트미아

사모스

스파르타 ○

밀레투스

0 200km

● 제2차 페르시아전쟁

놓이게 되었다.

그런데도 이스트미아 회의에 출석한 그리스의 도시국가 대표들은 첫 번째 선택지를 폐기하기로 결정했다. 테살리아 지방을 버리더라도 육지는 테르모필레 고개, 바다는 아르테미시온 곶을 저지선으로 삼아 그리스를 지키기로 결정한 것이다.

한편 이 시점에서 아테네를 대표해서 회의에 출석한 테미스토클레스는 일종의 고립감을 느꼈을 것으로 보인다. 선택지는 세 가지나 되었지만 상대를 맞이하는 저지선이 다를 뿐이고 육상에서 전투를 한다는 점에서는 다를 것이 없었다. 해군의 역할은 세 가지 선택지에서 모두 보조 역할이었다. 테미스토클레스가 생각하는 '해상 전력'은 그와는 전혀 달랐다. '보조부대'가 아니라 '주력부대'라고 생각하고 있었다. 그것은 전력의 독립성이라는 점에서 보면 하늘과 땅 차이였다.

육군이 강력한 페르시아가 육상에서 전투하려는 것은 당연했다. 그러나 페르시아의 10분의 1 병력밖에 되지 않는 그리스까지 육상에서 싸워야 할 이유는 없었다. 이렇게 된 것은 도시국가 그리스 방위력의 주체가 오랜 시간에 걸쳐 중무장 보병으로 정착했기 때문이었다. 중견 시민, 아테네라면 제3계급 이상인 시민이 국가에 대한 의무로 중무장 보병이 되어 국가를 지켜왔기 때문이었다. 물론 이 시스템은 동일한 부대끼리 싸우는 그리스 내 도시국가 간 전쟁에서는 유효하게 작용했다.

그러나 눈앞의 적은 페르시아였다. 페르시아에 대항해 공동전선을 펼친다고 해도 10분의 1밖에 되지 않는 병력으로 맞서야 했다. 그런 상황에서 '이기려면' 적의 약한 부분을 파고들어야 했다. 이를 꿰뚫어본 테미스토클레스는 마라톤전투의 승리로 막을 내린 제1차 페르시아전쟁과 제2차 페르시아전쟁 사이 10년 동안 아테네의 해군력을 증강하는 데 전념했던 것이다. 아테네 정계에서 그를 반대하던 거물들을 도편추방을 통해 차례로 추방하는 강경 수단을 쓰면서까지 아테네를 그리스 최고의 해군 국가로 바꾸겠다는 의지를 굽히지 않았던 그였다.

그 결과 전에는 삼단 갤리선 40척이 한계였던 아테네의 해군력은 당시 200척이 출동 가능한 상태로 증강되었다. 200척이라고 충분한 것은 아니었다. 당시 200척이 출동 가능하다는 것은 해전 중에 폭풍우와 같은 천재지변이나 인재를 만나 대대적인 수리가 필요해 귀항한 배를 대신하거나, 그 밖의 예상하지 못한 사태에 대처할 예비용 배가 최소한 100척이 더 필요하다는 것을 뜻한다. 테미스토클레스는 10년 동안 40척을 300척까지 늘린 셈이다. 이것으로 아테네 해군력은 2위였던 아이기나와 1위였던 코린토스를 밀어내고 그리스 최고가 되었다.

하지만 앞날을 내다보고 그에 적합한 전략을 생각해내는 이런 재능이 누구에게나 있는 것은 아니다. 페르시아와 대결을 앞두고 열린 이스트미아 회의에서 육군을 주력으로 놓는 전략은 바뀌지 않았다. 그 요인은 그리스 도시국기기 성립된 이후 자라난 그리스인의 기질에서 유래했다. 자타가 공인하는 그리스 최고의 육군 국가 스파르타는 물론이고 아테네와 테베 등 다른 도시국가들에서도 자국 방위의 주력을 중무장 보병에 두었다. 중견 시민으로 이루어진 중무장 보병 군단은 그리스 도시국가의 자랑이기도 했다. 무산계급인 제4계급에 속한 시민은 시민권 소유자인 이상 병역 의무를 져야 하는데 막상 전쟁터에서는 주요 전력인 중무장 보병의 보조 전력 역할밖에 할 수 없었다. 전투에서는 적병을 쓰러뜨려야 이기는데, 상대를 쓰러뜨리는 것은 주요 전력의 역할이고 보조 전력은 쓰러뜨리는 것에 도움을 주는 역할로 한정되었다.

해상 전투는 그와 달랐다. 삼단 갤리선에는 순수 전투원인 중무장 보병들도 있었다. 그러나 그 배를 사령관 지시대로 움직이고 적의 배에 다가가는 임무는 전적으로 배를 조종하는 선원들, 그리고 돛을 내린 채 노를 저어 접근해야 했기 때문에 그것을 일사불란하게 할 수 있는 노 젓는 선원들에게 있었다.

고대의 무산계급은 하루하루 벌어서 생활에 필요한 것을 얻는 사람을 가리킨다. 아테네에서는 제4계급에 속한 사람들이다. 훗날 로마에서는 프롤레타리우스라고 불린 이들 무산계급이 아테네 해군에서는 중요하고 적극적인 전력이었다.

그리스인은 당시 이 사실을 인정하기 힘들었을 것이다. 이 저항감이 육군 전력 중시에서 쉽게 벗어나지 못하게 만든 요인이 아니었을까? 그러나 44세가 된 테미스토클레스는 의지가 굳은 사람이었다. 굳은 의지는 인내력을 필요로 한다. 그는 당시 아테네의 확고한 지도자로서 '호기가 찾아오기'를 기다렸다. 그렇다고 아무 일도 하지 않고 기다리기만 한 것은 아니었다. 모든 것을 주시하면서 호기가 찾아왔다고 생각한 순간 그것을 움켜쥘 생각이었다. 그때까지는 아군 측에 피해가 나더라도 참고 견뎌야 했다.

당시 이스트미아 회의에 참석한 사람들 가운데 많은 사람이 직시하려고 하지 않은 현실을 맑은 눈으로 직시한 사람이 하나 더 있었다. 스파르타 왕 레오니다스였다. 60세가 된 이 스파르타 전사는 테르모필레에서 39세인 크세르크세스가 이끄는 페르시아 육군과 맞서 싸우는 임무를 부여받았다.

기원전 481년 겨울, 그러니까 제2차 페르시아전쟁이 일어나기 전에 이스트미아에서 열린 회의에서는 이듬해 봄을 기해 시작될 것이 분명한 페르시아전쟁에 참가하기로 결정한 그리스 도시국가들이 각자 어느 정도 병력을 제공할 수 있는지에 관해 이야기 나누었다. 그 결과는 뒤에 나오는 지도 및 표와 같았다.

그중에서 지도는 참가를 표명한 도시국가들의 분포를 나타낸 것이다. 표는 각 도시국가가 제공할 수 있는 병력이다. 당연히 육군과 해군으로 나뉘어 있다. 지도와 표를 보면서 다음 몇 가지 사실을 기억해주면 좋겠다.

첫째, 지도에서 작은 동그라미들은 각 도시국가의 수도가 있는 장소만 표시한 것이다. 도시국가는 수도를 중심으로 주위로 퍼져나간 주민공동체다.

둘째, 표에 있는 숫자가 각 도시국가가 보유한 병력의 전부는 아니다. 도시국가는 국경을 비워둘 수 없었다. 그래서 보유한 병력에서 국

	해상 전력		육상 전력
총사령관	에우리비아데스(스파르타)	총사령관	레오니다스(스파르타)
아테네 해군사령관	테미스토클레스 (사실상 총사령관)		
200척	아테네(Athenai) (이 가운데 20척은 페르시아의 공격을 받고 도망친 칼키디아 지방 사람들이 승선함)	300명 3,400명 700명	스파르타 중무장 보병(Sparta) 펠로폰네소스동맹의 보병 테스피아이의 보병(Thespies)
40척	코린토스(Corinthos)	400명	테베의 보병(Thebai)
20척	메가라(Megara)	1,000명	포카이아 지방의 보병(Focaia)
18척	아이기나(Aighina)	1,000명	트라키아 지방에서 온 난민병 (Thracia)
12척	시키온(Sikion)		
10척	스파르타(Sparta)		
8척	에피다우로스(Epidauros)		
7척	에레트리아(Eretria)		
5척	트로이젠(Troizena)		
2척	스티라(Stira)		
2척	케오스(Keos) (소형)		
소계	324척 (단, 소형 갤리선 9척을 포함하므로 삼단 갤리선 수는 315척)	소계	6,800명 (여기에 그리스 다른 지방의 각 도시국가에서 온 병사를 더해 총 약 10,000명)

- 기원전 480년(제2차 페르시아전쟁 1년째) 그리스 도시국가 연합의 전력

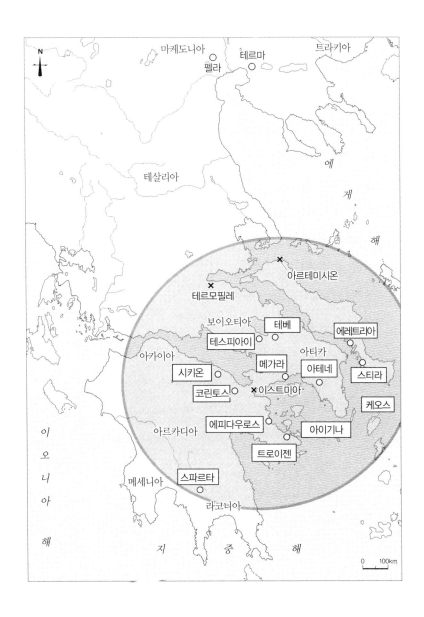

마케도니아
펠라 ○
테르마 ○
트라키아

테살리아

에

게

해

× 아르테미시온

× 테르모필레

보이오티아
테베
테스피아이 ○
에레트리아 ○

아카이아
메가라
아티카
아테네 ○
스티라 ○

시키온 ○
× 이스트미아
코린토스 ○
케오스

아르카디아
에피다우로스
아이기나

트로이젠

이
오
니
아
해

메세니아
스파르타 ○

라코니아

지
중
해

0   100km

경 방위 병력을 빼야 제공할 수 있는 병력이 된다.

스파르타처럼 자국 방위 외에 펠로폰네소스동맹의 맹주로서 이스트미아 지협을 지키는 데 파견한 병력도 제공 가능 병력에서 제외된 경우가 있다. 아테네 또한 예외가 있다. 아테네는 해군력을 증강했기 때문에 군선인 삼단 갤리선에 태울 수 있는 전투대원인 중무장 보병의 수가 증가했다. 삼단 갤리선 군선 1척에 필요한 남자 수는 중무장 보병과 선원에 노 젓는 선원을 포함해 적게 잡아도 200명이다. 제공 가능한 해상 병력이 200척이라고 하면 200×200이어서 총 4만 명이 필요했다. 바다에서 승부를 보겠다고 생각한 테미스토클레스로서는 스파르타가 주도하는 육군에 아테네 병사를 참전시킬 여유가 없었다.

셋째, 소수라도 병사나 배를 제공하는 형태로 참전한 도시국가는 지도와 표에 전부 표기했다. 이는 그리스라는 국가가 존재하지 않고 수없이 많은 도시국가의 집합체가 고대 그리스라는 사실을 재차 독자에게 강조하고 싶었기 때문이다. 그렇게 많은 도시국가가 있고, 그들 사이에서 끊임없이 싸움이 일어난 것이 고대 그리스의 역사다. 이로 인해 4년에 한 번 한자리에 모여서 사이좋게 경기를 벌였던 올림픽의 존재 이유도 다시 떠올려주기 바란다.

강조하고 싶은 것이 또 하나 있다. 독립심과 협동심이라는 이율배반적인 문제다. 넓지 않은 지역에 수많은 도시국가가 난립한 것은 그리스인의 독립 의식이 강하다는 점을 보여준다. 그러나 그런 기질 때문에 페르시아에 맞서 함께 싸우겠다는 목적 아래 결성된 동맹의 최고사령관을 어느 도시국가에서 맡을지 결론을 낼 수 없었다. 다른 민족이라면 병력을 많이 제공하는 국가의 인물에게 맡겼을 것이다. 만약 그리스에서 그렇게 했다면 수많은 도시국가가 난립하지도 않았을 것이다.

최강의 육군을 보유한 스파르타는 육군을 통솔하는 최고사령관 지위를 요구했다. 이는 반대 없이 받아들여졌다. 다른 도시국가도 숫자가 아니라 '질'에서 그리스 최고의 육군이 스파르타라고 인정했기 때문이다. 그러나 해군 최고사령관을 어느 국가의 인물이 맡을지에 대해서는 의견이 분분했고 결론을 내리지 못했다. 당연히 아테네를 대표해서 참석한 테미스토클레스가 거론되었지만 이에 대해 코린토스가 강경하게 반대했다. 코린토스는 테미스토클레스 때문에 그리스 제일의 해운국 지위를 잃었다고 생각했기에 절대로 아테네인에게, 특히 테미스토클레스에게 최고사령관 지위를 내주지 않겠다고 결심했다. 200척이 참전하는 아테네와 40척밖에 제공하지 않은 코린토스를 두고서 코린토스가 반대할 이유가 없다고 생각하면 그리스인을 잘 모르는 것이다. 비록 40척이라고 해도 코린토스는 다른 참가국과 비교하면 아테네에 이어 두 번째로 많은 병력을 제공한 나라였다.

테미스토클레스는 한 걸음 물러나서 생각했다. 그는 코린토스가 계속 반대하면서도 대안을 내놓지 않는 것에 주목했다. 테미스토클레스는 스파르타 대표에게 개별 회담을 요청해, 그 자리에서 스파르타가 육군뿐 아니라 해군까지 지휘해달라고 요청했다. 스파르타 쪽은 승낙했다. 코린토스 역시 그 제안에 동의했다.

이렇게 해서 전체 300척이 넘는 삼단 갤리선 가운데 절반 이상을 책임진 아테네를 밀어내고 10척밖에 제공하지 않은 스파르타가 해상에서마저 최고사령관 지위를 차지했다. 코린토스 대표가 만족감을 드러낸 것은 말할 것도 없다.

하지만 테미스토클레스는 그대로 물러날 사람이 아니었다. 그는 회의 결과 때문에 잘 알지도 못하는 해군 최고사령관에 취임해서 내심 곤혹스러워하는 스파르타 대표 에우리비아데스를 설득했다. 그리하여 회의 마지막에 각국이 서명한 대^對페르시아 해군 동맹에 관한 조약문에 "아테네 해군의 지휘는 아테네 시민인 테미스토클레스가 맡는다"는 조항을 덧붙이게 했다.

코린토스가 그 사실을 알았을 때는 모든 것이 끝난 뒤였다. 자기들이 제공한 배 40척에 대한 지휘는 코린토스 대표인 아디만토스에게 맡겨야 한다고 주장해서 그 권리를 얻었을 뿐이다. 이로써 그리스 해군의 총지휘권은 테미스토클레스의 손에 떨어졌다. 육군의 지휘 계통은 레오니다스를 중심으로, 해군의 지휘 계통은 사실상 테미스토클레스를 중심으로 일원화된 셈이었다. 공식 최고사령관인 스파르타 대표 에우리비아데스가 이미 찬성했기 때문에 혼란은 일어나지 않았다.

그런데 페르시아 공격을 앞두고 그리스 중부와 펠로폰네소스 반도를 잇는 좁은 땅 이스트미아 지협에 모인 그리스의 도시국가 대표들은 어째서 페르시아 군대를 테르모필레 고개와 아르테미시온 곶에서 맞아 싸우겠다는 전략에 전원 동의했을까? 역사가 헤로도토스는 전쟁에 참가한 사람들에게는 흥미를 가졌지만 전략에는 별다른 관심이 없었던 모양이다. 그래서 이 문제를 따지려면 상상력을 발휘할 수밖에 없다.

테르모필레와 아르테미시온에서 적을 맞아 싸우겠다는 것은 간단하게 결정된 전략이 아니라 충분히 숙고한 끝에 내린 전략이었을 것이다. 육상은 테르모필레, 해상은 아르테미시온이라고 하면 '맨투맨 디펜스(대인방어)'처럼 보이지만, 페르시아에 대항하는 동맹에 참가한 도시국가의 영토를 찬찬히 살펴보면 '존디펜스(지역방어)' 전략이라는 점을 알 수 있기 때문이다. 테르모필레를 기준점으로 하는 선에 의해 그리스가 둘로 나뉘어 있는 것이다.

축구에 비유하면 AC밀란에서 성공해서 이탈리아어가 그대로 국제 통용어가 된 '카테나치오catenaccio(빗장수비)'라고 할 수 있다. 쇠사슬을 펼친 형태로 수비를 단단히 해서 적이 체력을 소모하고 초조해지기를 기다리는 전략이다. 기원전 5세기 당시에도 만약 테르모필레 고개와 아르테미시온 곶을 잇는 선에서 상대를 2개월 정도 꼼짝 못 하게 하면 그때까지는 페르시아에 유리했던 전황이 불리하게 바뀔 가능성이 있었다. 계절은 겨울을 향해 갔다. 적지에서 싸우는 페르시아 군대로서는 비전투 인원을 포함해 40만 명이 넘는 사람에게 밥을 먹이고 재워야 한다는 중압감이 점점 무겁게 느껴질 터였다.

게다가 배후에 있는 메소포타미아 지역과 이집트의 동향이 신경에 거슬렸던 페르시아 왕 크세르크세스는 되도록 일찍 공격에 성공해서 하루빨리 귀국하고 싶어 했다. 적국의 내부 사정이 그러하니 2개월 정도 '카테나치오가' 제 기능을 한다면 페르시아 왕도 더 남하하기를 포기하고 그리스에서 퇴각할 공산이 컸다. 전례도 있었다. 10년 전 마라톤전투에서 패배하자 페르시아 군대는 그대로 철수했다. 제1차 페르시아전쟁에서 일어난 일이 제2차 페르시아전쟁에서 일어나지 말라는 법은 없었다.

페르시아 군대는 대군이기 때문에 움직이는 데 시간이 걸렸다. 그런 페르시아 군대가 테르모필레에 모습을 드러낸 것은 여름에 들어선 이후라고 볼 수 있다. 실제로 전투가 시작된 시기는 아마 8월 초순이었을 것이다. 카테나치오로 버텨야 하는 기간은 8월과 9월, 2개월이었다.

이 전투에서 중대한 임무를 맡은 인물은 스파르타의 왕 레오니다스였다. 기원전 480년 '카테나치오'의 성패는, 해군을 아르테미시온 곶까지 북상시켜 해상에 포진한 채 바다에서 적의 육군에 대한 보급을 차단하는 임무를 맡은 테미스토클레스보다, 스파르타 전사들의 어깨에 달려 있었다고 할 수 있다.

테르모필레

스파르타 왕 레오니다스는 60세였다. 보통 스파르타 병사라면 60세가 되면 은퇴하지만 군대를 통솔하는 임무를 맡은 스파르타 왕에게는 정년이 없었다. 그는 스파르타에서 왕을 배출하는 두 가문 중 하나에서 태어났다. 그러나 당시 어떤 사정으로 왕위 계승 가능성이 낮아서 가능성이 더 높다고 여겨진 다른 친척이 제왕 교육을 받았고, 레오니다스는 스파르타의 일반 소년들과 동일한 교육을 받으며 성장했다.

　　　　　　　　　　　　　　　　그리스인 이야기 I

어떤 사정이란 스파르타에서만 일어날 수 있는 일이었다. 왕이 자식을 낳지 못할 것을 걱정한 '에포로스(감독관)' 5명이 왕에게 이혼하고 다른 여자를 아내로 맞이하라고 충고했던 것이다. 왕은 당연히 거절했다. 왕은 사생활까지 간섭하려드는 에포로스에게 화가 치밀었지만, 자신들이 스파르타라는 국가체제의 수호자라고 믿고 있던 에포로스 5명은 물러서지 않았다. 그들은 왕에게 첩이라도 들이라고 요구했다.

왕은 왕비를 사랑했지만 에포로스의 충고를 받아들여 어쩔 수 없이 측실을 들였다. 측실은 곧바로 클레오메네스라는 남자아이를 낳았다. 그런데 얼마 지나지 않아 왕비가 남자아이를 낳았다. 그 아이는 도리에오스라는 이름을 얻었다. 게다가 그 이후 왕비는 아들 쌍둥이까지 낳았다.

이런 사정으로 넷째 아들로 태어난 레오니다스는 왕위 계승 가능성이 낮다고 여겨져 보통의 스파르타 소년과 마찬가지로 7세부터 20세까지 계속되는, 병사 양성만을 목적으로 하는 단체생활을 하며 성장했다.

레오니다스는 비인간적이라고까지 생각되는 엄격하고 거친 기숙사 생활을 마치고 20세가 되었을 때 야산에 버려져 개인의 재능과 힘만으로 일주일을 살아남았고, 마지막에 헬롯이라 불리는 농노를 습격해 머리를 베어 갖고 돌아오는 야만적인 통과의례까지 치렀다. 그런 과정을 모두 경험한 스파르타 왕은 레오니다스가 유일하다.

왕이 죽은 뒤 왕위에 오른 것은 이복형 클레오메네스였는데, 도리에오스는 이에 불만을 품고 스파르타를 떠난 뒤 남이탈리아에서 사망했다. 게다가 얼마 후에 쌍둥이 형마저 세상을 떠났다. 스파르타에는 늘 왕이 둘이었다. 이복형 클레오메네스는 레오니다스에게 자기 딸을 아내로 맞이하는 조건으로 남은 한 자리를 주겠다고 제안했다.

레오니다스는 스파르타의 국가체제를 창조한 리쿠르고스가 보았다면 깊은 만족감을 느꼈을 만큼 심신이 모두 전형적인 스파르타 남자였다. 레오니다스는 기원전 480년, 남하하는 페르시아 대군과 정면으로 맞서는 최초의 그리스 장군이었다. 테르모필레는 그에게 진정한 삶의 현장이 될 수도, 전황에 따라서는 죽음의 현장이 될 수도 있었다.

테르모필레 고개는 테살리아 지방을 남하해 온 페르시아 군대가 보기에 아티카 지방으로 들어가기 직전에 그들을 가로막는 험지였다. 직선거리로는 5킬로미터지만 길이 구불구불 굽이졌기 때문에 실제 거리는 10킬로미터가 넘었다. 페르시아 군대 편에서 보면 왼쪽은 바로 옆 해안선을 따라 급경사를 이룬 낭떠러지가, 오른쪽은 산을 따라 깎아지른 듯이 치솟은 절벽이 이어졌다. 그 사이로 폭이 좁은 길이 구불구불 이어져 있었다.

그러나 21세기인 오늘날 테르모필레에 서서 2,500년 전의 장엄한 전투를 상상하기는 매우 어렵다. 그 이유는 최소한 두 가지다.

첫째, 페르시아 군대가 보기에 왼쪽, 그리스 군대가 보기에 오른쪽에 있던 해안선이 2,500년을 지나며 1킬로미터 이상 북쪽으로 옮겨갔다. 그 때문에 해안선을 따라 급경사 졌던 낭떠러지도 부드럽게 떨어져 내린다.

둘째, 역사적으로 유명한 '테르모필레전투'로부터 600년이 지난 뒤 이곳은 로마제국에 병합되었는데, 로마인은 그들 특유의 합리 정신에 따라 산 쪽 절벽을 잘라내서 도로 폭을 넓혀놓았다.

아무튼 로마인은 유명한 아피아 가도조차 산으로 올랐다가 다시 내려오는 우회 도로가 불합리하다고 해서 바다를 따라 우뚝 솟은 절벽을 100미터 높이에서 잘라낸 사람들이었다. 비록 그리스 문명과 문화를 존경하는 마음을 품고 있었지만, 옛 전쟁터를 그대로 남겨두는 것과 이미 로마인이 된 그리스인의 교통 편의 가운데 무엇을 중시할지 선택하라고 하면 주저 없이 후자를 선택할 사람들이 로마인이었다. 이런 이유로 과거 테르모필레의 험난했던 길은 오늘날에는 험로가 아니다.

로마제국이 옛 전쟁터의 보존보다는 테르모필레 고갯길의 개선을 우선시한 것은, 로마 중심으로 시대가 바뀐 뒤에도 테르모필레 고갯길이 북쪽에서 남하해서 아테네로 향하는 주요 도로였기 때문이다. 페르시아 군대 역시 이곳을 통과하지 않는 한 아테네로 갈 수 없었다. 또 기원전 480년 당시 페르시아 군대는 테르모필레를 지나 바다를 통해 자국 선단으로부터 보급품을 받을 필요가 있었다. 이런 이유 때문에 그리스 연합군은 레오니다스가 거느린 육군을 테르모필레 고개로 보내고, 그곳에서 가까운 아르테미시온 곶으로 테미스토클레스가 거느린 해군을 보낼 전략을 세운 것이다.

스파르타 왕 레오니다스가 테르모필레로 스파르타의 중무장 보병을 300명만 데리고 간 사실을 두고, 현대 연구자들 중에는 애초부터 레오니다스가 옥쇄를 각오했을 것이라고 주장하는 사람도 있다. 나는 '애초부터' 그런 생각을 하지는 않았을 것으로 본다. 그러나 스파르타 전사들은 소년 때부터 적에게 등을 보이지 마라는 말을 귀에 못이 박히도록 들으며 자랐다. 따라서 그에게 전투는 이길 것인가 아니면 죽을 것인가 하는 양자택일의 문제였다.

테르모필레에서 적군을 저지해야 하는 임무를 등에 짊어지고 북쪽으로 출발한 60세 레오니다스의 머리 한구석에는 여차하면 옥쇄해야 한다는 생각이 있었을 것이다. 그가 거느리고 간 스파르타 전사 300명은 모두 아들이 있는 아버지들이었기 때문이다. 비록 전쟁터에서 죽는다고 해도 대가 끊길 걱정이 없는 전사만 선발한 것이다. 스파르타 전사는 처음부터 옥쇄를 생각하지 않는다. 옥쇄를 하는 것은 전쟁에서 이길 수 없기 때문이다. 다만 상황이 그것을 요구한다면 감내하고 받아들일 각오가 되어 있었다.

남하해 오는 페르시아 군대 20만 명과 맞서는 그리스 군대는 보조 병력까지 더해 1만 명뿐이었다. 병력 비율은 20 대 1이었다. 그런데도 레오니다스는 자국인 스파르타나 아테네를 비롯해 다른 도시국가들에 병사 증원을 요청하지 않았다. 게다가 테르모필레 고갯길 외에 도로 요충지 두 곳에도 1만 명 가운데 1,000명씩을 나누어 보냈다. 레오니다스는 좁고 험한 고갯길에서 맞서 싸우는 데는 소수 정예 병사만으로 충분하다고 보았을 것이다. 소수여서 더 자유롭고 신속하게 싸울 수 있다고 말이다.

스파르타의 중무장 보병은 소년기부터 끊임없이 훈련했기 때문에

● 레오니다스

이런 점에서는 거의 완벽에 가까울 정도로 완성도가 높았다. 반면에 페르시아 군대는 20만 대군이었다. 양으로 압도하려는 페르시아 군대의 생각과는 달리 테르모필레 고개는 그들이 힘을 발휘하기 힘든 곳이었다.

테르모필레에 먼저 도착한 쪽은 레오니다스의 그리스 군대였다. 그렇지만 적을 오래 기다리지는 않았다. 페르시아 군대는 테르마를 떠난 후 그리스 중앙부의 평탄한 지방을 남하해서 불과 20일 만에 테르모필레에 모습을 드러냈기 때문이다. 페르시아 왕 크세르크세스는 고갯길 입구에서 조금 떨어진 마을에 진을 쳤다.

다음 날 왕의 명령을 받은 각 부대 지휘관들은 화살의 사정거리에 들어가지 않도록 주의하면서, 가능한 한 많은 병력을 고갯길 입구를 지키는 그리스 병사들 앞에 드러냈다. 이렇듯 페르시아 왕이 시위를 한 것은 그리스 병사들이 대군을 보고 도망이나 항복 등 전선에서 이탈할 것을 기대했기 때문이다.

그런데 몇천, 몇만이 있음을 보여주어도 그리스 쪽에서는 전혀 움직임이 없었다. 게다가 가까이 접근해서 관찰한 정찰병이 갖고 온 정보에 따르면 그리스 병사들은 머리카락을 손질하는 데 전념하고 있다는 것이었다.

39세인 페르시아 왕은 그것이 무엇을 의미하는지 알지 못했다. 수행하는 사람들 가운데 있던 스파르타인을 불러서 묻자 이런 대답이 돌아왔다.

"스파르타 전사는 강건함을 신조로 삼는 나날을 보내는데, 단 한 가지 사치가 허락됩니다. 그것은 어깨에 닿을 정도로 길게 늘어뜨린 머리카락을 늘 청결하고 아름답게 손질하는 일입니다."

오리엔트의 귀공자는 그 말을 납득하지 못했지만, 대군을 앞에 두고도 신경 쓰지 않고 태연하게 몸단장에 전념하는 스파르타 병사에게서 두려움을 느꼈다. 그럼에도 페르시아 왕은 대군의 위세로 테르모필레 돌파를 강행하겠다는 방침을 바꾸지 않았다. 다음 날 화려하고 아름다운 오리엔트풍 옷을 몸에 두른 특사를 그리스 군대 본진에 파견해서 왕의 권고를 전하게 했다.

"무기를 거두면 각 나라의 자유로운 귀국을 허락하겠다."

페르시아 사절을 맞이한 레오니다스의 입에서 나온 답변은 단 한마디였다.

"몰론 라베^{Molon Labe}(와서 가져가라)!"

훗날 스파르타 전사를 상징하는 산과 같은 한마디였다.

이로써 페르시아 왕이 기대했던, 전투 없이 테르모필레를 통과할 가능성은 사라졌다. 그렇지만 크세르크세스는 곧바로 명령을 내리지 않았다. 그는 절대 전제군주였지만 늘 가신들과 상의했다. 물론 최종 판단은 그가 내려야 했기 때문에 상의할 필요가 없다고 생각할지 모르지만 역사가 헤로도토스는 그를 호인이라고 평가했다. 이런 사정으로 인해 테르모필레에 20만 대군이 도착한 이후 군사적 움직임을 거의 보이지 않은 상태로 나흘이 흘렀다.

한편 해상에서는 테르마에서 육상으로 향한 페르시아 왕과 헤어져 남하 중인 페르시아 해군과 북상하는 그리스 해군이 아르테미시온 곶 앞바다에서 서로를 향해 다가가고 있었다. 그러나 그사이에 페르시아 해군은 상당한 피해를 입었다. 에게해에 익숙하지 않은 이집트에서 온 배가 폭풍우를 만나 침몰하기도 했고, 침몰까지는 이르지 않았지만 사용할 수 없게 된 배가 많았다. 헤로도토스에 따르면 1,200척이던 페르시아 해군의 3분의 1 정도가 이 시기에 전선에서 이탈했다고 한다. 그런데도 그리스와 페르시아 해군 병력의 차이는 여전히 3 대 8이었다.

그리스 쪽은 '홈그라운드'에서 전투했기에 나름대로 이점이 있었다. 에우보이아 섬과 본토 사이의 해협을 북상하는 동안 폭풍우를 만나지 않고 손실 없이 아르테미시온 곶에 도착한 그리스 해군의 배는 모두 270척이었다고 전한다. 이 가운데 아테네 배는 페르시아의 공격을 피해 도망쳐 온 난민을 태운 20척을 더해 147척이었다. 코린토스는 40척, 스파르타는 10척이었고, 나머지는 다른 도시국가에서 참가한 배였다.

그리스 해군을 이끈 인물은 이미 서술한 대로, 참가한 배는 10척에 불과해 소수였지만 타협의 결과로 총사령관에 공식 취임한 스파르타의 에우리비아데스였다. 그렇지만 아테네의 150척에 육박하는 배는 테미스토클레스가 지휘했다. 또 테미스토클레스의 총사령관 취임에 단호하게 반대했던 코린토스는 40척에 이르는 자기네 배의 지휘를 코린토스 대표 아디만토스가 맡는다는 것을 다른 도시국가들로부터 인정받았다. 따라서 당시 도시국가 해군 연합에는 사령관이 셋이었던 셈이다.

지휘 계통 일원화를 가장 중요하게 생각하는 테미스토클레스가 이런 상태를 그대로 둘 리 없었다. 에우보이아 섬과 본토 사이 해협을 지나 아르테미시온 곶을 향해 북상하는 도중에 동료 두 사람을 설득했다. 이미 총사령관 직무에 자신이 없었던 스파르타인 에우리비아데스를 설득하는 일은 간단하게 끝났다. 또한 아디만토스는 아테네가 코린토스의 경쟁국인 데다 그 자신도 해전 경험이 풍부했지만 결국 설득당했다. 그 후 두 사람은 줄곧 테미스토클레스의 가장 훌륭한 협력자가 되었다. 이렇게 아르테미시온 해상에 도착하기 전에 문제가 해결되었다. 공식적으로는 두 사람이 각각 그리스 해군 총사령관, 코린토스 해군 사령관이었지만, 그리스 해군의 실질적인 총사령관은 테미스토클레스라는 데 동의했다. 이렇게 지휘 계통 일원화가 실현되었다.

설득력이란 자기 생각에 타자를 끌어들이는 능력이다. 타자의 의견을 존중하고 그것을 받아들이고 양보함으로써 타협점을 찾아내는 것이 아니다. 이렇게 보면 전제군주국 지도자인 크세르크세스 쪽이 더 민주적이고, 민주정치를 운용하는 아테네 지도자인 테미스토클레스 쪽이 '민주주의 정도'가 낮은 것처럼 보이기도 한다. 아무튼 제2차 페르시아전쟁의 절대 주역인 두 사람, 39세 크세르크세스와 44세 테미스토클레스는 국가뿐 아니라 기질 또한 달랐다.

테르모필레에서는 서로 노려보며 나흘을 보냈다. 그리고 마침내 크세르크세스의 결심이 섰다. "와서 가져가라!"라고 대답한 레오니다스에게 '가지러 가기'로 결정한 것이다. 다음 날 아침을 기해 총공격 명령이 떨어졌다.

그런데 양으로 압도하려고 한 페르시아 군대는 완전한 실패를 맛보았다. 페르시아 쪽에서 무려 2만 명에 이르는 병사가 전사하고 만 것이다. 페르시아 병사들이 고갯길로 조금 진격해 들어온 순간 굽은 길모퉁이에서 나타난 스파르타 정예병이 기습을 가했다. 탁월한 그들의 전투 실력 앞에서 페르시아군은 그저 시체로 산을 쌓았을 뿐이다. 페르시아 쪽은 전 병력의 10퍼센트를 잃고 말았다. 평소 온화하던 크세르크세스는 그 사실을 알고는 분노를 폭발시켰다.

같은 날 아르테미시온 곶 앞바다에서는 페르시아 해군과 그리스 해군 사이에 첫 해전이 전개되었다. 테미스토클레스는 적의 해군을 공격하기보다는 그들이 만 내부로 들어가 육군과 합류하지 못하게 저지하는 것을 최우선 과제로 삼았다. 그는 이미 폭풍우로 상당한 손실을 입은 페르시아 해군에 큰 타격을 입히는 데 성공했다. 그러나 그날은 그 상태로 마무리되었다. 양쪽 군대 모두 해가 저물자 각자 기지로 돌아갔다.

다음 날 테르모필레에서는 페르시아 군대가 두 번째 총공격을 감행했다. 페르시아 왕은 근위 군단인 '불사부대' 1만 명을 투입했다. 그들은 페르시아 군대에서 정예 중의 정예였다. 왕의 두 동생이 그들을 거느리고 전투에 뛰어들었다. 그러나 이날도 전황은 달라지지 않았다. '죽지 않는 자'라고 불리던 정예병들이 차례로 쓰러졌고 그들을 지휘하던 왕의 두 동생마저 시체가 되어 돌아왔다. 그리스 쪽도 희생자가 2,000명에 이르렀지만 두 차례 모두 방어에 성공했다.

그런데 그날 밤 전투를 끝내고 진으로 돌아온 레오니다스는 샛길의 요충지를 방어하기 위해 파견한 병사로부터 보고를 받았다. 페르시아 군대가 샛길이 있다는 것을 알고 그곳을 지키는 그리스 병사를 이미 공격하고 있다는 내용이었다. 샛길은 말 그대로 샛길이기 때문에 대군이 행군하기에 적합하지 않았다. 그러나 대규모가 아닌 부대는 이동할 수 있었다. 그 샛길을 거쳐 우회해 가면 테르모필레 고갯길의 반대편 출구에 이를 수 있었다. 그렇게 되면 테르모필레를 지키는 그리스 군대는 포위되고 만다.

레오니다스는 곧바로 자신이 거느린 그리스 육군의 지휘관 전원을 소집했다. 그리고 그들에게 상황을 설명한 다음 이렇게 말했다.

그리스인 이야기 I

"우리는 남는다. 그러나 떠나고 싶은 자는 떠나도 좋다. 이 상황에서 철수하는 것은 불명예가 아니다. 다만 떠나려면 지금 바로 가야 한다. 아직 샛길로 돌아서 오는 적이 모습을 드러내지 않았기 때문이다. 내일은 최후의 전투가 벌어질 것이다."

총사령관의 말에 따라 대부분의 지휘관은 병사들과 함께 테르모필레를 떠나기로 했다. 그곳에 남겠다고 결정한 병사는 스파르타 300명, 테스피아이 700명, 테베 400명으로 모두 1,400명이었다. 다만 이는 페르시아 군대와 전투를 시작하기 전의 참전 병사 수였다. 이윽고 벌어진 두 차례에 걸친 총공격에서 발생한 전사자가 페르시아 2만 명, 그리스 2,000명이라고 알려져 있다. 따라서 테르모필레에 도착한 그리스 병사 1만 명 가운데 2,000명은 이미 전사한 상태여서 이 1,400명이라는 숫자는 실제와 달랐을 것이다.

그런데 스파르타 병사 300명은 부상을 입고 전쟁터에서 물러난 1명을 빼고는 전원이 두 차례에 걸친 적의 총공격에서 살아남았다. 이는 스파르타 전사의 전투 능력이 그리스 다른 도시국가들은 물론이고 당시 육군 대국이었던 페르시아와 비교해도 압도적인 우위에 있었다는 것을 보여준다. 어쨌든 레오니다스는 스파르타 병사 300명과 다른 도시국가 병사 몇백 명만 이끌고 페르시아 군대 18만 명과 마지막 전투에 임했다.

페르시아군 수뇌부는 다음 날 전투를 위해 전술에 변화를 주었다. 두 차례의 실패를 통해 근접전으로는 스파르타 병사들을 당해낼 수 없다는 것을 깨달았다. 그래서 페르시아 군대는 떨어져서 싸우기로

● 테르모필레와 아르테미시온

했다. 거리를 두고 화살을 비처럼 쏘아대는 이 전술 또한 물량 작전이었다.

그리스 도시국가가 보유한 중무장 보병의 방패는 크고 둥근 형태로 튼튼하게 만들어졌다. 작은 화살은 튕겨 나갔다. 그래서 페르시아 왕은 장대비가 내리듯 화살을 쏘아대라고 명령했다. 또 샛길을 통한 포위 작전을 병행하기로 결정했다. 병사들은 새벽이 오기 전에 샛길로 출발했다.

아르테미시온 곶 앞바다에 포진하고 있던 테미스토클레스는 테르모필레에서 일어나고 있는 그리스 군대의 상황 변화를 잘 알고 있었다. 테르모필레의 전장이 잘 보이는 장소에 늘 정찰병 몇 명을 보냈던 것이다. 두 달만 버티면 성공할 수 있다고 본 '카테나치오' 작전이 일주일 만에 실패로 끝나자 안타까웠을 것이다. 그러나 그는 감상에 빠져 있을 여유가 없었다. 그리스 해군을 이끄는 테미스토클레스는 마지막의 마지막까지 페르시아 군대가 그리스 땅으로 상륙하는 것을 저지하는 책무를 맡았기 때문이다.

어쨌든 레오니다스였다. 무슨 일이 일어날지 알 수 없었다. 테미스토클레스는 테르모필레의 상황과 관계없이 아르테미시온 해상에서도 페르시아 군대를 상대로 일전을 벌여야 한다는 계획에는 변함이 없다고 결정했다. 이렇게 페르시아 육군 내 그리스 육군, 페르시아 해군 대 그리스 해군의 격돌은 직선거리로 80킬로미터밖에 떨어지지 않은 테르모필레 고갯길과 아르테미시온 곶 앞바다에서 같은 날 동시에 일어났다.

그날 페르시아 군대 최고사령관인 크세르크세스는 테르모필레의 전투 상황을 본진에서 기다리지 않았다. 전투가 벌어지는 고갯길 입구에서 조금 떨어진 장소로 왕이 있는 곳이면 어디든 가져가는 황금 옥좌를 이동시켰다. 크세르크세스는 전선이라고 부를 수 있는 장소까지 나아가서 자국 병사들에게 왕 앞에서 싸운다는 생각을 불어넣을 작정이었다. 낭떠러지로 떨어지는 병사가 나와도 오늘이야말로 최후의 총공격이라는 왕의 명령에는 변함이 없었다. 위와 아래에서, 오른쪽과 왼쪽에서 페르시아 병사가 쏘아대는 화살이 그리스 병사에게로 쏟아졌다.

헤로도토스가 기록을 남기지 않았기 때문에 당시 상황을 상상할 수밖에 없는데, 수비하는 그리스 육군이 와해되는 조짐은 아마 고갯길 출구와 가까운 곳에서 시작되었을 것이다. 고갯길 입구에서 출구까지를 전위·중앙·후위 지역으로 나눌 수 있다면, 후위는 400명으로 이루어진 테베 보병대가 수비를 맡고 있었을 것이다. 샛길로 우회해 간 페르시아 별동대는 후위에 집중 공격을 퍼부었다. 그 공격을 이겨내지 못한 테베 병사 400명은 총사령관인 레오니다스에게 알리지 않은 채 항복하고 말았다. 테베 병사를 공격한 페르시아 별동대의 지휘관은, 항복하면 자유의 몸으로 귀국하는 것을 허락해주는 권리를 왕에게서 부여받았을지 모른다.

어쨌든 테베에서 온 병사 400명은 전선에서 이탈했다. 남은 병력은 스파르타 병사 300명과 500명이 채 되지 않는 테스피아이 병사뿐이었다. 800명도 채 못 되는 그리스 병사는 앞뒤로 포위당했고 절벽 위에서는 화살이 비처럼 끝없이 쏟아져 내렸다. 근접전은 이루어지지 않았다. 그러나 화살을 맞고 쓰러지면 곧바로 페르시아 병사가 무리를 지어 달려드는 바람에 그리스 병사는 단말마의 비명과 함께 몸이 갈가리 찢겼다.

아마 테스피아이 병사 500여 명은 그날 전투가 시작되고 전반부가 지나기 전에 모두 죽었을 것이다. 마지막의 마지막까지 싸운 것은 역시 스파르타 병사 300명이었다. 레오니다스는 지휘자였으므로 우산처럼 뒤집어쓴 방패 밖으로 몸을 내밀고 병사들을 고무시킬 필요가 있었을 것이다. 그의 몸에는 화살이 여러 개 날아와 박혔다. 그러나 스파르타 병사들은 상처 입은 자기네 사령관을 절대 적의 손에 넘겨줄 수 없었다. 움직이지 못하는 레오니다스를 지키기 위해 그를 중심으로 원형 수비 진형을 짰다. 그 기회를 놓치지 않고 페르시아 쪽에서는 한곳으로 모인 그들을 향해 더 많은 화살을 날렸다.

기원전 480년 8월에 일어난 역사적으로 유명한 '테르모필레전투'는 스파르타의 마지막 병사가 전사하면서 끝났다. 스파르타 전사에게 철학이라고 해도 좋을 '이기든지 죽든지'를 그대로 보여준 전투였다. 레오니다스와 그가 이끈 스파르타인 300명은 순수한 스파르타 전사로서 싸우다가 죽었다.

페르시아의 위협이 사라진 다음에, 전쟁터였던 테르모필레에는 다음과 같은 시를 새긴 기념비가 세워졌다.

"나그네여, 라케다이몬(스파르타) 사람들에게 전해다오. 조국의 명령에 순종한 우리가 여기 잠들어 있다고."

스파르타 전사 300명의 옥쇄로 전투가 끝난 직후 페르시아 왕은 전쟁터가 보고 싶었다. 크세르크세스가 가장 보고 싶어 했던 것은 스파르타 왕 레오니다스의 시체였다. 현장에서, 그것도 자기 눈으로 직접 보고 싶었다. 찾는 것은 어렵지 않았다. 원형으로 수비진을 이룬 채 죽은 스파르타 병사들 한가운데에 레오니다스의 시체가 있었다.

39세 페르시아 왕은 '왕 중의 왕'인 자기에게 대담하게 활을 쏜 60세 스파르타 왕의 시체를 잠시 내려다보고는 몸을 돌리면서 목을 베라고 명령했다. 그리고 잘린 머리는 창끝에 꽂아서 페르시아 병사들에게 보여주라고 명령했다.

이를 두고 역사가 헤로도토스는, 용감하게 싸운 군인이라면 비록 적이라도 경의를 표하는 습관이 있는 페르시아의 귀인으로서는 드물게 야만스러운 행동을 했다고 기록했다. 나도 목을 자른 것은 야만스러운 행동이었다는 점에 동감한다. 그러나 당시 크세르크세스가 느꼈을 분노 또한 이해할 수 있을 듯하다. '밀 한 줌'에 불과하다고 여긴 그리스인에게 '왕 중의 왕'인 페르시아 왕이 심한 모욕을 당했으니 말이다.

자기를 따라온 페르시아 군대의 10퍼센트에 이르는 병사가 전사했다. 왕의 근위 군단 '불사부대' 정예조차 상당한 숫자가 죽었다. 두 동생 역시 죽었다. 또 페르시아 군대는 20분의 1밖에 되지 않는 그리스 군대 때문에 일주일 동안 테르모필레에서 걸음을 멈추어야 했다. 그

그리스인 이야기 I

런 점이 39세 오리엔트 귀공자에게 귀인으로서 행실을 잊게 만들지 않았을까. 최고사령관의 행동은 병사들에게 그대로 전달되기 마련이다. 테르모필레에서 전사한 그리스 병사들은 그 후 1년 동안 그대로 방치되었다.

아르테미시온에서는 그날 페르시아 군대를 상대로 해전을 마치고 돌아온 테미스토클레스가 헐떡이며 달려온 정찰병에게서 테르모필레전투 결과를 보고받았다. 보고를 모두 들은 그는 곧바로 행동으로 옮겼다. 그리스 연합 해군의 사령관 전원을 소집해 정찰병이 가져온 소식을 있는 그대로 전했다. 그런 다음 더는 이곳에 진을 치고 있을 이유가 없으니 해군 전체가 살라미스 만을 향해 남하해야 한다고 명령했다. 테르모필레를 돌파한 페르시아 군대의 남하를 막을 방법이 없으니 이제 승부는 바다 위에서 내야 한다는 뜻을 전한 것이다.

모두 그의 말에 동의했다. 테미스토클레스는 엄명을 덧붙였다.

페르시아 해군에게 우리의 철수를 들키기 전에 가능한 한 거리를 벌릴 필요가 있으니 오늘 밤 진지의 모든 천막 앞에 횃불을 밝히고 병사들이 자고 있는 것처럼 보여야 한다. (…) 적이 철수를 알아차리지 못하게 모든 배는 적의 기항지 앞을 통과하지 않고 갈 수 있는 에우보이아 섬과 본토 사이 해협을 통해 남하한다. (…) 오늘 밤에 모든 것을 마쳐야 한다.

테미스토클레스는 자기 지휘 아래 있는 아테네 군선 2척에 별도 지시를 내렸다. 테미스토클레스는 이렇게 판단했다. 적의 해군은 테르

● 테미스토클레스

모필레 돌파에 성공한 육군에 대한 보급을 끝내면 남하를 시작할 것이고, 그러자면 대규모 선단의 통행이 용이한 에게해 쪽 에우보이아 섬 근해를 따라 남하할 것이다. 계절은 여름의 한복판이다. 따라서 적의 선단은 종종 기항해서 신선한 물을 보급받아야 할 것이다.

그래서 테미스토클레스는 한 가지 계책을 생각해내고 아테네 배 2척에 비밀 명령을 부여했다.

첫째, 아군 선단에서 이탈해서 남하하되 에게해 쪽 에우보이아 섬 근해를 따라 내려갈 것.

둘째, 단 신선한 물을 보급받을 수 있는 샘이나 용수가 있는 지점마다 상륙해서 물을 뜨러 온 사람이 쉽게 발견할 수 있도록 근처 바위에 자기가 준 포고문을 한 장씩 붙일 것.

그리스어로 쓰인 포고문에는 다음과 같은 내용이 적혀 있었다.

그리스 도시국가 연합 해군 사령관 테미스토클레스가 페르시아 쪽에
참전한 이오니아 지방의 그리스인에게.

이오니아의 남자들이여! 너희는 정의에 어긋난 길을 걷고 있다. 너희는
조상인 본토의 그리스인을 공격하고 노예로 만들려고 하는 페르시아
군대와 행동을 함께함으로써 정의에 어긋난 길을 걷고 있다. 따라서 먼
저 배신할 것을 권유한다. 그러나 만약 여러 이유로 행동하기 힘든 상황
이라면 중립을 지켜도 좋다. 그렇게만 해도 본토의 그리스인에게는 유
리하다. 그러나 배신과 중립이 불가능하다고 해도 올바른 길로 돌아올
방법이 없는 것이 아니다. 방법은 또 하나 있다. 그리스와 페르시아가
해상에서 격돌할 때가 기회다. 페르시아 쪽에 참전한 너희는 10년 전
제1차 페르시아전쟁이 이오니아 지방에 사는 그리스인의 반페르시아
봉기가 발단이 되었다는 점을 상기하라. 그래서 싸움이 벌어졌을 때 소
극적으로 대처하면 너희는 그리스인으로서 올바른 길을 걷는 것이다.

테미스토클레스는 적이 되어 싸우는 그리스인들의 배신을 기대했
을까? 대답은 거의 "노"다. 한 달 정도 후에 벌어진 살라미스해전에서
페르시아 쪽에서 탈출한 배가 그리스 쪽에 서서 참전했는데 겨우 6척
밖에 되지 않았다. 페르시아의 300척 중에서 그리스 쪽으로 돌아선
것은 겨우 6척이었다. 그렇다면 중립을 기대했을까? 여기에 대한 대
답은 100퍼센트 "노"다. 소아시아 서쪽 해안에 위치한 이오니아 지방
은 사르디스를 전초기지로 삼은 페르시아제국에 늘 위협을 당했다.

이런 이오니아 지방에 사는 그리스인이 페르시아와 그리스가 격돌했을 때 중립을 지키기는 불가능했다. 그렇다면 테미스토클레스는 해전이 벌어졌을 때 페르시아 쪽에 참전한 이오니아 배의 사보타주(태업)를 기대한 것일까? 이 역시 거의 "노"다. 일단 전투가 시작되면 적군과 아군 쌍방의 노가 뒤얽히는 근접전이 되기 때문에 그 와중에 소극적인 태도를 취할 여유는 없다.

그렇다면 테미스토클레스는 도대체 무엇을 기대했을까? '승리를 위해서라면 그것이 무엇이든 시도해볼 필요가 있다. 따라서 배신이든 중립이든 아니면 사보타주든 권유해서 손해날 것은 없다'고 생각한 것은 아닐까.

사실 테미스토클레스가 진짜로 기대한 것은 자기가 쓴 그 포고문이 페르시아 왕 크세르크세스의 눈에 띄는 것이었다. 그것을 읽은 페르시아 왕이 이오니아에서 참가한 배 300척을 의혹에 찬 눈초리로 바라보게 만드는 것이었다.

해운의 전통이 없는 페르시아제국은 해군을 제국의 지배 아래에 있는 다른 민족에게 의지할 수밖에 없었는데, 왕이 가장 신뢰하던 페니키아 해군은 동지중해는 잘 알고 있었지만 에게해에는 정통하지 못했다. 에게해의 지형에 정통한 것은 이오니아 지방에서 참가한 그리스 배 300척이었다. 실제로 신선한 물을 보급하려면 비록 선원 전체가 페니키아인이라고 해도 그리스인 길잡이가 필요했다. 게다가 해전이 벌어지면 에게해가 전쟁터였다. 페르시아 왕 크세르크세스가 이오니아의 배가 모두 배신할 수도 있다고 생각하면서 불안감에 가슴이 짓

눌린다 해도 이상할 것이 없었다.

포커 게임에서 유리한 카드를 가졌다고 해서 이긴다는 보장은 없다. 비록 카드는 불리해도 상대를 불안에 빠뜨리는 데 성공하는 쪽이 승리한다. 39세 오리엔트 귀공자는 이제 자기의 진정한 적이 60세 스파르타 남자가 아니라 44세 아테네 남자라는 사실을 알아차렸을까? 만약 그 시점에서 재빨리 알아차렸다면 이후 그를 덮친 '의혹의 포로'가 되지는 않았을 것이다.

테미스토클레스가 테르모필레전투 결과를 알자마자 아르테미시온에서 철수한 것이 대략 추정해서 8월 중순이라고 하면 그로부터 살라미스해전까지는 한 달 정도밖에 남지 않는다. 그 짧은 기간에 많은 것을 성취한 것을 보면 아무리 남자의 전성기가 40대 중반이라고 해도 경이로움을 느끼게 된다.

아마 테미스토클레스는 포커 판에 가만히 앉아서 상대와의 심리전에만 열중하는 성격을 가졌을 것이다. 그것도 포커 판을 살펴보며 경우에 따라 새로운 심리전을 펼치는, 분명히 적에게는 상대하기 까다로운 상대였을 것이다.

기원전 480년, 테미스토클레스는 자기 스스로 가동시킨 '스트라테고스 아우토크라토르'의 지위에 올랐다. 10명으로 이루어진 '스트라테고스'의 최고위라는 점에서 임기는 1년으로 한정되어 있었지만 위기관리 내각의 내묘였다. 그 후 얼마 뒤 공화정 시대의 로마는 임시직인 독재관이라는 제도를 만드는데, 이 시대의 아테네에서 배운 것이 아닐까 싶을 정도로 유사하다.

어쨌든 당시 테미스토클레스는 도시국가 아테네의 운명을 온몸에 짊어졌다. 군사 면에서 최고사령관이었지만 정치 면에서도 최고책임자였다. 당연한 말이지만 모든 책임은 그에게 있었다.

테르모필레전투 결과를 알고 아르테미시온에서 아테네로 돌아가는 배에서 44세 아테네 남자는 곧바로 다음 전략을 생각했다. 스파르타 왕 레오니다스의 장렬한 전투에도 불구하고 테르모필레 방어선은 무너졌다. 게다가 레오니다스의 지휘를 받던 테베 군대가 마지막에 페르시아 왕에게 항복함으로써 중부 그리스의 강력한 도시국가 중 하나인 테베마저 이제 페르시아 쪽에 서게 되었다.

이런 이유로 테르모필레를 돌파하고 남하하는 페르시아 군대의 앞을 막아설 수 있는 그리스 군대가 중부에서는 아테네밖에 남지 않았다. 그러나 아테네는 싸울 수 있는 주요 전력인 중무장 보병 대부분이 삼단 갤리선의 전투 요원으로 바다 위에 있었다. 그들을 육지로 돌려보낸다고 해봤자 불과 1만 명 정도였다. 아무리 레오니다스 때문에 전군의 10퍼센트를 잃었다지만 크세르크세스가 이끄는 페르시아 육군은 18만 명이 넘는 대병력이었다.

강제 소개

테미스토클레스는 육지에서 맞서 싸우는 것은 불가능하다고 보았다. 그래서 아테네 시내에 사는 사람들을 모두 다른 지역으로 이주시키고 시내를 텅 비게 만든 다음, 그곳에 무혈입성한 페르시아 군대와 바다에서 승부를 내는 편이 낫다고 판단 내렸다. 그것은 도박이었다. 페르시아 왕이 테미스토클레스의 전략에 따라줄지도 의문이었다. 그러나 테미스토클레스에게 유리한 점이 두 가지 있었다.

첫째, 페르시아 왕 크세르크세스는 그리스 공격을 그해 안에 끝내고 싶다는 열망이 강했다. 페르시아제국의 중요한 거점인 중동과 이집트의 동향 때문에 그리스에 오래 머무는 것은 뒤통수가 근질근질한 일이었다.

둘째, 레오니다스와 그가 거느린 스파르타 전사 300명이 치른 격전과 비참한 최후가 알려지면서, 특히 자기네 왕에게 행한 페르시아 왕의 야만 행동이 알려지면서, 스파르타에 반페르시아 기운이 맹렬하게 타오르기 시작했다.

폐쇄사회였던 스파르타 주민들의 시야는 그때까지 펠로폰네소스 반도를 벗어나지 못했다. 적과 맞서 싸우는 경계는 반도로 통하는 좁은 지협인 이스트미아까지였다. 그곳을 넘어 테르모필레까지 자국 군대를 보낸 일은 스파르타로서는 드물게 적극적인 행동을 보인 셈이었다. 이들의 시야가 테르모필레전투를 기점으로 넓어졌다. 적어도 그리스 중앙부까지는 넓어졌다. 그리스 중앙부에 위치한 아테네를 거느린 테미스토클레스에게는 이 또한 손에 쥔 카드 가운데 유리한 패였다.

그러나 테미스토클레스 앞에 놓인 가상 어려운 문제는 어떻게 아테네 시내를 비울 것인가 하는 것이었다. 누가 익숙한 집과 마을을 버리고 다른 지역으로 기꺼이 떠나려 하겠는가. 게다가 당시 그리스에서 최대 도시였던 아테네 시민은 몇만을 헤아렸다. 그들을 모두 소개해야 했다. 신분이나 재산과 관계없이 자유민과 노예, 여자와 아이, 노인 모두 소개해야 했다. '소개疏開'는 사전에 다음과 같이 설명되어 있다.

"적의 습격에 의한 인적 피해를 최소한으로 하기 위해 이루어지는 분산 조치."

테미스토클레스는 위기관리 내각의 대표로서 권한을 최대한 사용해 강제 소개를 실시했다. 물론 최대한 배려했다.

첫째, 받아주기로 한 나라와 맺은 사전 협의에 따라 소개할 거주 지역과 주거 확보. 확보된 지역은 살라미스 섬과 아이기나 섬, 그리고 펠로폰네소스 반도 동쪽에 있는 트로이젠 등 작은 도시국가들이었다.

둘째, 아직 미성년인 아이들을 위한 학교나 체육훈련장을 국비로 건설. 아테네의 아이들에게 반드시 필요한 스콜라와 팔레스트라까지 소개해야 했다. 교사나 체육지도사도 당연히 소개했다. 당시 15세였던 다음 세대의 대정치가 페리클레스 역시 소개되었을 것이다. 도시국가 아테네에서 미성년은 병역 훈련이 시작되는 18세가 되지 않은 남자를 가리켰다.

테미스토클레스는 아테네인이 소유한 모든 배를 동원했다. 그가 지휘하는 삼단 갤리선은 물론이고 상품을 싣고 가까운 섬을 오가는 범선과 고기잡이에 사용하는 소형 배까지 바다에 뜨는 것이면 모두 동원했다. 개인이 소유한 배는 국비로 수송료를 지불했다. 그 이유는 이렇다.

첫째, 비용을 댈 돈이 없어서 시내에 머물 수밖에 없는 사람이 생기는 것을 막기 위해서였다.

둘째, 언제 돌아올지 모르는 생활이었다. 그 기간을 가능한 한 쾌적하게 보내려면 일상생활에서 사용하는 소소한 물품이 필요했다. 그것들까지 모두 갖고 소개하기 위해서는 배가 많으면 많을수록 좋았다. 돛이 하나밖에 없고 선원도 한 사람인 작은 배까지 모두 필요했다.

그래도 주저하는 사람들이 있었다. 위기관리 내각의 대표인 테미스토클레스로서도 떠나기 싫어하는 사람까지 줄로 묶어서 끌고 갈 수는 없었다. 그때 지혜의 여신 아테나 신전을 지키는 사제가 한 이야기가 곤혹스러워하는 그의 귀에 들어왔다. 신전에서 여신을 따르는 뱀을 키우고 있었는데 그 뱀에게 날마다 주던 꿀을 적신 빵이 최근 며칠 동안 그대로 남아 있다는 이야기였다.

테미스토클레스는 거기에 착안했다. 떠나기를 주저하는 시민들을 한자리에 모은 다음, 재빨리 사제를 불러 그들에게 자기가 들은 이야기를 해달라고 부탁했다. 주저하는 시민들 앞에서 사제는 테미스토클레스에게 했던 말을 되풀이했다.

여신을 따르는 뱀이 며칠 전부터 빵에 입을 대지 않았다는 것은 이미 아테네에 뱀이 없다는 뜻이고, 뱀이 떠났다면 뱀과 늘 함께하는 여신도 아테네를 떠났다고 생각할 수밖에 없다고. 이것으로 떠나기를 주저하는 사람이 크게 줄어들었다.

그런데도 떠나기를 단호히게 거부한 남자들이 있었다. 노령자가 많이 섞인 100명 정도 되는 시민이었다. 그들은 예로부터 전해 내려온 이야기를 이유로 계속 거부했다. 도시 아테네는 '나무'의 보호를 받는 한 타국의 침략을 받지 않는다는 이야기였다. 당시 아크로폴리스는 통나무 울짱으로 둘러쳐져 있었는데 그 안에 숨어서 방어하면 아테네가 함락되지 않는다는 것이 그들의 거부 이유였다. 테미스토클레스는 그 '나무'는 돛대부터 해서 온통 나무로 만들어진 삼단 갤리선을 가리킨다고 반박했지만 완고한 노인들은 받아들이지 않았다. 결국 그들은 남겨두기로 결정했다.

아무튼 강제 소개 작전은 한 달도 되지 않는 짧은 기간을 생각해보면 놀랄 정도로 완벽하게 시행되었다. 그러나 여전히 테미스토클레스가 해결해야 할 문제가 또 하나 남아 있었다.

살라미스로

페르시아의 침략에 맞서 싸울 목적으로 결성된 그리스 도시국가 연합은 테르모필레와 아르테미시온 방어선이 돌파당한 후 어디에서 맞서 싸워야 할지를 두고 의견이 갈렸다. 코린토스는 중부 그리스와 펠로폰네소스 반도를 연결하는 좁은 지협 이스트미아에서 싸우는 것이 최선이라고 주장했다. 펠로폰네소스동맹의 맹주인 스파르타 역시 이스트미아에서 싸우는 것에 찬성했다. 그러나 그렇게 되면 아테네는 버림받고 만다. 또 그리스 해군에 20척이 참가하고 있는 메가라 역시 버림받게 된다. 당연히 테미스토클레스는 이스트미아에서 맞서 싸우는 것에 절대 반대한다는 의사를 표명했다.

이스트미아에서 열린 회의에 아테네를 대표해서 출석한 테미스토클레스는 이스트미아에서 싸우면 해군을 활용할 수 없다면서, 다음과 같은 이유를 들어 다른 도시국가 대표들을 설득하려고 노력했다.

첫째, 이스트미아 주변은 해역이 넓어서 대형 배가 많은 페르시아 해군에 유리하다.

둘째, 아테네 주변의 살라미스 만은 해역 자체가 좁아서 페르시아 해군의 유리함은 불리함으로 바뀐다. 이와 달리 그리스 배는 소형이지만 무겁기 때문에 쉽게 조류에 좌우되지 않아 살라미스 만은 그리스에 유리한 전쟁터다.

페르시아 쪽은 전투원을 수송하기 위해서만 배가 필요하다고 생각했는데 당시 그리스 쪽 생각도 크게 다르지 않았다. 그도 그럴 것이 고대에는 해전이 전체 전투를 결정한 적이 없었기 때문이다. 살라미스해전이 그 첫 번째 사례가 되었다. 그래서 테미스토클레스의 주장을 납득하고 그가 주장하는 살라미스 만을 전쟁터로 하자는 전략에 동의한 도시국가는 적었다.

테미스토클레스는 협박이라는 수단에 호소했다. 아테네는 페르시아와 싸우는 연합군에서 탈퇴하고 아테네 배를 몽땅 동원해 아테네인 모두를 남이탈리아로 이주시키겠다는 말로 위협했다. 이스트미아 회의에 출석한 그리스 도시국가 대표들은 아테네의 강제 소개에 관해 알고 있었다. 짧은 시간에 완벽하게 시행되었나는 것까지. 테미스토클레스라면 남이탈리아로 이주하는 것도 가능할 터였다. 그런데도 모든 도시국가의 의견 일치에는 도달하지 못했다.

테미스토클레스는 다른 방법을 사용했다. 그에게는 아이들 교육을 일임한 가정교사가 있었다. 그 그리스인은 노예였지만 이오니아 지방에서 태어나 페르시아어의 달인이었다. 게다가 이 사람을 위해서라면 죽어도 좋다고 생각할 만큼 테미스토클레스에게 심취한 사람이었다.

테미스토클레스는 이 남자를 페르시아 왕 크세르크세스에게 보내기로 결정했다. 자신의 사자임을 알리고 반드시 왕을 직접 만나서, 자기가 전하는 말을 페르시아어로 전하라고 그에게 엄명을 내렸다. 증거를 남기지 않기 위해 구두로 전하라고 한 내용은 다음과 같았다.

"아테네는 도시국가 연합의 의견 불일치에 절망해서 페르시아 왕과 단독강화를 맺을 생각을 하고 있습니다."

가정교사는 목이 날아가도 어쩔 수 없다고 각오했는데 페르시아 왕의 반응은 전혀 달랐다. 크세르크세스는 매우 주의 깊게 잘 들었다고 돌아가서 주인에게 전하라고 말했다.

크세르크세스는 그리스 도시국가들 가운데 스파르타와 어깨를 나란히 하는 강국인 아테네가 이탈하면 그리스 공격은 성공한 것이나 마찬가지라고 생각했다. 스파르타에 대해서는 이미 테르모필레에서 승리를 거두었다. 해상에서 아테네는 그리스 해군 전력의 절반 이상 보유하고 있었다. 그 아테네가 이탈하면…. 39세 오리엔트 귀공자의 얼굴에 희색이 돈 것도 무리가 아니었다.

테미스토클레스는 가정교사에게서 크세르크세스의 전언을 들었지만 그다음 수순인 강화와 같은 행동은 하지 않았다. 오히려 페르시아와 단독으로 강화할 가능성을 넌지시 퍼뜨려 이스트미아에서 싸울 것

그리스인 이야기 I

을 고집하는 도시국가 대표들을 압박하는 수단으로 활용했다. 그러나 그리스 연합 해군의 진지를 이스트미아 지협 앞바다에서 살라미스 만으로 옮기는 데는 더 강력한 압박이 필요했다.

바로 그 무렵 아리스티데스가 귀국했다. 2년 전 테미스토클레스 때문에 도편추방을 당했지만, 국가 존망의 위기에 모두 힘을 합쳐야 한다는 테미스토클레스의 제안을 받아들인 시민집회가 도편추방자의 귀국을 인정한 것이다. 10년 전 마라톤전투에서 테미스토클레스와 함께 지휘를 맡았던 아리스티데스는, 그저 몸만 귀국한 것이 아니라 페르시아 쪽 정세를 충분히 살피고 귀국했다.

이스트미아에 도착한 아리스티데스가 회의에 출석 중인 테미스토클레스를 불러냈다. 그는 귀국하는 도중에 들른 아이기나 섬에서 팔레론 항에 정박한 페르시아 해군 별동대가 살라미스와 아이기나 사이 바다를 횡단해 살라미스 서쪽으로 향하는 것을 보았다고 전했다. 페르시아 해군이 살라미스 만에 정박 중인 그리스 해군을 동쪽과 서쪽에서 포위 공격하는 작전을 구사하려 한다는 분명한 증거였다.

44세 테미스토클레스와 50세가 된 아리스티데스는 지난 10년 동안 아테네 정계를 양분한 맞수로 알려져 있었다. 그러나 이때만큼은 그와 같은 대립 의식에 사로잡히지 않았다. 또 테미스토클레스는 원래부터 그런 감정에 좌우되는 사람이 아니었다. 포위당할지 모르는 위기 상황이었지만 이때 역시 데미스토클레스는 기쁜 표정을 지으며 말했다.

"그것은 우리에게 낭보입니다."

첫째, 페르시아가 해전을 할 의사가 있다는 것이 확실해졌다.

둘째, 동쪽과 서쪽을 봉쇄하면 살라미스 만에 정박 중인 그리스 해군은 이 만 안에서 싸울 수밖에 없었다.

그러나 이 이야기를 본인 입으로 하면 다른 나라 대표들이 믿지 않을 수 있었다. 따라서 정의로운 사람이라는 평판이 높고 거짓말하지 않은 사람이라고 다들 믿고 있는 아리스티데스가 말하면 효과가 있을 것이라고 생각했다.

아리스티데스는 도시국가 대표들 앞에서 자기 눈으로 본 것에다 아이기나 섬 주민들의 증언을 더해서 자기가 알고 있는 페르시아 해군의 동향에 관해 증언했다.

효과 만점이었다. 페르시아와 그리스의 결전 장소가 살라미스 만으로 결정되었다. 다른 선택지는 없었다. 양쪽이 봉쇄된 이상 그 속에서 싸울 수밖에 없었다. 테미스토클레스는 배수진을 치는 데 성공했다.

살라미스해전

기원전 490년에 그리스 공략을 기도했던 다리우스와 그 10년 후 아버지의 유지를 계승해서 그리스를 공격한 크세르크세스는 그리스가 독립 지향이 강한 도시국가 집단에 지나지 않는다는 사실을 알고 있었다. 또 4년에 한 번 올림피아에 모이는데, 그 기간만큼은 휴전해야 한다고 정할 만큼 도시국가들끼리 늘 전쟁하는 전투적인 민족이라는 사실도 알고 있었다.

이런 그리스 민족의 기질을 이용한 분할 정책, 즉 '땅과 물'의 요구를 수용할지 안 할지를 기준으로 분리하는 전략은 상당한 성공을 거두었다. 소아시아 서쪽에 위치한 이오니아 지방과 찰싹 붙었다고 할 정도로 가깝게 떠 있는 레스보스, 키오스, 사모스를 비롯해 에게해 섬들은 제1차 페르시아전쟁 당시부터 이미 페르시아 왕의 지배 아래 있었다. 게다가 좁은 헬레스폰투스 해협 너머 유럽 쪽에도 트라키아, 마케도니아와 그리스인이 사는 세계 중 북부는 '땅과 물'의 요구를 받아들여 페르시아의 속국이 되었다. 더욱이 제2차 페르시아전쟁이 시작되자 넓은 테살리아 지방도 '땅과 물'의 요구에 굴복했다. 또한 그 남쪽 보이오티아 지방의 강국 테베마저 테르모필레에서 레오니다스의 지휘를 받으며 그리스 쪽에서 싸우다가 마지막에 결국 항복하면서 페르시아 군대의 일부가 되었다. 크세르크세스는 테르모필레를 뒤로하고 아테네를 목표로 진군하는 병력의 선두에, 막 항복해서 신하가 된 테베 병사를 세웠다.

페르시아 군대는 순조롭게 남하했다. 테베가 이반하자 아테네까지 페르시아 군대의 앞을 막는 그리스인은 없었다. 크세르크세스는 순조로운 행군 덕분에 기분이 좋았는지, 아니면 갑자기 다른 종교를 존중하는 마음이 들었는지, 그도 아니라면 눈앞에 다가온 그리스 정복과 그 후의 점령 대책을 생각한 것인지, 행군하는 도중에 나타나는 마을을 마음껏 약탈해도 좋지만 델포이만은 손대지 말라고 명령했다. 해군에도 델로스만은 그대로 둘 것을 명령했다. 그리스인이 무슨 일이 있으면 곧바로 신탁을 받으러 가는 델포이와 델로스에 손을 대지 말라고 한 것은 그곳이 그리스인의 신앙의 땅이라서가 아니라, 39세 페르시아 왕의 머릿속에 정복 이후 그리스 지배 구상이 있었기 때문은 아닐까. 그래서 페르시아 왕의 지배 아래 들어오면 신앙의 자유를 인정하겠다는 메시지를 던진 것은 아닐까.

대체로 관용적인 듯한 크세르크세스였지만 아테네와 스파르타만은 다르게 보았다. 제1차 페르시아전쟁이나 제2차 페르시아전쟁 때 페르시아 왕의 '땅과 물' 요구를 명확하게 거부한 나라가 아테네와 스파르타였기 때문이다. '땅과 물' 요구를 전하러 온 페르시아 왕의 사자를 아테네는 목을 베어버렸고, 스파르타는 낭떠러지에 떨어뜨려 죽였다. 두 나라가 강수를 둔 것은 국내에 존재하는 페르시아에 대한 평화주의자를 막다른 골목으로 몰아가기 위해서였다. 크세르크세스가 보기에 이 두 나라의 태도는 2대에 걸친 '왕 중의 왕'인 자신에 대한 선전포고였다. 따라서 크세르크세스가 아테네와 스파르타만은 확실하게 때려눕히겠다고 결심한 것은 페르시아인의 입장에서 보면 지극히 당연한 일이었다.

39세 페르시아 왕은 그 아테네를 마침내 손안에 넣었다. 아버지 다리우스가 원했지만 이루지 못했던, 그리스의 중심 아테네 공략을 아들인 그가 해낸 것이다. 그러나 그가 들어간 아테네는 텅 빈 도시였다. 인적만이 아니라 고양이나 개도 없었다고 전한다. 테미스토클레스가 실시한 강제 소개는 고양이나 개까지 포함한 소개였던 모양이다. 아크로폴리스 언덕의 울짱 안에 남자들 한 무리가 있었지만 페르시아 기병대에 전원 살해당했다. 크세르크세스는 아크로폴리스에 올라 아테네 수호신인 아테나의 신전을 비롯해 모든 신전에 불을 지르라고 명령했다. 아테네에서는 상대방의 신앙에 대한 존중을 잊은 듯했다.

아크로폴리스 언덕 전체가 불타오르는 모습은 살라미스 만 내에 정박한 배에서도 보였다. 그리스 해군의 절반 이상을 차지하는 아테네 배에서는 중무장 보병이든 노를 젓는 선원이든 모두 갑판에 나와서 그것을 지켜보았다. 살라미스 항과 가까운 곳에 있는 그리스 해군 본부에서도 테미스토클레스를 비롯해 사령관 전원이 불타는 아크로폴리스를 물끄러미 지켜보았다.

사전은 '배수진'을 "더 이상 물러날 곳이 없는 절체절명의 처지에서 싸우는 것"이라고 설명하고 있다. 이 전략은 아군까지 궁지에 몰아넣어야 효력을 발휘해 성공할 수 있다. 테미스토클레스가 생각한 '배수진'은 완벽했다. 남은 것은 단 하나, 이제 이 배수진을 어떻게 구체화할 것인가 하는 점이었다.

아테네 시내를 점거한 페르시아 왕이 명령한 것은 아크로폴리스 방화만이 아니었다. 시내 곳곳에 불을 지르게 했다. 아테네 도시 전체를 불태우려는 듯이 보였다. 덕분에 페르시아 왕은 아테네에 입성하는 데는 성공했지만 쉴 곳과 잠잘 곳이 없었다. 페르시아 해군이 결집한 항구도시 팔레론에 임시 행궁을 설치할 수밖에 없었다.

팔레론에서 왕이 참석한 작전회의가 열렸다. 육해군 사령관들이 소집되었다. 살라미스 서쪽 해안에 이집드 해군을 파견해서 그곳과 팔레론에 있는 두 무리로 그리스 해군을 살라미스 만 안에 봉쇄하겠다는 작전은 이미 진행되고 있었다. 그러나 그것이 곧 살라미스 만에 있는 그리스 해군과 전투에 돌입하는 것을 의미하지는 않았다. 육군을 이스트미아로 보내서 그리스 육군을 먼저 격파해야 한다고 생각하는 사람이 많았다. 순수한 페르시아인은 해군이란 어디까지나 육군에 보급을 지원하는 것이 임무라고 생각했다. 따라서 그들은 해상에서 결전하겠다는 생각 자체가 없었다.

육군 사령관 외에 해군 사령관 중에서도 육군 우선 전략을 주장하는 사람들이 있었다. 소아시아 서남쪽에 위치한 카리아 왕국의 왕비 아르테미시아가 그랬다. 그녀는 남편이 세상을 떠난 뒤에 아들의 섭정 역할을 하며 카리아에서 선단을 거느리고 참전했다. 태어난 곳이 크레타 섬이라는 점에서 볼 때 페르시아 편에서 싸우는 그리스인이었다. 그녀는 아테네가 주력부대인 그리스 해군을 상대로 해전을 벌이는 것에 반대를 표명했다. 그러나 확실한 이유를 내세운 설득력 있는 반대가 아니었던 모양인지, 이미 사령관들 사이에서 대세가 해전으로 기우는 가운데 나온 소수의견 중 하나에 불과했다.

이렇게 되자 크세르크세스의 지도력이 중요해졌다. 오리엔트의 귀공자는 앞에서도 말한 것처럼 절대 전제국가의 왕이지만 의아할 정도로 민주적이어서 작전회의에서 늘 전원에게 평등하게 의견을 표명하게 했다. 이때 역시 참석자들 가운데 유일한 여자인 아르테미시아에게 정중한 예를 표했지만 마지막은 다수결로 결정했다. 결국 결전의 장소는 바다로 정해졌다.

39세 오리엔트 귀공자는 테르모필레에서 이겼기 때문에 살라미스에서도 이기리라고 확신했을 것이다. 우선 배 숫자가 두 배 이상 많았다. 또 페르시아 해군의 주력은 모두 페니키아에서 온 대형 배 300척이었다. 게다가 단독강화의 냄새를 풍긴 테미스토클레스가 지휘하는 아테네 해군이 적극적으로 나오지 않을 수도 있었다. 아테네 없는 그리스 해군은 간단하게 괴멸할 수 있다고 생각했을 수도 있다.

크세르크세스가 살라미스해전이 벌어지기 전날 밤, 해전의 승리를 확신했다고 추정할 수 있는 근거는 다음 두 가지다.

첫째, 페르시아 해군의 지휘권을 왕의 젊은 동생에게 맡겼다는 점.

둘째, 해전의 전쟁터를 한눈에 내려다볼 수 있는 절벽 위에 황금으로 만든 옥좌를 옮기라고 명령하고, 그곳에서 신하들과 육군 사령관들과 함께 관전하겠다고 공표했다는 점.

명분이야 왕이 내려다보는 전쟁터에서 최선을 다해 싸우라는 것이었지만 진심은 그것이 아니었다. 아버지가 이루지 못한 그리스 정복이 막바지에 다다른 지금 그 마지막을 장식하는 화려한 전과를 자기 눈으로 보고 싶은 마음이 있었다. 이번 그리스 원정에는 수도에 남겨둔 장남 외에 아들 전원을 데리고 왔기 때문에 절벽 위에서 관전하는 왕의 좌우에는 왕자들 모습도 보였다.

한편 팔레론에서 서쪽으로 직선거리로 10킬로미터밖에 떨어지지 않은 살라미스 만에서는 민주정치 국가를 이끄는 테미스토클레스가 비민주적으로, 다른 의견을 일절 듣지 않고 명령을 내렸다. 먼저 사사건건 아테네에 반항하는 코린토스의 배 40척에는 만을 서쪽으로 돌아서 그곳으로 향해 오는 이집트 배 100척과 대결하라는 임무를 맡겼다. 이는 성가신 존재를 쫓아낸 것이 결코 아니었다. 살라미스 만 동쪽에서 적의 본대와 대결할 것이 확실한 테미스토클레스가 지휘하는 아테네 군대가 등 뒤의 적을 걱정하지 않고 싸우기 위해서는 반드시 필요한 중요 임무였다. 코린토스 사령관 아디만토스는 자기네 병력에 비해 두 배가 넘는 적과 맞서 싸워야 하는 의미를 누구보다 잘 알고 있었다.

'살라미스해전'은 해전이 전쟁 전체의 향방을 결정한 역사상 최초 사례가 되었는데, 이 전쟁에 참전한 페르시아와 그리스 쌍방의 전력에 관해 고금 역사가들의 추측은 다양하다. 먼저 동시대인이라고 해도 좋을 헤로도토스부터 살펴보자.

『역사』의 저자인 헤로도토스는 페르시아의 배 숫자를 1,207척이라고 기록했다. 그 가운데 주력은 페니키아에서 온 배 300척이었다. 이집트 배가 200척이었고, 이오니아 지방과 에게해 섬들과 크레타 섬까지 포함해 페르시아 지배를 받는 지역의 그리스인이 탄 배가 합쳐서 500척이었다.

한편 헤로도토스는 그리스의 배 숫자를 380척이라고 기록했다. 참전한 배의 수만 보아도 주력은 단연 아테네였다. 그들이 칼키디아(현재 할키디키) 지방의 피난민에게 제공했던 20척까지 포함한 아테네 배의 수는 200척이었다. 그 뒤를 이어 코린토스 40척, 아이기나 30척, 메가라 20척, 스파르타 16척이 참전했다. 그 외에 13개 도시국가가 제공한 배는 10척부터 1척까지 다양했다. 또 페르시아 해군에서 탈출해 그리스 쪽에 가담한 낙소스와 멜로스, 렘노스에서 온 6척도 있었다.

물론 이 숫자는 군용으로 적합한 삼단 갤리선만 계산한 것이다. 페르시아 쪽에 많던 수송용 범선은 포함되어 있지 않다.

헤로도토스에 따르면 '살라미스해전'은 1,207척을 보유한 페르시아 쪽과 380척을 보유한 그리스 해군이 격돌한 전투였다.

헤로도토스가 제시한 숫자에 후대의 연구자들은 동의하지 않는다. 테르마에서 에게해를 남하하던 중 폭풍우를 만나 침몰한 페르시아 배가 반영되지 않았고, 아르테미시온 곶 앞바다에서 벌어진 해전에서도 적지 않은 손실이 있었기 때문이다. 그들은 살라미스해전 당시 페르시아 쪽 배가 900척 전후였을 것이라고 추정한다. 그리스 쪽도 아르테미시온에서 손실을 입었기 때문에 살라미스해전에 참전한 배는 375척이었다.

아마 후대 역사가들이 제시한 숫자가 현실과 더 가까울 것이다. 특히 이집트 배가 폭풍우로 큰 타격을 입었기 때문에 살라미스에서는 반으로 줄어들었을 개연성이 크다. 또 양으로 압도하려는 의도가 강했던 페르시아는 늘 숫자를 과장해서 발표하는 경향이 있었다. 그런데 헤로도토스는 대체로 과장된 숫자를 믿는 경향이 있었다. 어쨌든 기원전 480년 가을, 900척을 보유한 페르시아제국 해군과 400척이 되지 않는 전력의 그리스 도시국가 연합 해군 사이에 '살라미스해전'이 벌어졌다. 테미스토클레스는 이처럼 매우 불리한 현실을 어떻게 극복하고 승리할지 고민을 거듭했다.

테미스토클레스는 귀국한 아리스티데스에게서 얻은 정보 덕분에 이집트 배 100척이 서쪽에서 그리스 해군을 봉쇄하러 온다는 사실을 알고 있었다. 또 정찰 나간 병사들의 보고를 통해 팔레론 항구에 집결한 페르시아 해군이 페니키아 배 300척을 주력으로 한 좌익과 페르시아 지배 아래에 있는 그리스 배를 중심으로 한 우익으로 편성되어 있다는 것도 알고 있었다. 그는 먼저 이집트 해군을 상대하기 위해 코린토스 배 40척을 보냈다. 남은 335척으로 800척을 감당해야 했다. 단지 감당하는 것이 아니라 이겨야 했다.

테미스토클레스는 335척을 우익과 좌익, 둘로 나누었다. 일반 관례에 따르면 좌익과 우익으로 나누면 전쟁터에서 우익은 적의 좌익과 맞닥뜨리게 되는데 테미스토클레스의 두뇌는 기존의 틀을 따르지 않았다. 그가 살라미스해전에서 승리하기 위해 생각해낸 전략에 따라 우익은 적의 우익과, 좌익은 적의 좌익과 맞닥뜨리게 했다.

135척으로 구성된 그리스 해군 '우익'은 공식 총사령관 지위에 있는 스파르타인 에우리비아데스가 지휘했다. 그러나 그는 바다에 익숙하지 않은 스파르타인이었고 게다가 스파르타 배는 고작 16척에 불과했다. 이 우익의 실제 지휘는 배 30척으로 참전한 아이기나 사령관이 맡기로 했다. 이 인사에 대해 스파르타는 이의를 제기하지 않았다. 바다에는 익숙하지 않아도 스파르타 남자들은 누구나 전사였다. 그들은 전쟁터에서 내는 성과가 지휘자 능력에 달렸다는 것을 완벽하게 이해하는 남자들이었다.

그리스 해군의 '좌익'은 중무장 보병에서 노를 젓는 선원까지 모두 아테네 시민으로 이루어진 180척에 난민 지원병을 태운 아테네 배

20척을 더해 200척으로 구성된 주력인 순수한 아테네 해군이 맡았다. 지휘는 물론 테미스토클레스가 맡았다. 그리스 해군의 사실상 최고사령관인 테미스토클레스의 생각은 우익이 적의 이오니아 해군과 싸우고 있을 때 자신이 지휘하는 200척으로 페니키아의 300척을 포위하는 것이었다. 따라서 그리스 해군에서 이 '좌익'이 가장 복잡하고 대담하게 움직여야 했다. 그러니까 44세 아테네 남자는 자기 군대의 주력으로 적군의 주력과 맞서 싸우려고 했다.

페르시아 해군은 지중해 세계의 상식에 따르면 페니키아 해군을 가리키는 말이었다. 페르시아 왕 크세르크세스가 보는 앞에서 페니키아 배 300척을 괴멸하면 강렬한 충격을 받을 터였다. 따라서 테미스토클레스가 생각한 전략에서 스파르타와 아이기나에 맡긴 '우익'이 적인 이오니아 해군을 놓쳐도 크게 문제될 것이 없었으나, 그가 거느린 '좌익'은 적 페니키아 해군에 절대로 도망칠 길을 내주어서는 안 되었다. 압도적인 승리를 거두어야 했다. 테미스토클레스는 한 달 전 아르테미시온 곶 앞바다에서 벌어진 해전처럼 이긴 것도 아니고 진 것도 아니게 되면 침공한 페르시아 군대와 참된 의미에서 맞서 싸운 것이 아니라고 생각했다. 그는 승리를 위해 온갖 방법을 사용했다.

귀국한 아리스티데스에게도 중요한 임무를 맡겼다. 살라미스 섬과 아테네가 있는 본토 사이에 프시탈리아라는 작은 섬이 있다. 프시탈리아는 평소에 근해어업을 하는 어부밖에 들르지 않는 섬이지만 테미스토클레스의 전략에서는 중요한 역할을 맡았다. 페르시아 해군의 좌익과 우익이 이 섬 양쪽으로 지나 좁은 살라미스 만 내로 들어와야 테미스토클레스가 세운 전략이 효과를 발휘할 수 있었다. 그런데 프시탈리아는 페르시아 군대가 팔레론에 집결한 이후 페르시아 병사들에 의해 장악된 상태였다.

아리스티데스에게 부여한 임무는 중무장 보병 부대를 이끌고 이 작은 섬에 있는 페르시아 병사를 몰아내는 것이었다. 심리적인 효과도 계산한 작전이었다. 그리스 쪽이 이 섬을 탈환했다는 사실이 알려지면 페르시아는 이를 만회하기 위해 섬 옆을 통과해 살라미스 만 안으로 들어올 터였다. 즉 프시탈리아 탈환 작전은 페르시아 해군을 살라미스 만으로 유인하는 책략이었다. 그리고 이 전략은 이상하리만큼 쉽게 성공했다.

기원전 480년 9월 23일, 페르시아 해군 800척이 떠오르는 아침 해를 오른쪽으로 등진 채 쏟아지는 햇살을 받으며 팔레론을 떠났다. 그러고는 우익과 좌익으로 나뉘어 프시탈리아 섬 동쪽과 서쪽을 지나 살라미스 만을 향해 북상하기 시작했다. 배가 많았기 때문에 좌익과 우익 모두 3열 종대를 이뤄 항해했다. 그리스 해군도 살라미스 만을 뒤로했다. 이들은 우익이 앞서고 좌익은 그 뒤에 포진하는 2열 종대로 진형을 취했다.

페르시아 해군은 프시탈리아를 통과할 무렵에 전투가 시작될 것으로 생각했을 것이다. 그런데 자기들을 향해 오던 그리스 해군 우익이 프시탈리아 섬 앞에서 방향을 바꿔 페르시아 해군 우익에 옆모습을 보이며 왼쪽으로 틀어서 그대로 살라미스 만 안쪽으로 향했다. 페르

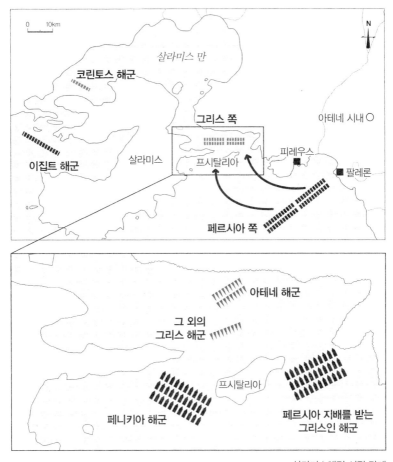

- 살라미스해전 시작 단계

시아 해군 우익은 그리스 함대가 도망친다고 생각해 그 뒤를 쫓기 시작했다. 그러나 이들은 그리스 해군의 선두에 있던 135척의 배가 다시 오른쪽으로 선회하기 시작했다는 것을 알아차리지 못했다.

아테네 배 200척으로 이루어진 그리스 해군 선두에서 좌익을 이끄는 갤리선에 테미스토클레스가 타고 있었던 것이 분명하다. 2열 종대에서 뒤따라오는 모든 배는 총사령관이 탄 배인 '기함旗艦'을 보면서 움직이기 때문이다.

그리스 해군의 좌익도 앞서간 우익처럼 오른쪽 뒤쪽으로 접근하는 페니키아 해군에 옆모습을 보이면서 왼쪽으로 방향을 틀었다. 그러나 그 이후는 우익보다 복잡하게 움직였다. 테미스토클레스가 이끄는 좌익은 우익처럼 살라미스 만 안으로 적을 유인했지만 이후부터는 달라졌다. 우익은 유턴이라도 하려는 듯이 크게 왼쪽으로 선회하면서 살라미스 만 안으로 유인한 적을 포위했다.

아테네의 하층 시민으로 구성된 선원들은 테미스토클레스가 부여한 까다로운 임무를 훌륭하게 완수했다. 당시 해전은, 돛을 모두 내린 채 노를 저어 접근해 적선 동체를 향해 그대로 격돌하거나 아니면 쌍방이 노를 저어 접근하다가 노가 부딪칠 정도로 가까워지면 노 대신 칼이나 창을 들고 적선으로 돌입하면서 시작된다. 쌍방이 거리를 두고 싸우는 해전은 대포가 활용되기 시작한 트라팔가르해전 이후의 이야기다. 그 전에는 오랫동안 전쟁터가 바다라는 것만 다를 뿐 육지에서 벌이는 전투와 다를 것 없는 백병전이었다.

배끼리 격돌할 때 테미스토클레스가 고안한 아테네 배의 특색이 힘

그리스인 이야기1

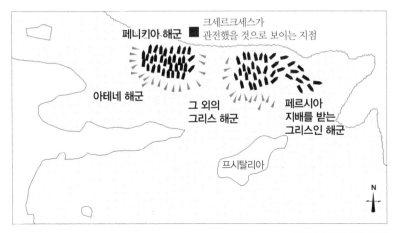

● 살라미스해전 최종 단계

을 발휘했다. 그가 만들게 한 아테네의 삼단 갤리선은 페니키아 배와 비교해서 크기는 작았지만 무게는 더 무거웠다. 무거운 배는 조종하기가 힘들었다. 테미스토클레스는 몇 년 동안 무거운 배에 적합한 조종법을 훈련시켰다. 아테네인은 예로부터 배에 익숙했기 때문에 쉽게 익혔다.

이렇게 아테네 배 200척이 페니키아 배 300척을 살라미스 만으로 유인하는 작전은 성공했다. 그러자 테미스토클레스는 다음 작전을 알리는 신호를 보냈다. 무거운 배의 노를 전력을 다해 저어 대형 페니키아 배의 동체를 향해 격돌하라는 신호였다. 무겁고 큰 쇠구슬을 힘껏 돌려서 던지는 원리와 같았다. 페니키아 배는 크기가 컸기 때문에 명중률도 그만큼 높았다.

페니키아 배 300척은 패닉 상태에 빠졌다. 동지중해를 무대로 삼는 그들의 배는 원래부터 재빠르게 선회하기가 어려웠다. 게다가 살라미스 만 안에서 3열 종대를 이루고 있었다. 적선에 격돌당하지 않아도 뒤에 오는 아군 배와 부딪쳐 침몰하는 경우가 많았다. 반대로 빠르게 선회할 수 있는 아테네 배는 움직일 수 없게 된 적선 사이를 자유자재로 오가면서 배 자체의 무게를 활용해 계속 격돌을 시도했다. 통통하게 살이 오른 소 무리를 에워싼 늑대 무리가 차례로 피의 제전을 즐기는 모습과 닮았다.

만약 135척으로 적 500척과 맞서고 있던 그리스 해군 우익이 열세에 놓였다면 테미스토클레스가 세운 전략과 전술은 효력을 발휘할 수 없었을 것이다. 그리스 쪽 우익이 친 포위망을 뚫고 페르시아 쪽 우익이 페니키아 해군을 포위하고 있는 아테네 배 200척을 외곽에서 다시 포위할 수 있었기 때문이다. 포위하고 있던 아테네 해군이 순식간에 거꾸로 포위될 수 있었다.

그러나 그런 일은 두 가지 이유 때문에 발생하지 않았다.

첫째, 그리스 해군 우익을 지휘하는 명목상 총사령관인 스파르타 장군은 사실상 아이기나에서 참전한 30척만 지휘했다. 아테네가 성장하기 전까지 그리스 도시국가 가운데 바다에 내놓을 수 있는 삼단 갤리선 숫자 면에서 코린토스와 어깨를 나란히 하며 해운국으로서 실적을 자랑한 것은 아이기나뿐이었다. 비록 30척이었지만 그들의 분투는 눈부셨다. 그들은 페니키아 해군을 상대로 싸우고 있는 아테네 해군의 배후로 적선을 한 척도 보내지 않았다.

그리스인 이야기 Ⅰ

둘째, 그리스 해군 우익이 상대한 것은 페르시아 해군 우익이었는데, 실제로는 그리스 배였고 싸우는 상대도 그리스인이었다. 제1차 페르시아전쟁 때문에 페르시아 왕의 지배 아래 들어간 이오니아 지방과 그리스 북부, 에게해 섬들 등 원래 그리스인이 개척한 지역에 살던 사람들이었다. 이들 그리스인이 페르시아 왕 지배 아래 굴복당한 기간은 10년밖에 되지 않았다. 그리고 테미스토클레스는 이들 10년 전의 동료에게 배신하거나 아니면 사보타주를 해도 좋다는 메시지를 보냈었다. 그들이 그 포고문을 읽은 것은 테르모필레전투 결과가 판명난 뒤로, 불과 한 달 전 일이었다.

그들은 500척으로 135척과 대결했는데 결국 이기지 못하자, 괴멸되는 페니키아 배 300척을 버리고 도망쳤다. 그리스 동포를 향한 망설임이랄까 곤혹스러움이랄까, 그런 애매한 감정이 그들의 손발, 무엇보다 그들의 마음을 앞으로 나아가지 못하게 막았을 것이다. 그러나 아테네 배 200척과 페니키아 배 300척이 격돌한 살라미스해전의 주 전쟁터에서는 주저와 곤혹스러움 따위는 존재하지 않았다.

그 모든 일이 절벽 위에서 관전하고 있던 크세르크세스의 눈앞에서 전개되었다. 아마 왕을 비롯한 페르시아제국 중신들이 자리하고 있었을 절벽 위는 해전을 관전하기에 최고의 자리였을 것이다. 눈 아래에서 페니키아 해군과 아테네 해군의 사투가 벌어지고 있고, 왼쪽으로 조금 떨어진 바다에서는 페르시아와 그리스 쌍방의 우익끼리 격전이 전개되고 있었다.

페르시아의 왕 크세르크세스가 이 상황을 어떤 모습으로 보고 있었는지 알려주는 사료는 남아 있지 않다. 그의 분노가 폭발했다고 쓴 사료도 없다. 39세 오리엔트 귀공자는 분노를 폭발시키기보다는 난생처음 절망을 맛보았을 것이다. 가장 기대했던 페니키아 해군이 그의 눈앞에서 괴멸하고 말았다.

역사가들은 '살라미스해전' 결과를 다음과 같이 정리했다.

페르시아 쪽: 침몰하거나 불에 탄 배의 수 300~400척

그리스 쪽: 침몰하거나 심한 손상을 입고 아군 배에 끌려 귀항한 배의 수 40척

전사자와 부상자 합계: 페르시아와 그리스 모두 미상

사령관급 희생자에서도 명암이 갈렸다. 그리스 쪽에서는 전원이 무사히 살아남은 데 비해 페르시아 쪽에서는 총사령관이라는 중책을 맡아 페니키아 기함에 타고 있던 왕의 동생이 전사했다. 39세 페르시아 왕은 어린 동생의 죽음까지 지켜보아야 했다.

기원전 480년 9월 23일에 벌어진 '살라미스해전'은 그리스 쪽의 압승으로 끝났다. 보유한 힘은 열세였지만 그 힘을 훌륭하게 발휘한 쪽이 승리한 전투였다.

전투가 끝나고 양쪽 군대는 각자 기지로 돌아갔다. 페르시아 쪽은 팔레론 항구로, 그리스 쪽은 살라미스 항구로. 당연한 말이지만 귀환한 사람들 표정에는 큰 차이가 있었다. 팔레론에서는 절벽 위에서 관전을 마치고 돌아온 크세르크세스 앞에 사령관 전원이 입을 다물고

있었던 반면, 살라미스에서는 그동안의 여러 불화를 잊은 채 서로를 얼싸안았으니 그중에는 감격의 눈물을 흘리는 사람들도 있었다. 병사들은 훨씬 솔직했다. 살라미스에서 환희의 함성이 퍼져나간 것과 달리 팔레론에서는 천막 앞에 타고 있는 횃불마저 그날 밤에는 기운이 없었다.

그러나 살라미스에서는 테미스토클레스의 명령에 따라 임전 태세를 풀지 않았다. 10킬로미터밖에 떨어지지 않은 팔레론에 여전히 적의 주력이 절반 넘게 남아 있었다. 그리스 해군의 현재 전력과 동일한 규모의 전력이 여전히 건재했다. 마음만 먹으면 이튿날 아침에 설욕전을 펼칠 수 있는 전력이었다.

사실상 총사령관이었던 테미스토클레스는 변함없이 적의 정세를 살피는 정찰병을 보냈고, 만에 정박해 있는 모든 배에는 적군이 공격해 오면 곧바로 싸울 수 있는 준비를 게을리하지 말라고 명령했다. 명목상 총사령관인 스파르타의 에우리비아데스와 별동대를 지휘해서 이집트 해군에 치명적인 타격을 입힌 후 돌아온 코린토스의 아디만토스도 여기에 동의했다.

한편 팔레론에서는 설욕을 논의할 분위기가 아니었다. 주요 전력으로 기대를 모았던 페니키아 해군이 전멸하고 말았다. 게다가 페르시아 왕을 대리해 해군 시휘권을 가졌던 왕의 동생까지 전사했다. 그리스 쪽 우익의 맹공을 받으면서 도망치는 데 성공한 페르시아 배 대부분은 페르시아 왕의 지배 아래에 있는 그리스인 배였기에 크세르크세스는 그들을 신용하지 않았다. 선뜻 설욕전에 나설 수가 없게 되었다.

예상하지 못한 사태에 직면한 페르시아 왕은 하루빨리 그리스를 떠나고 싶은 마음이었을 것이다. 계절도 전투에 적합하지 않은 겨울이 가까워지고 있었다. 그렇다고 '왕 중의 왕'인 그가 꼬리를 말고 도망칠 수는 없는 노릇이었다. 그렇게 말하고 싶어도 입 밖에 내지 못하는 크세르크세스를 향해 중신들 가운데 하나인 마르도니우스가 새로운 제안을 내놓았다.

'해전에서는 패했다. 그러나 육군 전력은 여전히 건재하다. 나에게 맡겨주면 페르시아 지배 아래 있는 테살리아 지방에서 겨울을 난 뒤 이듬해 곧바로 우리에게 유리한 육지에서 전투를 벌여 설욕하겠다'는 제안이었다.

39세 오리엔트 귀공자는 그 제안을 받아들였다. 마르도니우스가 요청한 대로 페르시아 육군의 긍지인 기병 전원을 남겨둘 것을 승인했다. 왕이 가는 곳이면 어디든 따르는 '불사부대' 근위 군단 1만 명도 남겨두기로 결정했다. 기병과 중무장 보병에 더해 20만 명에 가까운 경무장 보병까지 마르도니우스에게 맡기기로 했다. 비전투원까지 포함하면 30만 명이 넘는 대군이었다.

얼굴에 그늘이 내려앉은 크세르크세스를 달래기라도 하듯 말을 꺼낸 사람이 또 하나 있었다. 사령관들 가운데 유일한 여자인 카리아 왕의 미망인 아르테미시아였다. 그녀는 살라미스해전에서 페르시아 우익에서 싸웠지만 패색이 짙은 것을 보고 자기 배 돛대 위에서 휘날리던 카리아 깃발을 아테네 깃발로 바꾸고 전쟁터에서 탈출하는 데 성공했다. 그녀는 왕자들은 자기가 책임지고 배로 에페수스까지 데리고 갈 테니 크세르크세스는 걱정하지 말고 육로로 북상해서 헬레스폰투스 해협을 건너 아시아 쪽으로 돌아가는 것이 좋겠다고 제안했다.

페르시아 왕은 이 제안 또한 받아들였다. 티 나지 않게 철수하려면 되도록 몸이 가벼운 쪽이 좋다. 또 몸이 가벼워야 퇴로도 많아진다. 게다가 크세르크세스 역시 페르시아인이었다. 페르시아인은 땅이 발에 닿지 않으면 불안해지는 민족이었다.

황금으로 만든 옥좌와 주위의 화려한 물건을 비롯해 거치적거리는 모든 것을 배에 실어 아시아 쪽으로 운반하라는 명령을 내렸다. 이 명에 응한 것은 대부분 이오니아 지방과 에게해 섬들에서 참전한 배들이었다. 그들은 되도록 빨리 이 임무를 완수한 후 자국으로 귀환해도 좋다는 명령을 받았다. 39세 페르시아 왕의 머릿속에는 어서 아시아 쪽으로 돌아가고 싶은 생각이 꽉 차 있었을 것이다.

그러나 이는 사실상 페르시아 해군이 해산한 것으로, 이로써 크세르크세스는 중대한 잘못을 저지르고 말았다. 다음 해의 설욕을 기약하며 마르도니우스가 거느리게 된 페르시아 육군이 해군으로부터 보급을 받지 못하는 상태가 되어버린 것이다. '병참'이란 식량을 비롯해 전쟁에 필요한 무기와 무구 등을 수송하고 보급해서 안전하게 전쟁을 치르도록 하는 시스템이다. 그로부터 300년 후 무적이라는 명성을 얻는 로마 군단이 "로마군은 병참으로 승리한다"라고 말했을 정도로 병참은 중요하다. 뛰어난 장군으로 이름난 사람들 가운데 병참을 중요하게 여기지 않은 사람은 없다. 병참을 무시하면 전투에서 이길 수 없다. 현지조달에 의지하면서 병사들의 정신력만으로 종합적인 힘의 결과이기도 한 전쟁에서 이기기를 기대할 수는 없다.

한 나라의 지도자는 그 나라의 최고사령관이다. 크세르크세스에게는 그 지위를 차지할 자격이 없었고, 병참에 대한 배려를 왕에게 요구하지 않은 마르도니우스는 승리를 향한 집념이 부족했다고 말할 수밖에 없다.

승리를 향한 집념이라면 차고 넘치는 사람이 테미스토클레스였다. 페르시아 해군이 사실상 해산했다는 사실을 정찰병의 보고를 듣고 알게 된 그리스 해군의 수뇌부는 살라미스 본진에 모여 다음 행동을 논의했다. 그 자리에서 테미스토클레스는 이런 제안을 내놓았다.

운용할 수 있는 배를 거느리고 곧바로 에게해로 북상해서 페르시아 쪽이 헬레스폰투스 해협을 건너기 위해 설치한 배다리를 잇는 밧줄을 잘라서 페르시아 왕의 귀환을 차단하자는 제안이었다. 스파르타를 대표해 살라미스해전에 참가한 에우리비아데스는 그 계획에 반대했다. '그렇게 하면 페르시아 왕은 절망에 빠질 테고, 절망한 왕은 남아 있는 마르도니우스와 합류할 것이며, 그리스 땅에 머물 수밖에 없는 페르시아 육군은 우리에게 싸움을 걸어 올 것이고, 그러면 우리가 도리어 절망에 빠지게 된다'는 것이었다. 그는 크세르크세스가 아시아 쪽으로 귀환하는 편이 그리스에 유리하다고 주장하며 반대했다.

회의에 참가한 참전국 대표들의 눈이 일제히 테미스토클레스에게로 향했다. 지난 1년은 그리스에 격동의 시간이었다. 이스트미아에서 그리스 도시국가 연합을 결성한 데서 시작해 같은 시기에 벌어진 테르모필레전투와 아르테미시온 곶 앞바다의 해전, 그리고 한 달 후 살라미스해전까지 숨가쁘게 달려왔다. 그리고 그 모든 과정에서 테미스토클레스가 생각하고 세운 전략에 공식 최고사령관인 에우리비아데스를 포함해 참가한 도시국가의 대표 전원이 찬동하고 따랐으며, 그 결과 살라미스에서 압승을 거두었다. 이 전쟁의 최대 공로자가 테미스토클레스라는 사실을 굳이 입 밖에 내지 않더라도 모두 인정하고 있었다. 그런 테미스토클레스가 처음으로 반박을 받은 것이다. 승리의 최대 공로자가 처음 나온 반론에 어떻게 대응할지 모두 호기심 어린 눈으로 바라보았다.

44세 아테네 남자는 몇 초 동안 침묵을 지키다가 입을 열었다.

"나도 에우리비아데스의 의견이 타당하다고 생각합니다."

밧줄을 자르기 위해 북상하려던 계획은 중지되었다. 그러나 테미스토클레스는 그냥 물러날 남자가 아니었다. 살라미스해전에서 포로가 된 사람들 가운데 전사한 페르시아 왕의 동생을 따르던 시종이 있다는 것을 생각해냈다. 테미스토클레스는 그 페르시아인 포로에게 편지 한 통을 건네주며 석방할 테니 왕에게 가서 직접 전하라고 명령했다. 편지에는 다음과 같은 내용이 적혀 있었다.

"그리스 해군 사령관들 사이에는 이번 기회에 수군을 거느리고 북상해서 헬레스폰두스에 가설되어 있는 배다리를 연결한 밧줄을 절단하자는 의견이 지배적입니다. 우리 아테네는 그에 동의하지 않지만 결과가 어떻게 될지 예측할 수 없다는 사실을 알립니다."

오리엔트 귀공자는 테미스토클레스가 놓은 덫에 또다시 걸려들었다. 이제 '왕 중의 왕'의 체면을 유지할 여유가 없었다. 테살리아까지는 마르도니우스가 거느린 페르시아 육군의 보호를 받으며 북상했지만, 그곳에서 겨울을 나는 마르도니우스와 헤어진 다음에는 호위에 필요한 최소한의 부대만을 거느리고 쏜살같이 달려서 마케도니아, 트라키아, 그리스 북부를 횡단해 헬레스폰투스 해협에 도착했다. 물론 대제국 페르시아 왕이기 때문에 철수라고 해도 1만 단위의 병사가 뒤따랐다. 크세르크세스는 그들에게 뒤쫓아 오라고 명령하고는 자기 말을 채찍질해 내달렸다. 팔레론에서 헬레스폰투스까지 45일밖에 걸리지 않았다고 한다. 대제국의 왕이 옆도 돌아보지 않고 달리기만 한 것이다.

배를 붙여서 튼튼한 밧줄로 연결한 배다리가 무사한 것을 눈으로 확인했을 때 비로소 안심했을 것이다. 그러나 안도감을 맛볼 때가 아니었다. 배다리를 건너 아시아 쪽으로 들어가, 이번에는 소아시아 서부를 남하해 사르디스에 도착하고서야 비로소 마음 밑바닥에서 안심할 수 있었다. 광대한 제국의 서북부 꼭대기에 있는 페르시아의 수도 사르디스로 귀환한 때는 12월 초였다고 한다. 불안에 사로잡힌 39세 페르시아 왕의 철수는 마침내 2개월 만에 끝이 났다.

그사이에 테미스토클레스도 불안에는 사로잡히지 않았지만 정신적으로나 물리적으로나 여유가 없었다는 점에서 크세르크세스와 다를 바가 없었다. '스트라테고스 아우토크라토르' 즉 '위기관리 내각의 대표' 지위에 있는 동안 해야 할 일이 산처럼 쌓여 있었던 것이다. 그러나 곧 1년 임기가 끝날 터였다.

테미스토클레스는 먼저 아테네의 요인들과 함께 페르시아 군대가 떠난 아테네를 살펴보았다. 소개시킨 아테네 시민을 초토화된 시가지로 데리고 올 수 없었다. 그리고 페르시아 군대가 아테네에서 철수한 것은 '일단은'이라고 생각할 수밖에 없었다. 떠났다고는 하지만 중부 그리스의 북쪽 절반을 차지하는 테살리아 지방에 페르시아 군대가 여전히 주둔하고 있었다. 테살리아 지방과 아티카 지방은 경계를 맞대고 있지 않았다. 그러나 테살리아와 아테네 사이에 있는 보이오티아 지방의 강국 테베는 테르모필레전투 이후 페르시아 쪽에 가담한 상태였다. 테베가 선도하는 페르시아 군대가 언제 아테네로 들이닥칠지 모르는 상태였다. 따라서 소개시킨 아테네 시민을 곧바로 귀환시킬 수 없었으므로 그 후에도 강제 소개를 계속하기로 결정했다. 또 상황이 그대로 유지되는 한 도시국가 아테네의 수도 기능 역시 살라미스에 소개된 상태로 계속될 수밖에 없었다. 도시국가 아테네의 최고 결정 기관인 시민집회도 살라미스에서 열렸다.

그리고 그해에 반드시 결정해야 하는 중요한 과제가 두 가지나 있었다.

먼저, 다음 해인 기원전 479년에 그리스는 어떤 전략을 취해야 할지 결정해야 했다. 테미스토클레스는 살라미스해전이 '결정타'였다고 확신했다. 그러나 마르도니우스가 거느린 페르시아의 20만 병사가 여전히 그리스 본토에 남아 있었다. 다음 해에 이 페르시아 군대와 벌일 전투에 대비해야 했다. 그 전투야말로 페르시아전쟁의 '마침표'가 될 것이라고 확신했다. 이에 대해 토의하고 결정하는 일은 다시 이스트미아 지협에 모인 20개가 넘는 그리스 도시국가의 대표들에게 맡겨졌다.

그리스에 다행스러운 일은 회의에 출석한 전원이 테미스토클레스가 생각한 전략에 찬성했다는 점이다. 이 전략 또한 테미스토클레스가 제안했으리라고 짐작하는 것은 이처럼 대담한 전략을 세울 수 있는 사람이 그 말고는 달리 없기 때문이다. 테미스토클레스는 승리로 인해 사기가 올라 있는 해군을 투입해 에게해를 단번에 횡단해서 미칼레 곶을 공격하자고 제안했고 이에 참석자 전원이 찬성했다.

미칼레 곶은 사모스 섬과 가까웠다. 이 미칼레 공격에 성공하면 페르시아 해군이 그리스를 공격할 때 집결지로 쓰는 항구가 있는 사모스도 탈환할 수 있게 된다. 이 전략이 성공하면 에게해에서 페르시아인을 일거에 몰아낼 수 있었다.

역시 압승을 거둔 뒤에 여는 회의에서는 과제를 토의하는 일도 부드럽게 진행된다. 게다가 기원전 480년 연말에 열린 회의에서는 기원전 480년 연초에 열린 회의와 달리 어떤 도시국가도 이스트미아의 좁은 지협에서 페르시아 군대와 싸워야 한다고 말하지 않았다. 그것은 스파르타나 코린토스처럼 펠로폰네소스 반도 안에 있는 도시국가도 이스트미아 방위를 위해 주력부대를 투입할 필요가 없어졌기 때문이다.

테르모필레로 300명밖에 보내지 않았던 스파르타는 5,000명을 보

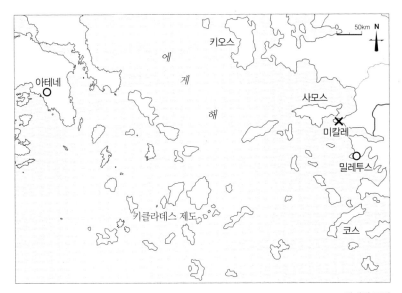

● 에게해 주변

내기로 결정했다. 테르모필레로 병사를 전혀 보내지 않았던 코린토스도 5,000명 출병을 결정했다. 그리고 해상 전력에 전 병력을 투입했기 때문에 테르모필레에 병사를 보낼 여유가 없었던 아테네도 중무장 보병 8,000명을 보내기로 결정했다. 이는 모두가 내년이야말로 '마침표'를 찍겠다고 생각했다는 증거였다.

이때 회의에서는 '커피 브레이크' 시간처럼 유쾌하게 투표가 행해졌다고 사료에 전한다. 그것은 그해, 즉 기원전 480년의 페르시아전쟁에서 최고 공로자가 누구인가를 도시국가를 대표해서 회의에 참석한 사람들이 투표했기 때문이다. 그것은 단순한 투표가 아니라 1위는 누구고 2위는 누구인지를 뽑는 투표였다.

이렇게 되자 다시 그리스인 특유의 성격을 드러내며 20개국이 넘는 참전국은 1위에 자기 나라 배를 거느린 자국 지휘관 이름을 내세웠다. 참가한 배의 숫자가 아테네처럼 200척이든 이와 반대로 1척을 낸 경우든 다를 것이 없었다. 이런 이유로 최고 공로자는 각 도시국가 지휘관의 이름으로 채워졌다. 2위는 참석자 전원이 테미스토클레스에게 표를 던졌다. 아니, 전원은 아니다. 아테네는 1위에는 테미스토클레스에게 표를 던졌고, 2위에는 살라미스해전에서 배 30척을 거느리고 분투했던 아이기나 사령관에게 표를 던졌다. 아테네인의 심정을 생각하면 당연한 일이었다. 아이기나 배 30척이 적 우익의 움직임을 봉쇄해주었기 때문에 아테네 200척이 페르시아 해군의 주력인 페니키아 배 300척을 전멸하는 데 집중할 수 있었기 때문이다.

그렇지만 아이기나와 아테네의 관계가 너무나 그리스식이라서 웃음이 난다. 몇 년 동안 두 나라는 끊임없이 옥신각신했던 것이다. 다만 페르시아에 대적하느라 연합을 결정하면서 잠시 휴전한 상태였다. 이처럼 페르시아 왕이 그리스를 공격한 일은 싸움을 일삼던 그리스 도시국가들을 단결시키는 효과가 분명히 있었다.

기원전 480년이 끝나기 전에 결정해야 하는 또 한 가지 과제는 민주정치를 운용하는 아테네에만 생긴 문제였다. 1년 동안 테미스토클레스는 '스트라테고스 아우토크라토르' 지위에 있었다. 그것은 '위기관리 내각의 대표'이며 얼마 후 공화정 시대의 로마가 만들어낸 임시직 '독재관'과 비슷한 지위였다. 테미스토클레스 스스로 1년 전에 시민집회에 제안하고 시민집회가 가결해서 취임한 자리였다. 뭐든지 혼자 결정할 수 있는 강력한 권력이 부여되었지만 임기는 1년이었다. 이 때문에 테미스토클레스가 행사할 수 있는 강력한 권력도 그해 연말에 끝이 난다. 그러나 '마침표'를 찍기 위해서는 1년이 더 필요했다.

민주정치를 운용하는 국가인 아테네의 최고 결정 기관은 20세 이상 아테네 시민 전원에게 투표권이 있는 시민집회였다. 그러나 아테네의 최고 집행 기관은 '트리부스'마다 1명씩 선출해서 각각 평등한 권리를 가진 '스트라테고스' 10명으로 구성된다. 이런 아테네에서 스트라테고스 10명 가운데 1명이 강력한 권력을 지닌 '스트라테고스 아우토크라토르'에 2년 연속 취임한다면 클레이스테네스가 확립한 민주정치에 역행하는 일이 된다.

살라미스해전이 그리스의 압승으로 끝난 기원전 480년 가을에서 겨울에 걸쳐 여론조사를 했다면 테미스토클레스가 압도적인 지지를 받았을 것이다. 그런 그가 다음 해야말로 페르시아전쟁을 완전히 끝내는 해라는 이유를 대면서 스트라테고스 아우토크라토르에 재취임해야 한다고 주장했다면 시민집회도 압도적인 지지로 가결시켰을 확률이 높다. 그렇게 되면 최고사령관 임무를 계속 맡을 수 있었다. 그러나 44세 아테네 남자는 그렇게 하지 않았다. 시민집회에 제안했다가 부결된 것이 아니라 애초부터 그런 제안을 하지 않았다. 그저 임기가 끝나자 스트라테고스 아우토크라토르를 사임했다.

그러나 다음 해 '스트라테고스'에 선출되지 않았다는 사료가 없기 때문에 그는 아마 10명 가운데 1명으로 선출되었을 것이다. 즉 '내각'의 일원으로 남았다는 말이다. 또 10명 가운데 2명의 선출에 테미스토클레스가 상당히 열심히 관여했던 듯하다. 시민의 지지가 엄청났던 테미스토클레스가 추천했으니, 그 2명은 아마도 쉽게 선출되었을 것이다.

그들은 50세가 된 아리스티데스와 40세가 된 크산티푸스였다. 두 사람 모두 명문 알크마이온 집안에 속해 있어서 온건파로 분류되었고, 제1차와 제2차 페르시아전쟁 사이의 10년 동안 급진파의 지도자였던 테미스토클레스의 정책에 집요하게 반대했다. 테미스토클레스는 이 두 사람의 반대를 억누르기 위해 도편추방이라는 강경 수단에 호소하기도 했다. 크산티푸스는 기원전 484년, 아리스티데스는 기원전 482년에 아테네에서 추방되었다. 그러나 국가 존망의 위기에는 모든 인재를 활용해야 한다는 이유로 이 두 사람의 추방 해제와 즉각 귀국을 시민집회에 제안해서 가결시킨 사람도 테미스토클레스였다. 테미스토클레스가 다음 해의 스트라테고스에 두 사람을 추천한 것은 확실한 이유가 있었기 때문이다.

아리스티데스는 10년 전 제1차 페르시아전쟁 당시 테미스토클레스와 함께 아테네의 스트라테고스로서, 마라톤전투에서 총사령관인 밀티아데스를 도와 함께 싸운 사이였다. 적도 예상하지 못한 새로운 전략과 전술을 생각해내는 재능은 없지만 1만 명에 이르는 병사를 통솔하고 승리할 수 있는 능력이 있었다. 테미스토클레스는 아리스티데스에게 스파르타와 함께 싸워야 하는 육상전에서 아테네군의 지휘권을 일임하기로 결심했던 듯하다.

또 한 사람 크산티푸스는 그때까지 전투 실적이 좋지 않았다. 아이기나를 상대로 한 알력조차 해결하지 못했다. 그것이 시민들이 도편추방을 택한 이유기도 했다. 그러나 테미스토클레스는 질질 끌며 옥신각신하는 다툼과 단기전은 별개라고 생각했던 듯하다. 젊은 크산티푸스라면 단기간에 승부하는 전투에서 힘을 발휘하지 않을까? 테미스토클레스는 자기가 전쟁터에 나가지 않아도 다음 해인 기원전 479년 페르시아와 벌일 전쟁을 어떻게 진행할지 사전에 결정했던 것이다. 육상 전투는 아리스티데스에게 맡기고 동시에 진행되는 해상전투인 미칼레 공략에는 40세 크산티푸스를 보내기로 결정했다.

공화정 시대 로마의 '독재관'(임기 6개월)에 영향을 미쳤을 것으로 보이는 '스트라테고스 아우토크라토르'였던 테미스토클레스는 1년이라는 임기 동안 정치나 군사에서 홀로 결정했고 다른 '스트라테고스'의 반대를 허용하지 않았다. 그 지위를 스스로 사임하기는 했지만 다른 사람이 재임할 길을 차단한 테미스토클레스는 남은 재임 기간을 이용해서 다음 해의 전략과 전술까지 결정했다. "쇠는 뜨거울 때 쳐라"는 말처럼 기회를 놓치지 않았던 것이다. 그리고 이를 가능하게 한 데는 역시 살라미스해전의 승리자였다는 점이 크게 작용했다.

그렇다고 해서 살라미스해전을 끝으로 은퇴할 테미스토클레스가 아니었다. 나이 아직 40대 후반이었다. 이렇게 전쟁터를 다른 두 사람에게 맡긴 테미스토클레스에게는 반드시 현실로 이루고 싶은 것이 하나 있었다. 그는 '파괴'하는 전투가 아닌 새로운 '건설'을 꿈꾸었다. 다만 이때 건설이란 그가 아니면, 선견지명이 없는 사람은 생각할 수 없는 그런 것이었다. 테미스토클레스는 살라미스해전의 승리로 획득한 시민들의 압도적 지지가 그 건설에 착수하는 데 도움이 될 것이라고 판단했을 것이다. 아무튼 테미스토클레스는 명예로운 은퇴는 생각도 하지 않는 남자였다. 개인적 성공이라는 이력에는 관심이 없었다. 그것은 다음 임무를 향해 가기 위한 단순한 길에 지나지 않았다.

테미스토클레스는 '스트라테고스 아우토크라토르' 임기가 남아 있는 동안 이 모든 일을 마쳤고, 그 후 처음으로 스파르타의 초대를 받아들였다.

스파르타인은 예로부터 아테네인을 좋아하지 않았다. 그렇다고 싫어한 것도 아니었다. 그저 자기 나라에 나쁜 영향을 미칠 수 있는 위험한 존재로 여겨 가까이하지 않으려고 했다. 전체 주민 중 4퍼센트만 시민으로 인정받았고 그들만이 참된 의미에서 '스파르타인'이었다. 그 외 페리오이코이나 헬롯에게는 시민의 권리를 인정하지 않는 스파르타였다. 스파르타는 소수가 지배하는 '과두정치'를 오랫동안 유지해왔다. 당연히 같은 그리스인이면서도 다른 도시국가 사람들에게는 문호를 개방하지 않는 폐쇄적인 사회구조를 바꾸려고 하지 않았다.

한편 아테네에서는 솔론이 인권 존중을 바탕으로 주도한 개혁에서 시작해 수입에 따라 시민의 계급을 나누기는 했지만 국정 참여 권리라는 점에서 차별이 없는 방향으로 변해왔다. 아테네에서는 무산계급도 당당한 한 표의 권리를 지닌 유권자였다. 게다가 살라미스해전에 노를 젓는 선원으로 참가하면서 기세가 더 당당해졌다. 게다가 테미스토클레스가 그들의 확고한 지도자였다.

스파르타 남자들은 순수한 전사로서 살았다. 그래서 전쟁터에서 총사령관 능력을 정확하게 판단할 수 있는 남자들이었다. 그런 스파르타인이 아테네인을 공식 초대했다. 스파르타인의 관점에서 볼 때 아테네의 지도자였기 때문이 아니라 발군의 전략과 전술을 구사하는 사람이었기에 테미스토클레스를 초대한 것이다. 그래서 테미스토클레스는 스파르타에서 엄청난 환대를 받았다.

스파르타인은 실질과 강건함을 좋아하는 사람들이었다. 테미스토클레스가 가는 길에 사람들이 던지는 꽃가루가 날리는 일은 없었다. 그러나 왕족 전원이, 장로부터 현역까지 모든 전사가 희고 긴 옷을 입고 마중 나온 모습은 장관이었다. 신전 앞 광장에 마련된 환영 자리에는 아직 전사 수업을 받고 있는 소년들도 참가했다. 그들은 아테네의 최고사령관을 동경 어린 눈으로 바라보았다. 같은 그리스인이지만 동지라고 쉽게 말할 수 없었던 스파르타에서 아테네인 테미스토클레스는 가는 곳마다 동경의 눈길에 휩싸였다. 그는 스파르타 청소년에게 우상이 되었다.

테미스토클레스는 스파르타를 방문했을 때 유달리 이목이 수려한 한 청년을 소개받았다. 그는 왕족으로 태어나 테르모필레에서 장렬히 최후를 마친 레오니다스의 조카였다. 나이는 다음 해에 34세가 되므로 테미스토클레스보다 열한 살 젊었다. 테미스토클레스는 스파르타 남자치고는 드물게 상냥한 태도를 지닌 이 청년이 바다의 살라미스해전과 짝을 이루는 육지의 플라타이아이전투에서 자신을 잇는 주인공이 되리라고는 상상하지 못했을 것이다. 각 도시국가는 자국 병사를 지휘할 지휘관을 스스로 결정했기 때문이다.

테미스토클레스는 대대적인 환영을 받고 며칠 뒤 아테네로 돌아왔다. 엄밀하게 말하면 아테네 시내는 초토화되었기 때문에 소개지인 살라미스로 돌아왔다. 스파르타는 귀국하는 테미스토클레스를 위해 막 현역이 된 젊은 중무장 보병 300명을 보내 국경까지 호위하게 했다. 스파르타가 건국된 이래 최고의 예를 갖춘 것이다.

이렇게 해서 테미스토클레스에게, 아니 아테네와 그리스에 격동의 1년이었던 기원전 480년이 끝났다.

플라타이아이전투

아시아로 돌아간 크세르크세스로부터 육군을 일임받은 마르도니우스는 테살리아 지방에서 월동하는 사이에 자기가 맡은 페르시아 군대가 무시할 수 없는 문제를 안고 있다는 사실을 알아차렸다.

첫째, 20만이라는 병력을 모두 지휘할 수 있는 권리가 자기에게 없다는 점이었다. 20만 명 가운데 4만 명은 사르디스 장관이 거느린 군대라고 해도 좋았기에 독자 행동을 할 권리가 인정되었다. 예를 들면 원군 파견을 요청해도 곧바로 응해줄 것이라고 기대할 수 없었다.

둘째, 상당수에 이르는 탈영병이 생겼다. 그것이 당시 페르시아 육군의 실상이었다. 살라미스해전의 영향이 매우 컸다. 아테네 해군의 실력을 보고 그때까지 페르시아 지배 아래 있던 에게해 섬들의 주민 대부분이 그리스 편으로 돌아갈 생각을 했을 뿐 아니라, 에게해와 맞닿은 내륙지방 주민까지 페르시아 왕의 지배에서 벗어나려고 했다. 아직 반란이 일어난 것은 아니지만 그곳에 사는 그리스인의 페르시아 지배에 대한 생각에 변화가 생긴 것만은 확실했다. 탈영병이 끊이지 않은 것은 이런 배경 때문이었다. 밤에 어둠을 틈타 천막에서 도망친 이들은 그리스인 병사들이었다. 고향이 이집트나 메소포타미아 지역인 페르시아 병사들 가운데서는 탈영병이 없었다.

셋째, 해군이 사실상 해체되면서 병참이 기능을 제대로 하지 못했다. 식량 이외의 필수품 보급이 끊어진 것도 문제지만, 환자나 부상자를 맡기거나 전쟁터에서 가져온 필요 없는 물품을 운반하는 일조차 할 수 없었다. 예를 들면 크세르크세스가 사용하라며 남기고 간 페르시아제국의 최고 권력자에게 어울리는 호화찬란한 천막들이 애물단지가 되었다.

크세르크세스는 내심 몸을 가볍게 해서 하루빨리 아시아로 돌아가고 싶었을 뿐이지만 오리엔트 귀공자로서 그와 같은 말을 할 수는 없었다. 다만 "뒤에 남은 너희가 겨울을 쾌적하게 보낼 수 있도록 남겨둔다"라고 말했기 때문에 마르도니우스는 버릴 수가 없었다. 만약 병참 기능이 충분히 가동됐다면 남겨두지 않았을 것이고 마르도니우스도 행군이나 전쟁터에 부피가 큰 짐을 갖고 다닐 필요가 없었을 것이다.

이처럼 분명히 불리한 상황이긴 했으나 마르도니우스에게는 아직 낙관적으로 보면 15만 명, 현실적으로는 12만 명이라는 병력이 있었다. 그들 가운데 1만 명은 기병이었다. 말을 타고 질주하면서 정확하게 화살을 쏘는 페르시아 민족의 긍지인 기병이 있었다. 여기에 페르시아 군대의 핵심인 중무장 보병도 1만 명이 있었다. '불사부대'라고 불리는 왕의 근위 군단으로 페르시아 군대 가운데 최정예 병사들이었다. 크세르크세스는 자기가 가는 곳마다 따라다니는 이 근위 군단마저 마르도니우스에게 맡기고 '철수'했던 것이다. 그 외 대부분은 아시아에서 소집된 보병이었다. 그리스인이라면 주요 전력에 포함시키지 않는 경무장 보병이지만 양으로 압도하는 방식을 활용하는 페르시아 군대에서는 단순한 보조 전력으로 보지 않았다.

기원전 479년, 마르도니우스가 거느린 페르시아 육군에는 그리스인 병사 또한 포함되어 있었다. 주로 페르시아 지배를 받는 소아시아의 이오니아 지방과 그리스 북부 트라키아 지방에서 온 그리스인이 많았는데, 그 가운데 마르도니우스가 유일하게 신임한 것은 중부 그리스의 도시국가 테베에서 온 병사들이었다.

테베 병사가 유달리 용감했던 것은 아니다. 그들은 테르모필레전투 막바지에 레오니다스 왕과 그가 지휘하는 스파르타 병사 300명을 버리고 페르시아 왕에게 항복했다. 그 후 테베 병사는 남하해서 아테네를 초토화할 때 페르시아 군대의 선봉을 맡았다. 이번이야말로 스파르타가 본격적으로 군대를 파견한다는 것을 알았을 때 테베 남자들은 자신들을 기다리고 있는 운명을 깨달았을 것이다. 스파르타인이라면 테르모필레를 절대 잊지 않을 것이다. 그들 앞에 놓인 운명이 싸우다가 죽거나 포로가 되어 살해되거나 둘 중 하나라는 것을 너무나 잘 알고 있었다.

테베는 중부 그리스 도시국가들 가운데 강국이었지만 아테네나 스파르타, 코린토스와 어깨를 나란히 할 정도의 강국은 아니었다. 인구도 2,000명이 참전할 수 있을 정도 규모였다. 그렇지만 마르도니우스가 테베에 우익을 맡길 수밖에 없었던 것은 다른 병사들이 대부분 용병이었기 때문이다. 돈으로 고용되어 싸우는 것이 직업인 사람들이었다. 시민개병인 그리스 도시국가에는 용병이라는 개념이 없었다. 그러나 전제군주제를 택한 페르시아에서는 용병제도가 보편적이었다. 이 또한 옥시덴트(서방)인 유럽과 오리엔트(동방)인 아시아의 차이 가운데 하나였다.

월동 중 많은 난제 앞에서 머리를 감싸 쥐었을 마르도니우스에게 번뜩 떠오르는 생각이 하나 있었다. 마르도니우스는 생년이 불분명해서 몇 살인지 상상할 수밖에 없지만 페르시아제국에서 중책을 맡는 것은 왕족이 아닌 한 상당한 나이에 이른 사람이었음을 토대로 추정하면 50대가 되었을 것이다. 그렇다면 10년 전 제1차 페르시아전쟁 당시 마라톤전투에 참전했는지는 분명하지 않지만 그 전투를 알고는 있었을 것이다. 그 전투에서 함께 싸우기로 했던 스파르타 군대가 전쟁터에 늦게 도착하는 바람에 2만 5,000명 페르시아 군대와 싸워서 이긴 것은 아테네 병사 1만 명이었다. 또 살라미스해전 전날 밤 테미스토클레스가 크세르크세스에게 보낸 '아테네가 단독으로 강화를 맺을 수 있다'는 가능성을 내비치는 편지도 있었다. 이 두 가지를 기억해낸 마르도니우스는 봄이 막 시작된 무렵 아테네의 소개지인 살라미스에 있는 아테네 정부에 단독강화를 제안했다.

중개 역할을 맡은 것은 페르시아 왕으로부터 '땅과 물' 요구를 받아들여 속국이 되었지만, 그 요구를 단호하게 거부한 아테네와 나쁘지 않은 관계를 맺고 있던 마케도니아의 왕이었다. 물론 마르도니우스의 의도는 명확했다. 스파르타를 비롯해 다른 그리스 도시국가들과 아테네 사이를 찢어놓으려는 것이었다. 아테네가 페르시아 쪽에 서지 않더라도 중립을 지켜주면 현재 페르시아 군대로 충분히 승리할 수 있다고 생각했던 것이다.

목을 베어버릴 수 없는 지위에 있는 중개인이 가져온 단독강화 제안은 테미스토클레스와 아리스티데스, 크산티푸스가 포함된 '스트라테고스'(그해의 군사령관) 10명 앞에 제출되었을 것이다. 아테네는 민주 정치 국가였다. 테미스토클레스가 '독재관'과 유사한 지위에서 내려온 뒤 그전의 집단 합의제로 되돌아갔다.

마르도니우스가 제안한 단독강화 내용은 다음과 같았다.

첫째, 지난해에 있었던 페르시아 왕에 대한 많은 모욕 행위를 용서하고 그 책임을 누구에게도 묻지 않는다.

둘째, 아테네가 페르시아와 전투가 개시된 이후 잃은 모든 영지와 권익을 반환한다.

셋째, 차후 도시국가 아테네의 완전한 독립과 자치를 페르시아 왕이 인정한다.

넷째, 페르시아 군대 때문에 불탄 모든 신전의 재건 비용을 페르시아 쪽에서 부담한다.

다섯째, 단독강화 후 페르시아와 아테네의 관계는 자유롭고 평등한 입장에서 제휴 관계(파트너십)를 유지한다.

이것을 읽은 아테네의 '스트라테고스' 10명은 아마 웃지 않았을까? 무엇보다 적의 분열을 도모할 목적으로 세운 전략이라면 패배를 맛본 전투 이후에 할 일이 아니었다. 또 살라미스해전 전날 밤에 테미스토클레스가 페르시아 왕에게 편지를 보내 단독강화의 냄새를 풍긴 것은 어디까지나 양동작전 중 하나였다.

사전에는 '양동작선'에 대해 이렇게 나와 있다.

"적이 작전의 참된 의도를 오인하게 만들기 위해 그와는 관계없는 행동을 해서 적의 생각을 교란하는 방법."

이 작전은 살라미스해전 전날 밤의 크세르크세스에게 효과가 있었는데 다음 해의 마르도니우스에게도 여전히 효력을 발휘했다.

아무튼 사령관 10명은 토의조차 하지 않았을 것이다. 회답이 정해져 있었기 때문이다. 테미스토클레스를 제외한 9명은 곧바로 거부 의사를 전하자고 했다. 그러나 테미스토클레스는 숙고한 끝에 회답하자고 말했다. 페르시아 쪽의 이 제안을 스파르타를 상대로 활용할 작정이었기 때문이다. 마르도니우스가 보낸 단독강화 제안을 동맹관계에 있는 스파르타에 알려야 한다는 주장이었다. 요컨대 늘 결단이 늦고 행동을 옮기는 데 뒤처지는 스파르타의 엉덩이를 두드리는 데 활용하려고 한 것이다.

스파르타는 두 왕이 통치하는 '디아르키아'라고 불리는 제도를 채택한 나라인데 두 왕에게 부여된 책무는 군사 지휘뿐이었다. 어느 나라와 전쟁할지, 그 경우 어느 규모로 군대를 보낼지는 시민집회에서 매년 5명씩 선출하는 '에포로스(감독관)'가 결정했다. 비인간적인 집단생활을 10년 이상 보내고 성년이 되면 중무장 보병이라고는 하지만 병사 경험밖에 없는 사람들이 선출한 5명이 결정하는 것이다. 사령관을 경험한 적이 없다는 의미는 모든 책임을 혼자서 감당한 경험이 없다는 뜻이었다.

또 늘 5명의 합의제를 운용했다. 늘 결단이 늦고 행동과 명령이 지체되는 것은 이 제도 때문이었다. 어쨌든 출전을 결정하자 스파르타 군대는 밤낮을 가리지 않고 강행군을 했다. 평균속도는 하루 70킬로미터였다.

비록 스파르타와 함께 싸우는 아테네였지만 그런 상대의 사정을 동정해줄 처지는 아니었다. 특히 그해의 '스트라테고스'에 이름을 올린 아리스티데스와 크산티푸스는 10년 전 마라톤전투가 일어났을 때도 '스트라테고스'였다. 당시 이들은 스파르타 군대의 도착을 기다리고 있었지만 오지 않아 어쩔 수 없이 스파르타 군대를 무시하고 전투에 돌입해야 했던 총사령관 밀티아데스를 가까이에서 지켜본 사람들이었다. 마라톤전투의 전철을 밟지 않기 위해서는 스파르타의 결단을 재촉하는 데 도움 되는 것이라면 페르시아에서 온 단독강화 제안이든 뭐든 활용한다고 해서 이상할 것이 하나도 없었다. 테미스토클레스가 제안한 이 새로운 양동작전에 다른 9명은 웃으면서 동의했을 것이다. 그리고 이 또한 성공했다.

마르도니우스는 숙고한 뒤에 회답하겠다는 아테네의 말을 듣고 당황했다. 그는 대군을 움직일 수 있는 봄이 되자 곧바로 페르시아 군대를 남하시켰다. 단숨에 아테네 시내까지 진입했다. 아테네의 회답이 그에게 좋은 방향으로 나오리라 기대하고 있었기 때문이다. 그런데 주민은 소개된 상태고 정부 또한 살라미스에 소개 중인 아테네 쪽은 꼼짝 하지 않았다. 여전히 '숙고'하고 있었다. 그사이에 행동으로 나선 것이 스파르타였다. 그것은 이제까지 오랫동안 스파르타가 견지해온 일국 방어주의, 일국 평화주의를 깨뜨린 일이었다.

그런데 왜 스파르타는 리쿠르고스 이후 200년 이상 지켜온 국가 헌법이라고 해도 좋을 일국 방어주의, 일국 평화주의를 바꿀 생각을 했을까. 아테네인과 달리 스파르타인은 역사뿐 아니라 기록조차 남기지 않았다. 그래서 학자들은 추측할 수밖에 없는데 변화의 요인으로 몇 가지를 생각해볼 수 있다.

첫 번째 이유는 그들이 테르모필레전투에서 레오니다스와 300명 병사가 전멸한 것을 의외로 담담한 마음으로 바라보았다는 점이다. 남자 중의 남자라는 느낌을 주는 레오니다스가 거느린 스파르타 병사 300명의 장렬한 죽음이 그 무엇보다 스파르타 남자들의 자긍심을 일깨웠을 것이다. 물론 다른 도시국가의 그리스인들도 가슴이 뜨거워지는 일화였다. 2,500년이 지난 현대에도 스파르타라고 하면 '테르모필레의 레오니다스와 300명의 병사'가 떠오를 정도다. 이를 주제로 해서 만화나 영화까지 만들어졌다. '300'이라고 하면 2,500년 후에도 통용된다는 것이 놀랍다. 물론 영화에서 레오니다스가 좀 젊게 나왔다는 점이 눈에 띄기는 한다.

그러나 그 당시로 돌아가면 이야기는 달라진다. 두 달을 견뎌주기를 기대하며 보낸 그들은 일주일 만에 전멸하고 말았다. 군사 관점에서 보면 '패배'일 뿐이다. 그로부터 한 달 후 벌어진 살라미스해전에서마저 패배했다면 제2차 페르시아전쟁은 그리스의 완패로 끝나고 말았을 것이다. 만약 그랬다면 좁은 지협 이스트미아에 세운 이중벽쯤이야 양으로 압도해 승리를 거듭하는 페르시아 군대 앞에 쉽게 무너졌을 것이다. 또 펠로폰네소스 반도는 페르시아군이라는 거친 쓰나미에 휩쓸려 도시와 그곳에 사는 사람들까지 일소되고 말았을 것이다. 건국 이후 한 번도 타국의 지배에 굴복해본 적 없는 스파르타도 페르시아 왕의 '땅과 물' 요구를 받아들일 수밖에 없었을 것이다.

'생각'이라는 정신적 행동을 토론하기 좋아하는 아테네인의 것이라고 여긴 스파르타인이 이번에는 '생각'을 했다. '스파르타는 페르시아와 같은 적으로부터 홀로 스스로를 지킬 수 없다. 다른 도시국가, 특히 그중에서 아테네와 공동전선을 이루지 않으면 스파르타의 존립이 어렵다'고 생각했다. 이런 참에 페르시아가 아테네에 단독강화를 제안했다는 소식에 스파르타는 당연히 충격을 받았다. 아테네가 전선에서 이탈하면 남는 것은 스파르타뿐이었다. 스파르타 홀로 페르시아를 상대로 이길 수 없었다. 적어도 10만 명 넘게 출전할 수 있는 페르시아에 맞서 스파르타가 보낼 수 있는 병력은 그 10분의 1밖에 되지 않았다. 옥쇄는 아름답고 감동적이다. 기원전 5세기 당시 스파르타 남자들은 최후의 수단으로 옥쇄를 감내할 기개는 충분히 있었다. 그러나 그 전에 승리하기 위해 온 힘을 쏟아야 한다고 생각한, 단순하면서 정직한 남자들이었다.

기원전 479년, 스파르타가 방침을 바꾼 두 번째 이유는 스파르타 국내의 분위기가 변했기 때문일 것이다. 모든 국정에 일일이 간섭하는 것이 자기들에게 부과된 임무라고 믿고 있는 '에포로스(감독관)' 5명이 위아래로 압력을 받으면서 방침을 전환한 것이 아닐까 생각해본다. '위'는 최전선에 서서 군의 지휘만 맡을 뿐 그 외 국정에 관여할 수 없는 왕족으로 태어난 남자들을 가리킨다. '아래'는 초대받고 찾아온 테미스토클레스를 뜨거운 눈길로 바라보던 스파르타의 젊은 전사

도시국가	중무장 보병 (주요 전력)	경무장 보병, 기타 (보조 전력)	계
스파르타	10,000명 (5,000명: 스파르타 시민) (5,000명: 페리오이코이)	35,000명: 헬롯 (스파르타 시민인 중무장 보병 1명에 시종 7명이 따름) 5,000명: 페리오이코이 1명에 페리오이코이 1명이 따름	50,000명
아테네	8,000명	800명: 궁수 8,000명: 중무장 보병 1명에 1명씩 따름	16,800명
코린토스	5,000명	5,000명: 중무장 보병 1명에 1명씩 따름	10,000명
메가라	3,000명	3,000명: 중무장 보병 1명에 1명씩 따름	6,000명
시키온	3,000명	3,000명: 중무장 보병 1명에 1명씩 따름	6,000명
19개 중소 도시국가	9,700명: 150~200명까지 국력에 따라 참전	1,800명: 경무장 보병	11,500명
24개국 합계	38,700명	61,600명	100,300명

- 기원전 479년(제2차 페르시아전쟁 2년째) 그리스 도시국가 연합의 육군 전력

들을 말한다. 그들이 보기에 마라톤과 살라미스에서 페르시아와 싸워 이긴 것은 아테네였다. 스파르타는 마라톤에 하루 늦게 도착해 불참했고, 살라미스에는 16척만 파견했기 때문에 사실상 불참과 다를 것이 없었다. 테르모필레에는 300명밖에 보내지 않은 탓도 있지만 어쨌든 옥쇄로 끝났다.

그것은 참된 스파르타가 아니라 스파르타의 불명예라고 위아래에서 압력이 들어왔다. 그러자 스파르타를 스파르타답게 만드는 것이 자기네 임무라고 믿어 의심하지 않던 에포로스도 방침을 전환할 수밖에 없었을 것이다. 이렇게 생각하지 않으면 설명할 수 없을 정도로 그

그리스인 이야기 I

해에 스파르타가 투입한 전력은 전대미문의 규모였다. 스파르타가 이토록 많은 수의 병사를 펠로폰네소스 반도 바깥으로 파병한 적이 없었기에 그리스인 모두 눈이 동그래졌다.

표에서 몇 가지를 주의 깊게 볼 필요가 있다.

첫째, 해전에서 군선인 삼단 갤리선의 활약이 가장 중요한 것과 동일한 이유로 육전에서 승패는 주요 전력인 중무장 보병의 활약에 달려 있었다. 따라서 표에서 가장 중요한 의미를 갖는 것은 중무장 보병의 수인 3만 8,700명이다. 이 '주요 전력' 이외의 6만여 명은 해전에서 수송선 역할과 비슷하기 때문에 숫자의 정확함은 전황 전개에 큰 의미가 없었다. 적인 페르시아의 12만 병력과 싸워야 하는 것은 4만이 채 되지 않는 중무장 보병이었다.

둘째, 스파르타는 건국 이후 리쿠르고스가 만든 헌법을 지키고 일국 방어주의를 계속 유지해왔다. 다만 그것을 성공적으로 유지하기 위해 경직되고 폐쇄된 사회구조를 변함없이 지켜왔다. 그 결과 인구가 완만하지만 감소했다. 시민개병이라는 점에서 스파르타와 아테네는 다르지 않았다. 그러나 스파르타에서는 시민권을 지배계급에 한정했기 때문에 시민권 소유자 자체는 전혀 늘어나지 않았다. 페리오이코이는 수공업이나 상업, 헬롯은 농업에 전념하고 또한 스파르타에 살고 있어도 스파르타 시민권이 부여되지 않았기 때문에 병역을 부과할 수 없었다. 그들에게 무기를 주면 반란을 일으킬지 모른다는 두려움이 사회 밑바닥에 깔려 있었기에 주요 전력인 중무장 보병이 부족해지는 문제가 발생했다.

스파르타는 리쿠르고스의 헌법을 바꾸지 않으면서 이 어려운 문제를 해결할 수 있는 길을 찾기 위해 어쩔 수 없는 상황이 닥치면 페리오이코이의 일부를 중무장 보병으로 만든다는 정책을 궁리해냈다. 다만 이 남자들은 중무장 보병이 되어도 시민권을 부여하지 않았으므로 '2급 중무장 보병'이었다. 그러나 스파르타의 1급 중무장 보병 부족 현상은 늘 존재해서 2급 중무장 보병의 상근화가 꾸준히 확대되었다.

스파르타는 테르모필레에 1급 중무장 보병 300명을 보내면서 2급 중무장 보병은 하나도 보내지 않았다. 그런데 1년 후 기원전 478년이 되면 1급 중무장 보병 5,000명을 파견하는 데 그치지 않고 2급 중무장 보병 5,000명을 더해 모두 1만 명을 보내기로 결정했다. 본국 방위와 펠로폰네소스 반도 입구에 있는 이스트미아 방위를 위한 병력을 제외한 수치였다. 이런 파병 규모는 해군이 주도하는 전투를 동시에 진행시켜야 해서 8,000명을 파병하는 것이 한계라고 전한 아테네에 대한 경쟁심에서 비롯했다. 또 기원전 478년에는 반드시 자기들 힘으로 이기겠다는 결의를 보여주는 증거기도 했다.

표에서 주의 깊게 살펴보아야 할 세 번째 요소는 중무장 보병 1명에 따라붙는 시종의 수다. 아테네에서는 1명뿐이다. 그 1명도 해전이되면 제로가 된다. 아테네 군선에도 순수 전투 요원인 중무장 보병이 승선하지만, 테미스토클레스 이후 해군을 중시하게 된 아테네에서는 시종보다는 배의 모터 구실을 하는 노 젓는 선원을 한 사람이라도 더태우는 쪽으로 방침이 바뀌었다. 또 코린토스와 다른 도시국가들에서도 시종들이 중무장 보병을 졸래졸래 따라다니는 광경을 볼 수 없게 되었다. 그런데 스파르타에서는 중무장 보병 1명에 헬롯 7명이 시종으로 배속되었다. 시민권을 가진 1급 중무장 보병이 스파르타 사회에서 어떤 위치에 있는지를 잘 보여준다. 그들이야말로 자타 공인 그리스 최강의 군사 국가를 구성하는 스파르타의 핵심이었다. 그런 엘리트 중 엘리트를 5,000명이나 투입했기 때문에 한 번 패하면 다시 일어설 수 없을 터였다. 제2차 페르시아전쟁 2년째를 맞이한 스파르타는 이번에야말로 반드시 이기겠다는, 그것도 스파르타의 힘으로 이기겠다는 의지를 불태웠다.

앞의 표를 보면서 민감한 독자라면 또 하나 특이한 사실을 알아차렸을 것이다. 그것은 주요 전력인 중무장 보병만으로 4만여 명에 이르는 그리스 도시국가 연합군의 병력 가운데 기병이 표시되어 있지 않다는 점이다. 기병이란 기사에 더해 말과 마구·마부·시종을 포함한 전력인데, 군주정치를 운용하는 나라에서는 귀족들이 담당했다. 그 때문에 기병 활용은 페르시아 쪽이 앞섰다. 한편 시민이 주권자인 그리스 도시국가에서는 사회구조 때문에 기병 운용이 쉽지 않았다. 부유계급이 기사계급으로 불렸지만 부자의 숫자가 적었기에 그리스에서는 기병을 독립된 전력으로 보지 않았다. 그리스에서 페르시아조차 알아차리지 못했던 기병의 최대 특징인 기동력에 주목해서 그것을 완벽하게 활용한 것은 그로부터 150년 후의 일이었다. 그리스 기병의 본격적인 등장은 마케도니아의 젊은 군주 알렉산드로스 때까지 기다려야 했다.

기원전 5세기 당시 그리스에서는 기병을 전력으로 편입할 수 없었다. 이는 기원전 479년에 벌어진 페르시아와 그리스의 전투가 기병과 경무장 보병으로 공격해 오는 페르시아 군대에 중무장 보병을 주축으로 한 그리스 군대가 맞서 싸우는 형태였음을 의미한다.

그런데 그리스 군대를 지휘할 사람이 아직 정해지지 않았다. 아테네의 8,000명은 51세가 된 아리스티데스가 지휘하기로 결정했다. 반면에 페르시아에 대항하기 위해 단결한 그리스 도시국가 연합은 이스트미아에서 열린 첫 번째 회의에서 이미 육해군 모두 스파르타인이 총사령관을 맡기로 결정했다. 전년도의 살라미스해전에서도 아테네에서 참전한 배가 압도적으로 많았지만 공식 총사령관은 스파르타인이었다. 이번에 스파르타는 '2급 중무장 보병' 5,000명을 더해 육군 1만 명을 참전시켰다. 명목으로나 실제로나 스파르타 장군이 그리스 육군의 총사령관이 되는 데 이론의 여지가 없었다. 그런데 스파르타에서 인선을 하는 데 시간이 걸렸다. 한마디로 말하면 사람이 없었다.

2인 왕을 모시는 국가체제(디아르키아)를 오랫동안 채택한 스파르타는 두 왕이 늘 재위에 있었다. 두 왕은 건국 이래 오랜 역사를 자랑하는 두 명문에서 나왔다. 그 두 가문에서 태어난 남자 가운데 왕위 계승 순위가 높아 보이는 남자는 일종의 제왕 교육을 받으며 자랐다. 보통 시민의 자제와 달리, 7세부터 시작되는 집단생활을 하며 무술만을 배우지도 않았고, 20세 때 강제로 이루어지는 야만적이고 비인간적인 통과의례도 치르지 않았다. 다만 일단 왕위에 오르면 스파르타 전사들을 통솔하고 최전선에 서서 스파르타의 안전을 사수하는 것이 이들에게 부과된 책무였다.

나는 '스파르타 왕'이라는 말을 들으면 반사적으로 아프리카 초원에 사는 수사자의 모습이 떠오른다. 암사자 몇 마리와 어린 사자 몇 마리에 에워싸인 수사자의 일상은 얼핏 보기에 편안해 보인다. 사냥은 암사자들이 하지만 사냥물을 가장 먼저 먹을 권리는 수사자에게 있으며, 새끼를 키우는 것도 암사자들 몫이다. 수사자는 낮잠만 자는 듯이 보인다.

그런데 암사자보다 수사자의 수명이 짧다. 수사자에게는 암사자 무리를 빼앗기 위해 습격해 오는 다른 수사자를 격퇴해야 하는 중요한 책무가 있고, 종종 목숨을 걸고 지킨다는 '사수'라는 표현이 어울릴 정도로 격렬한 전투를 치러야 하기 때문이다. 수컷이 두 마리인 무리도 적지 않은데 그 또한 '디아르키아(이두정치)'라고 생각한다. 스파르타 왕들의 수명 역시 외적의 침입 빈도에 좌우되었다. 페르시아전쟁 중에는 특히 심했다.

테르모필레에서 스파르타 왕들 가운데 하나인 레오니다스가 전사했다. 그 뒤를 이어 전쟁터에서 죽은 것은 아니지만 그해 연말에 또 다른 왕 클레옴브로토스가 이스트미아에서 회의를 마치고 귀국한 직후 사망했다. 이것으로 스파르타는 왕이 없는 상태가 되었다. 왕이 둘인데도 이런 일이 벌어진 셈인데, '스트라테고스'가 10명인 아테네가 예비 인력이 많다는 점에서 더 뛰어난 것 아닌가 생각될 정도다.

어쨌든 왕이 없더라도 누군가 스파르타 병사를 지휘해야 했다. 그러나 군대를 지휘하는 것은 왕이 아니면 안 되었다. 기원전 479년 스파르타 군대는 이번에야말로 작정하고 나섰기에 전대미문의 대규모 전력이었다. 그들을 거느리는 사람은 자국민과 다른 그리스인들까지 납득할 수 있는 인물이어야 했다.

파우사니아스가 선출된 것은 그가 다음 왕으로 결정되었기 때문이 아니었다. 오히려 그는 왕위에 오르지 못할 확률이 상당히 높았다. 그러나 파우사니아스는 전왕인 클레옴브로토스의 아들이었고 또 한 사람의 전왕인 레오니다스의 조카였다. 게다가 레오니다스의 아들로서 다음 왕으로 결정된 남자가 아직 소년이었기에 파우사니아스는 그 소년이 성년이 되기까지 돌봐주는 역할을 맡은 후견인에 불과했다. 그래도 그는 왕족의 일원이었다.

나이는 전년 겨울에 스파르타를 방문한 테미스토클레스와 만났을 때 33세여서 기원전 479년에는 34세가 되었다. 이전에 두 왕이 건재할 때 전쟁터에서 실적이 있었을지 모르지만, 알려진 바는 따로 없다. 적어도 일군을 거느리고 싸운 전투 경험은 없었다. 무리의 우두머리가 되리라 전혀 예상하지 않았던 젊은 수사자가 왕이 모두 사라지는 바람에 우두머리가 된 느낌이 없지 않다.

아무튼 스파르타 내부에서는 소년 왕의 대리로 받아들여졌고, 다른 그리스인들에게는 테르모필레에서 장렬한 최후를 맞이한 레오니다스의 원수를 그의 아들을 대신해 조카가 갚는다는 모양새를 갖춰 납득이 가는 인사가 되었다. 이런 사정으로 34세 스파르타 젊은이의 재능은 누가 보아도 미지수였다. 그러나 이 인선을 주도한 '에포로스' 5명에게는 미지수인 젊은이에게 1만 병사를 맡겨 보낼 용기가 있었다. 그렇지만 한편으로 그 젊은이가 스파르타인의 틀에서 크게 벗어난 인간임을 꿰뚫어볼 능력은 없었던 듯하다.

테르모필레에서 옥쇄한 레오니다스는 전형적인 스파르타 남자였다. 그런데 그의 조카인 파우사니아스는 달랐다. 그는 옥쇄에 대해 생각하지 않았다. 아니 생각하는 것 자체가 허용되지 않았다.

파우사니아스는 직접 지휘하는 스파르타 중무장 보병 1만 명뿐 아니라 그리스 병사 4만 명 전원의 생사가 자기 어깨에 걸려 있다는 것을 알고 있었다. 병사들은 총사령관의 죽음 소식을 듣는 것만으로도 무너지기 쉬웠다. 따라서 전군의 지휘를 맡은 젊은 장군은 죽는 것조차 허용되지 않았다. 그에게는 스파르타 전사의 모토인 '전쟁터에서는 싸우든지 아니면 죽든지'의 전반부, 즉 그 절반밖에 허용되지 않았다.

44세에 살라미스에서 승부를 낸 테미스토클레스에게는 10년이라는 준비 기간이 있었다. 34세에 갑자기 무대에 오른, 그것도 주인공으로 등장한 파우사니아스에게는 준비할 시간이 없었다. 그럴지라도 반드시 이겨야 했다. 이 두 사람은 그리스 사람이라는 것 외에 또 한 가지 공통점이 있었다. 둘 다 아테네인과 스파르타인이라는 '틀'에 갇혀서는 승리할 수 없다는 사실을 잘 알고 있었다는 점이다.

기원전 479년 여름, 제2차 페르시아전쟁도 2년째로 접어든 여름에 페르시아 군대아 그리스 군대가 대결할 전쟁터로 플라타이아이가 결정된 것은 페르시아 쪽 총사령관인 마르도니우스가 그것을 원했기 때문이었다. 아시아로 돌아간 크세르크세스로부터 군대를 위임받아 그리스에 남은 마르도니우스는 전제군주국에서 자주 볼 수 있는 궁정인은 아니었다.

그는 무인이었다. 이 페르시아인 또한 적인 그리스 쪽 장군과 마찬가지로 모든 책임을 자기가 짊어지겠다고 각오한 사람이었다.

그런데 그 역시 크세르크세스만큼 중증은 아니었지만 테미스토클레스의 책략에 걸려들었다. 아테네로부터 단독강화 제안에 대한 확답을 받지 못한 채 시간을 보내다가 갑자기 소식을 들었다. 스파르타와 아테네를 주력으로 하는 20개국 이상 도시국가들이 그리스 연합군을 결성했다고. 초토화되었다지만 아테네를 돌려줌으로써 아테네가 떨어져 나가기를 내심 바라던 마르도니우스도 그쯤에서 아마 기대를 접었을 것이다. 남은 것은 전쟁터를 결정하는 일뿐이었다. 그는 왕이 자신에게 군대를 맡긴 진정한 의도를 이해했다. 페르시아 총사령관은 이제 승리해서 살라미스의 패배를 설욕하는 것 외에는 생각하지 않았다.

아마 테르모필레전투 이후 페르시아 쪽에 가담한 테베의 요인들이 제공한 정보를 토대로 했다고 생각하는데, 남쪽에서 올라올 것이 분명한 그리스 군대와 대결할 전쟁터를 중부 그리스에 있는 플라타이아이로 결정한 데는 그만한 이유가 몇 가지 있었다.

그곳이 '플라타이아이 평원'이라고 불리는 것은 평원 서쪽으로 몇 킬로미터 떨어진 곳에 그리스 쪽에 가담해서 싸우는 도시국가 플라타이아이가 있었기 때문이다. 플라타이아이는 연합군에 제공한 병력이 600명이라는 것에서 알 수 있듯 도시국가들 가운데 작은 나라였다. 마르도니우스는 무시해도 좋다고 판단했다. 이것이 첫 번째 이유다.

두 번째 이유는 플라타이아이 평원 중앙에 동쪽에서 서쪽으로 강이 흐르고 있었다는 것이다. 마르도니우스는 이 강의 북쪽에 본진을 설치하고 강을 따라 앞쪽으로 길게 병사들을 안전하게 수용할 수 있는 방책을 쌓으라고 명령했다. 이것으로 페르시아 군대는 물 걱정을 하지 않아도 되었다. 한여름의 그리스에서 물 없이 싸우는 것은 아무리 용감한 사람이라도 불가능한 일이었다.

플라타이아이를 전쟁터로 선택한 세 번째 이유는 마르도니우스가 우세한 보병의 '양'과 그리스 쪽에는 사실상 존재하지 않는 기병을 전투를 결정할 열쇠로 생각했다는 것이다. 아소포스 강은 강이라지만 흐름이 느리고 폭이 좁아서 기병은 물론이고 보병도 쉽게 건널 수 있었다. 마르도니우스는 강의 남쪽 일대를 전쟁터로 삼으려고 했다. 그렇게 되면 남쪽에 펼쳐진 평원의 배후에 이어진 구릉으로 적을 몰아넣을 수 있다고 생각했을 것이다. 몰아넣기만 하면 보병의 '양'과 기병의 '파괴력'으로 전쟁을 끝낼 수 있다는 심산이었을 것이다.

이런 여러 사정 때문에 플라타이아이 평원에 먼저 들어간 것은 페르시아 쪽이었다. 페르시아 군대가 플라타이아이 평원에 집결하고 있을 때 그리스 도시국가 연합군도 움직이기 시작했다. 물론 호령 하나로 전군이 곧바로 집합하지는 않았다. 그들은 그리스 전역에 산재한 크고 작은 도시국가의 연합군이었다.

살라미스에 소개 중이던 아테네는 9,000명에 가까운 병사를 집결지로 결정된 엘레우시스 해안에 상륙시켜야 했다. 그해 크산티푸스는 스트라테고스로 선출되어 해군 담당 사령관에 취임했다. 그의 첫 번째 임무는 또 한 사람의 스트라테고스로 육군을 담당한 아리스티데스를 아테네 병사와 함께 본토로 보내는 일이었다. 살라미스해전에서 배 30척으로 맹활약했던 아이기나는 중무장 보병 500명을 참전시켰다. 아이기나도 살라미스 남쪽 해상에 떠 있는 도시국가였기에 500명을 본토로 상륙시키는 것이 먼저 처리해야 할 과제였다. 나머지 참전국들에서 파병한 중무장 보병은 200명이나 300명 등 숫자는 적었지만 먼저 본토에 상륙해서 그 후 집결지로 향한 경우가 적지 않았다. 에게해는 다도해였다.

집결지에 가장 늦은 것은 이번 역시 스파르타였다. 스파르타는 군대 편성이 늦었다는, 어떻게 보면 좀 궁색한 이유를 댔다. 스파르타에서는 매년 여름에 히아신스꽃을 내건 경기대회를 개최하는데 그것이 끝난 뒤에 진군을 개시하겠다고 알려 왔다. 스파르타가 완고할 정도로 보수적이고 그 때문에 유연성이 부족한 사람이 많다는 것은 그리스 사람들에게 널리 알려진 사실이었다. 그렇지만 당장 적이 플라타이아이에 집결하고 있었다. 멍한 표정을 지은 것은 아테네인뿐 아니라 다른 그리스인들도 다르지 않았다.

이런 스파르타의 엉덩이를 두들기는 역할은 아테네와 메가라, 플라타이아이가 맡았다. 재빨리 스파르타로 향한 세 도시국가의 사절단은 지금 기회를 놓치면 페르시아 군대가 펠로폰네소스 반도로 밀어닥칠 것이라고 말하고 즉각 출병을 요구했다. 그런데 사절을 맞이한 '에포로스' 5명은 열흘 후에 대답을 하겠다고 했을 뿐이다.

이 웃지도 울지도 못하는 상황을 타개한 것은 파우사니아스를 중심으로 하여 싸우겠다는 의지가 굳은 스파르타 젊은 층의 압력이었다고 한다. 그들은 '에포로스' 5명이 무시할 수 없는 인물을 활용해서 '소인' 5명의 생각을 바꾸는 데 성공한 듯하다.

여하튼 스파르타 남자들과 어울리지 않는 느낌을 주는 히아신스를 내건 경기대회는 중지되었고 파우사니아스가 거느린 스파르타 군대는 마침내 출병했다. 다만 스파르타는 일단 결정하면 빨랐다. 곧바로 이스트미아 지협을 넘어 펠로폰네소스 반도를 뒤로하고 메가라를 횡단해서 엘레우시스의 집결지에 도착했다.

엘레우시스는 성지로 유명한 땅이다. 훌륭한 신전도 세워져 있었다. 이 땅을 집결지로 삼은 것은 신에게 의지하기 좋아하는 그리스인의 성향을 배려한 것으로 보인다. 엘레우시스에서 페르시아 군대가 기다리는 플라타이아이까지는 직선거리로 50킬로미터밖에 떨어져 있지 않았다.

주요 전력만 따져도 10만 명은 확실한 페르시아 군대가 기다리는 전쟁터를 향해 행군하던 중에 그리스 도시국가 연합군 사령관들 사이에서 아주 자연스럽게 포진 형태가 결정되었다.

우익은 파우사니아스가 거느린 '1급'과 '2급'을 합친 스파르타의 중무장 보병 1만 명이 맡았다. 다만 34세 파우사니아스는 스파르타 군대의 사령관일 뿐 아니라, 모두 4만 명에 이르는 그리스 전군의 총사령관이기도 했다. 도시국가 연합군 결성 때 맺은 규약에 따라 육해군 쌍방의 총사령관을 스파르타인이 맡기로 했기 때문이다. 중앙은 코린토스에서 온 5,000명, 메가라에서 온 3,000명, 시키온에서 온 3,000명을 중심으로 중소 도시국가에서 온 병사를 더해서 2만 명이었다. 좌익은 주력인 아테네 중무장 보병 8,000명에 플라타이아이의 600명과 다른 작은 도시국가에서 온 병사를 더해 1만 명이고, 지휘는 아테네인 아리스티데스가 맡았다. 51세가 된 아리스티데스는 11년 전 마라톤전투에 이어 페르시아를 상대로 두 번째 전투에 참가했다.

이 진용을 보면 플라타이아이 평원이 전쟁터가 된 기원전 479년의 전투가 11년 전에 승리로 끝난 마라톤전투를 참고했음을 알 수 있다. 양쪽 날개에 주요 전력을 배치하고 중앙은 적의 공세를 견디는 것을 주요 임무로 삼는 전략이었다. 그것은 시민개병 제도와 관련해서 기병이 사실상 존재하지 않는 그리스 도시국가에서는 중무장 보병이 기병 역할까지 맡아야 했기 때문이다.

그리스 군대가 플라타이아이 평원을 앞에 두고 구릉지대에 도착한 것은 이미 8월에 접어든 때였다. 평원 중앙을 흐르는 강의 맞은편 일대는 페르시아 병사로 메워져 있었다. 그 후방에는 페르시아 왕이 마르도니우스에게 남긴 오리엔트의 화려하고 호사스러운 천막이 금색과 청색으로 빛나고 있었다.

그리스 군대가 야영지로 결정한 구릉은 벌거숭이 구릉지대가 아니었다. 그리스에서는 드물게 나무가 무성하고 곳곳에 평지가 펼쳐진 곳이었다. 여름철 야영지로 나쁘지 않은 환경이었지만 식수 확보에 문제가 있었다.

도착 후 이틀 동안 그리스 쪽은 움직이지 않았다. 실제로는 움직일

그리스인 이야기 Ⅰ

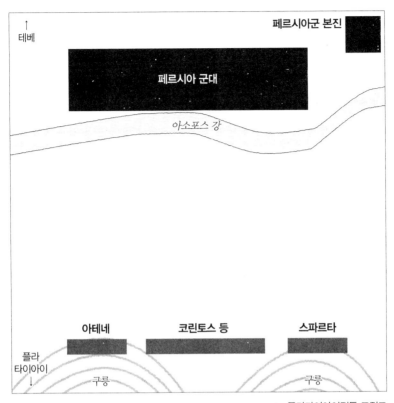

● 플라타이아이전투 포진도

수 없었다. 자기들보다 세 배나 많은 군대를 눈앞에 두고 좋게 말하면 '관찰', 있는 그대로 말하면 '경악'했을 것이다.

먼저 움직인 것은 페르시아 군대였다. 페르시아 총사령관 마르도니우스는 먼저 도착한 이점을 살려서 플라타이아이 평원과 그 남쪽으로 이어진 구릉을 시찰했다. 그래서 구릉에 두 가지 결점이 있다는 것을 알았을 것이다.

첫째, 마실 물이 충분하지 않다는 점이었다.

둘째, 페르시아 군대의 총공격에 전군이 맞서 싸우는 전술을 펼치는 것이 일반적이지만, 그곳을 야영지로 삼을 수밖에 없는 그리스 군대는 오르락내리락하는 지세 때문에 가로로 진형을 유지할 수 없다는 점이었다.

마르도니우스는 적이 충분히 태세를 갖추지 못했을 때 결판을 내겠다고 생각했다. 그러려면 기동력이 뛰어난 기병을 투입하는 것이 적합하다고 보았다. 마르도니우스는 1만 명에 이르는 기병에게 일제히 강을 건너 강 너머에서 정렬한 다음 그대로 단숨에 평야를 가로질러 적이 모여 있는 구릉을 공격하라고 명령했다.

'힘'에는 지속력과 순발력이 있다. 광대한 페르시아제국 각지에서 차출된 병사들과 돈으로 움직이는 용병밖에 모르는 페르시아 군대 총사령관은 시민개병 제도를 채택한 그리스 도시국가의 병사가 지닌 '힘'을 이해할 수 없었을 것이다. 한 사람의 병사가 되기 전에 10년 이상에 걸쳐서 무기를 철저하게 익히는 스파르타는 두말할 것 없고, 아테네도 20세에 정규 병사로 등록되기 전에 군사훈련 1년과 국경 수비 1년을 더해 2년 동안의 병역이 모든 시민에게 부과되었다. 이 두 나라 외에 다른 도시국가들 역시 자국 방위를 최대 책무로 여겼기 때문에 이 시스템과 크게 다르지 않았다. 다시 말해 그리스의 도시국가 시민이라면 20세부터 시작되는 현역 기간 동안 보통은 일상생활을 하지만 필요하면 곧바로 병사로 변신할 수 있었다. 이처럼 그리스군은 지속력과 순발력을 모두 겸비하고 있었다.

마르도니우스가 명령한 플라타이아이의 첫 접전은 실패로 끝났다. 실패 원인은 다음과 같다.

첫째, 기병은 평야에서 기동력을 발휘할 수 있지만 숲이 우거진 구릉에서 기동력을 발휘하기는 힘들었다.

둘째, 그리스 병사들의 순발력을 계산에 넣지 않았다.

셋째, 페르시아 기병의 선두에 서서 적을 향해 돌진했던 기병단장이 전사하고 말았다.

기병 전체를 투입한 것치고 손실이 적었던 것은 지휘관이 죽은 것을 안 기병들이 대부분 그대로 유턴해서 진지로 돌아왔기 때문이었다. 이 정도로 우두머리의 생사는 부하들 사기에 영향을 미친다. 전쟁터에서는 사령관을 지키기 위해 그 주변을 아군의 정예가 에워싸는 것이 보통인데, 시쳇말로 우두머리가 쉽게 죽으면 곤란해진다. 우두머리의 생사는 상대편 병사들 사기에도 영향을 미친다. 생각지도 못하고 있다가 적 기병의 맹렬한 공격을 받고 순발력을 발휘해서 반격했는데, 전투 종료 직후 그리스 병사들은 승리에 기뻐하기보다는 오히려 멍한 기분이 들었을 것이다.

아마 파우사니아스가 명령했을 것으로 생각한다. 이런 일은 총사령관만이 명령을 내릴 수 있기 때문이다. 들것에 실린 적장의 시신은 병사들 사이로 옮겨져서 병사들 모두가 그 모습을 보았다. 그 후 매장했는지 적에게 돌려보냈는지는 알려져 있지 않다.

아무튼 그리스 병사들은 자기 눈으로 확인하고서야 비로소 첫 접전의 승리를 이해할 수 있었다. 첫 승리로 자신감이 생겼는지 그리스 쪽은 진지를 이동했다. 구릉을 버리고 강의 남쪽에 펼쳐진 평야로 이동했다. 진지를 옮기면서 가로로 포진을 할 수 있었다. 무엇보다 물 문제를 해결할 수 있게 되었다. 중앙과 좌익은 아소포스 강에서 물을 길을 수 있었고, 강에서 떨어진 우익은 구릉에서 흘러내린 물이 모여 생긴 샘이 바로 옆에 있었다.

첫 접전에서 실패한 페르시아 군대는 물 걱정이 사라진 그리스 군대와 강을 사이에 두고 8일 동안 그저 바라만 보았다. 9일째 마르도니우스는 전술을 바꾸었다. 그리스 군대를 직접 공격하지 않고 식량 보급을 방해하기 시작했다. 이를 통해 그리스 군대에 상당한 혼란을 주는 데 성공했다.

테베라는 확실한 보급처를 배후에 확보하고 있는 페르시아와 달리 그리스는 보급처가 없었다. 가까운 곳에 있는 플라타이아이는 작은 나라여서 4만 명이 넘는 군대를 지원할 보급 능력이 없었다. 최적의 보급처가 될 수 있었던 아테네는 초토화되어 활용할 수 없었다. 따라서 그리스 군대의 식량은 나머지 도시국가들에서 보내오는 보급에 의지할 수밖에 없었다. 그런데 도중에 습격을 받고 수송하는 인원과 말이 살해되었다. 곤란해진 그리스 쪽은 보급로와 좀 더 가까운 구릉으로 되돌아가야 했고 그 때문에 진형이 변했다.

진형에 변화가 생기면서 적이 혼란해진 것을 확인한 마르도니우스는 지금이야말로 총공격을 할 좋은 기회라고 판단했다. 그래서 10만 명이 넘는 전군에 강을 건너 드넓은 평원에 포진하라고 명령했다. 우익은 테베를 주축으로 하여 페르시아 지배 아래 있는 지방에서 소집된 그리스 병력이 맡았다. 중앙은 광대한 페르시아제국에서 중요 지대로 인정받는 메소포타미아 지방과 이집트에서 소집된 병사들이 맡았다. 좌익은 순수한 페르시아 병사들, 즉 페르시아 군대의 자랑인 기병과 '불사부대'라고 불리는 페르시아 군대의 최정예가 주력이었다.

이로써 페르시아 군대의 우익은 아테네가 주력인 그리스 군대의 좌익과, 페르시아 군대의 중앙은 코린토스를 비롯한 그리스의 중소 도시국가들과, 그리고 순수한 페르시아 쪽은 그리스 쪽 우익을 지키는 스파르타 병사들과 맞서게 되었다.

파우사니아스는 적의 진형이 명확해진 시점에 불안을 느낀 모양이다. 34세 스파르타의 젊은 장군은 아테네 군대를 이끌고 좌익을 지키는 아리스티데스를 찾아가 우익과 좌익을 바꿔달라고 요청했다. 아테네 군대가 우익을 맡고 스파르타 군대는 좌익을 맡게 해달라는 제안이었다. 아리스티데스가 이미 10년 전 마라톤에서 페르시아 군대를 상대한 경험이 있고 게다가 승리한 실적이 있었기 때문이다.

51세 아리스티데스는 34세의 솔직한 제안을 받아들였다. 그래서 우익의 스파르타 병사들이 좌익으로 가고, 좌익의 아테네 병사들이 우익으로 가는 이동을 했는데, 적이 알아차리지 못하게 하려고 야간에 이동해서 대혼란이 생기고 말았다. 아침 해가 떠오른 뒤에 보니 각자 원래 장소로 되돌아갔다는, 웃기지만 웃을 수 없는 결과로 끝이 났다.

스파르타의 젊은 장군은 이렇게 된 이상 어쩔 수 없다고 각오를 다졌다. 그리스 군대의 주력이라고 해도 좋을 스파르타 군대로 페르시아 주력군과 부딪칠 수밖에 없다고 생각했다. 지난해에 벌어진 살라미스해전에서 그리스 해군의 주력이던 아테네 해군을 거느린 테미스토클레스는 자청해서 적의 주력인 페니키아 해군과 맞서는 결전에 도전했다.

그로부터 1년 뒤에 벌어진 플라타이아이전투에서도 아군과 적군의 주력끼리 격돌하게 되었다. 살라미스에서 페르시아에 도전했던 것은 아테네였지만 플라타이아이에서 페르시아에 도전한 것은 스파르타였다. 따라서 살라미스의 전략은 아테네인 테미스토클레스가 생각해냈지만, 플라타이아이에서는 스파르타인 파우사니아스가 전략을 생각해내야 했다.

34세 스파르타 장군은 살라미스의 테미스토클레스에 더해 테르모필레의 레오니다스도 떠올렸을 것이다. 레오니다스는 같은 스파르타인이기도 했고 개인적으로 백부였다. 당시 60세였던 레오니다스는 자신이 지휘를 맡은 병력 가운데 직속 부하들인 스파르타의 중무장 보병을 300명밖에 선택할 수 없었다. 그는 300명 전원을 처자식이 있는 사람으로 골랐다. 비록 죽더라도 가계가 끊기지 않는 사람만 골라서 전쟁터에 데리고 갔다.

오랫동안 폐쇄사회를 유지해왔던 도시국가 스파르타는 왕족이 아닌 일반 시민들까지 오랜 역사를 지닌 가계가 많았다. 스파르타인에게 가계의 단절만큼 참기 힘든 슬픔이 없다는 것을 레오니다스는 잘 알고 있었다.

그 1년 뒤 파우사니아스가 거느린 병력은 시민권을 가진 '1급 중무장 보병' 5,000명과 시민권을 갖지 못했지만 필요할 때 '2급 중무장 보병'이 되어 싸우는 페리오이코이 5,000명을 더해 1만 명이었다.

오늘날까지 '레오니다스와 300'이라는 말이 통용될 정도로 유명한 300명은 '1급 중무장 보병'이었다. 이를 기준으로 비교하면 레오니다스의 '300'에 대해 파우사니아스는 '5,000'이었다. 5,000명이 되면 당연한 말이지만 가계의 단절을 생각할 여유가 없다. 자식이 없거나 결혼조차 하지 못한 젊은 병사들을 데리고 올 수밖에 없었다. 계급 간의 혼인 관계를 허용하지 않는 스파르타가 늘 중무장 보병 부족에 시달렸다는 것을 생각하면 5,000이라는 숫자는 스파르타의 주요 전력 대부분이었을 것이다.

스파르타와 아테네가 다를 것이 없었지만, 시민개병인 나라에서 병사의 현역 기간은 20세부터 60세까지였다. 이 경우 현역 가운데 '시니어 세대'인 45세에서 60세까지 병사는 국경 방위를 맡는 것이 일반적이었다. 스파르타는 자국 방위에 더해서 '펠로폰네소스동맹'의 맹주라는 위치 때문에 펠로폰네소스로 들어오는 입구인 좁은 지협 이스트미아 방위에도 병력을 보내야 했다. 그렇다면 파우사니아스를 따라 플라타이아이로 향한 스파르타 병사 대부분은 젊은 병사였을 것이라고 상정할 수 있다.

파우사니아스가 짊어진 책임은 레오니다스와 '비교'가 되지 않았다. 젊은 병사들이 그저 전사하는 것이 아니라 가계 단절이라는 '고통'까지 느끼면서 죽어야 한다면 반드시 승리해야 했다. 어떻게 해야 이길 수 있을까. 젊은 스파르타 장군의 머리에는 그 외에 다른 것이 들어 있지 않았을 것이다.

페르시아는 역사적으로나 전통적으로나 육군이 강한 나라였다. 그와 맞서는 스파르타 역시 역사적으로나 전통적으로나 육군의 나라였다. 다른 점은 하나였다. 페르시아에는 기병이 존재하지만 스파르타에는 기병이 없었다.

파우사니아스는 이렇게 생각했을 것이다. '적이 우리 스파르타가 지키는 우익에 주력군을 투입한다는 것을 알았으니 이제 적들 가운데 가장 기동력이 뛰어나고 그래서 공격력도 뛰어난 기병의 힘을 어떻게 중무장 보병만으로 막을 수 있을까. 바로 거기에 승패를 가를 열쇠가 있다'고 말이다.

진정한 의미에서 '중무장 보병'은 그리스에만 존재하는 형태의 병사였다. 페르시아 군대에서 정예 중의 정예라고 불리는 '불사부대' 1만 명을 중무장 보병이냐고 물으면 대답은 "노"다. 몸에 두르고 있는 화려한 군장은 사람 눈에 잘 띄지만 머리 부분을 보호하는 것은 투구가 아니라 단순한 모자였다. 중요한 가슴을 보호하는 흉갑은 전혀 착용하지 않았다. 방패는 보기에는 멋있지만 단단하지 않았고, 그리스에서는 기병이나 경무장 보병만 사용하는 지름 60센티미터 전후인 원형이었다. 칼은 길어서 근접전에 불리했다. 창은 키보다 조금 길어 2미터가 되지 않았다. 게다가 복장마저 오리엔트 방식에 충실한 긴 스커트였다. 이런 모습으로 어떻게 전쟁을 해왔을까 생각할 정도로 부실하지만 당시 페르시아로 대표되는 오리엔트 스타일은 '양으로 압도'하는 것이었다.

한편 원래부터 '양'이 충분하지 않은 그리스의 도시국가는 병사 하나하나의 방어력과 공격력을 높일 수밖에 없었다. 그 결과로 실제보다 위압감을 주는 데 도움이 되는, 빗자루를 연상시키는 크고 멋진 장식이 달린 투구가 태어났다. 전투가 시작되면 아래로 내려 쓰는데, 눈과 입밖에 보이지 않았다. 그리고 오늘날 조각상에는 나체로 표현되어서, 전쟁터에서도 벌거벗고 싸웠을 것으로 생각하기 쉽지만 실제는 그렇지 않았다. 전쟁터는 스타디움도 아니고 팔레스트라도 아니었다. 그리스 남자들은 전쟁터에서 짧은 옷을 입었는데 가슴과 등을 완전히 감싸는 흉갑을 두르고 다리에는 금속으로 만든 갑주를 찼다. 방패는 지름이 1미터쯤 되는 단단한 원형이었다. 방패에는 고리 두 개가 달려 있어서 그곳에 팔을 넣어 고정할 수 있었다.

근접전이 벌어지면 허리에 차고 있던 칼을 뽑아 싸우는데 중무장 보병의 가장 강한 무기는 역시 창이었다. 창 역시 양 끝에 예리하게 빛나는 칼날이 달려 있고 키의 두 배가 넘는 길이였다. 양 끝에 칼날이 달려 있는 것은 혹시 창이 부러져도 전투를 지속하려는 목적 때문이었다.

그리스 도시국가의 중무장 보병은 긴 창을 자유롭게 다룰 수 있는 능력을 다른 무엇보다 빨리 익혔다. 파우사니아스는 이 차이에, 페르시아 병사의 장비보다 그리스 병사의 장비가 방어나 공격에서 뛰어나다는 점에 주목했다. 그래서 생각해낸 것이 '전략적 후퇴'였다.

'평원과 이어진 구릉이 시작되는 지점에 아군 병사를 배치하고 공격해 오는 적을 끌어들일 수 있을 만큼 끌어들이면서 일제히 퇴각한다. 그리고 기세를 올린 적 기병의 움직임이 둔해지는 구릉지대에 들어서는 순간을 기다려 먼저 긴 창으로 말을 노려서 기병을 보병으로 만든다'는 방법이었다.

보병으로 변하면 승부는 아군에게 유리했다. 떨어져 있으면 긴 창으로, 접근하면 칼과 방어력이 뛰어난 방패로 싸우면 됐다. 페르시아 병사의 창은 2미터가 되지 않는 데 비해 그리스 병사의 창은 4미터에 육박했다. 방패는 크기와 견고함에서 모두 그리스 쪽이 우세했다.

파우사니아스는 이 전략으로 4배에 이르는 적과 싸워 이길 수 있다고 판단했다.

그런데 이 전략에 부하들이 맹렬하게 반대했다. 특히 1만 명 병사 가운데 '1급 중무장 보병' 5,000명, 그것도 '베테랑 세대'의 반발이 격렬했다. 그들은 총사령관 파우사니아스 앞에서 일제히 항의의 목소리를 높였다.

"스파르타 전사들은 적을 앞에 두고 등을 돌리는 짓은 절대로 해서는 안 된다고 배웠다. 적의 병사가 많고 적음을 떠나 적 앞에서 후퇴는 없다고 생각하며 싸워왔다. 당신은 그것을 우리에게 강요하는가!"

젊은 사령관은 자기보다 연장자인 베테랑 스파르타 병사들을 설득했다. 단순한 퇴각이 아니라 승리하기 위한 전략적 후퇴라는 것을 애

그리스인 이야기 I

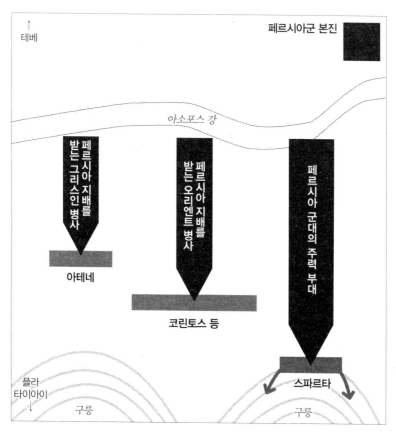

페르시아군 본진

↑
테베

아소포스 강

페르시아 지배를 받는 그리스인 병사

페르시아 지배를 받는 오리엔트 병사

페르시아 군대의 주력 부대

아테네

코린토스 등

플라타이아이
↓

구릉

스파르타

구릉

● 플라타이아이전투 결전도

써 설득했다. 그러나 적에게 등을 보이는 것만큼 불명예스러운 짓이 없다고 믿어 의심하지 않는 스파르타 병사들을 납득시키기란 쉬운 일이 아니었다. 어떤 베테랑 병사는 긴 칭을 땅에 꽂고 여기에서 한 걸음노 물러서지 않겠다고 강변하기까지 했다.

그래도 34세 젊은이의 인내력은 강했다. 강경하게 반대하는 병사들의 우두머리로 보이는 사람을 사령관 천막으로 불러서 1 대 1로 설득을 시도했다. 두 사람 사이에 오간 대화는 매우 격렬했던 모양이다. 바깥에서 야영 중인 병사들이 그 소리를 들었다고 한다. 반대하는 병사들의 우두머리가 굴복한 것은 눈앞에 펼쳐진 평원 동쪽이 조금씩 뿌옇게 변하기 시작한 때였다. 스파르타 전사들의 모토에는 '적에게 등을 보이지 마라'도 있었지만 상급자에게 '절대 복종'도 있었기 때문이다.

그런데 스파르타 병사라면 모두 알고 있는 모토를 페르시아 쪽에서 알아차리지 못했다는 것은 불가사의한 일이다. 페르시아전쟁에서 정찰병을 보내거나 양치기로 변장한 밀정이 적진 가까이 가서 정보를 열심히 수집한 것은 늘 그리스 쪽이었고, 특히 이를 잘 활용한 것은 아테네였다. 페르시아 쪽에서 그와 같은 움직임이 있었다는 것을 기록한 사료는 없다. '양으로 압도한다'는 방법에 자신을 갖고 있던 페르시아인은 적의 상황을 탐색하는 노력은 필요 없다고 생각했는지 모른다.

어쨌든 마르도니우스는 파우사니아스가 이와 같은 전략과 전술을 궁리하고 있다는 것을 전혀 몰랐다. 그랬기 때문에 기원전 479년 8월 28일 아침 일찍 강을 건너 진을 치고 있는 진형에 변화를 주지 않고 총공격 명령을 내렸다.

페르시아 지배 아래 있던 그리스 병사들로 이루어진 우익은 아테네 군대가 주력인 그리스 군대 우익과 맞섰고, 메소포타미아 지방과 이집트에서 참전한 병사로 이루어진 중앙은 코린토스가 거느린 그리스 군대의 중앙과 맞섰다. 그리고 순수한 페르시아 병사로 구성된 기병 1만 명과 '불사부대' 1만 명을 주력으로 하는 좌익이 스파르타 1만 명과 맞섰다. 제2차 페르시아전쟁에서 최대 전투가 된 '플라타이아이전투'는 이렇게 드넓은 평원의 세 곳에서 전개되었다. 후세 역사 전문가들이 입을 모아 지적한 것처럼 '플라타이아이전투'의 주요 전장은 단연 페르시아 주력군과 스파르타가 격돌한 좌익의 전쟁터였다.

'살라미스해전'에서 페니키아 배 300척과 아테네 배 200척이 격돌했던 바다와 유사했다. 역사가들의 연구서를 읽어보면 전투 종료 후의 결과가 전투가 시작되기 전에 세운 전략과 전술대로 나왔다고 경탄하는데, 이는 뛰어난 장군과 평범한 장군의 차이에서 비롯된다. 평범한 장군은 선례에 기초해서 그 범위 내에서 전략과 전술을 수립한다. 이와 반대로 뛰어난 장군은 선례에 얽매이지 않고 모든 상황을 고려해서, 즉 상정할 수 있는 것을 넘어서까지 고려해서, 아군의 유불리뿐 아니라 적군의 유불리까지 고려해서 전략과 전술을 수립한다.

이렇게 전투가 시작된 이후 일어날 수 있는 모든 상황에 대처해서 전략과 전술을 세우면 실제 전황 전개도 자신이 생각한 대로 흘러가게 된다. 그렇다면 결과는 당연히 승리다.

페르시아 군대와 스파르타 군대가 격돌한 전쟁터에서도 전황 전개는 피우사니아스가 생각한 대로 시작되어 진행되다가 끝났다. 비록 진정한 의미에서 승부가 나기까지 격렬한 전투가 벌어졌지만 반나절밖에 걸리지 않았다. 스파르타의 중무장 보병은 이미 말한 것처럼

'1급 중무장 보병'과 '2급 중무장 보병'이라는 차이가 있었다. 보통 지휘관이라면 먼저 '2급'이 싸우게 하고 승부처에 이르면 '1급'을 투입해서 '결정타'를 날리겠다고 생각할 것이다.

그러나 파우사니아스는 그렇게 하지 않았다. 스파르타의 '1급'과 '2급'의 차이는 스파르타 시민권의 유무만이 아니었다. 오랜 시간에 걸쳐 습득한 전투 기술이 달랐다.

파우사니아스는 금속으로 만들어 무거운 무장과 방패를 갖추고 4미터 가까운 창을 구사할 수 있는 '1급 중무장 보병'이 충분히 힘을 발휘할 수 있도록 했다. 전투 기술에서 열세인 '2급 중무장 보병'을 앞세우면 적 기병에 밟혀서 시체로 산을 이룰 것이다. 그렇게 되면 나무가 무성한 구릉이라는 불리한 곳에서 싸워야 하는 '1급'은 아군의 시체를 넘어서 싸워야 하기에 더욱 불리해진다.

이 전술은 성공했다. 페르시아 기병은 공격력의 기반인 말이 스파르타 중장비 보병이 구사하는 긴 창에 쓰러지자 말을 버릴 수밖에 없었다. 일단 보병이 되면 방어에 뛰어난 장비와 적의 두 배가 넘는 긴 창이 승부를 결정지었다.

또 페르시아가 자랑하는 '양'에서도 페르시아 쪽에 불리하게 작용했다. 총공격 명령에 따라 달리기 시작한 병사들은 전방에서 일어나는 상황을 알지 못했다. 그래서 계속 밀고 밀리는 상태가 되고 말았다. 그 결과 앞쪽에 있는 병사는 움직이려고 해도 움직일 수 없는 상태가 되었다. 이렇게 되면 대군이 지닌 숨은 결함이 드러난다. 그러자 정예병마저 힘을 발휘할 수 없었다. 군대 내부가 혼란스러워지면 승리로부터 멀어진다.

평원의 서쪽을 전쟁터로 삼은 그리스 군대의 중앙과 좌익도 분투했다. 중소 도시국가에서 참전한 병사들로 이루어진 중앙이지만 그들 또한 그리스 도시국가의 중무장 보병이라는 점에서는 다를 것이 없었다. 양은 많지만 장비나 무구에서 경무장 보병 수준밖에 되지 않는, 중동이나 이집트에서 참전한 병사를 상대로 전투를 유리하게 이끄는 것은 그리 어려운 일이 아니었다.

아테네가 주력인 좌익은 테베를 주력으로 하는 페르시아 쪽과 그리스인들끼리 싸움을 벌였다. 따라서 좌익은 적군과 아군 모두 중장비 보병이었다. 51세 아리스티데스가 지휘하는 아테네 중무장 보병 8,000명의 분투는 눈부셨다. 살라미스에서 삼단 갤리선을 타고 싸운 병사들은 오랜만에 땅을 디디고 싸우는 전투에서 사기가 폭발했을지 모른다. 좌익의 전황은 완전히 그리스 쪽에 유리하게 전개되고 있었다.

이때 전해진 소식이 마르도니우스의 전사였다. 이런 소식은 전하지 않아도 저절로 알게 된다. 페르시아군 총사령관인 마르도니우스는 8월 28일, 진두에 서서 페르시아 군대를 지휘하고 있었다. '불사부대' 중 특별히 선발된 정예 병사 1,000명이 총사령관을 지키는 역할로 소집되어 마르도니우스를 에워싸고 싸웠다. 그를 찾아낸 한 스파르타 병사가 널리서 던진 돌덩이에 마르도니우스가 정통으로 맞았다. 그가 머리를 강타당하고 말에서 떨어지자 병사 1,000명은 곧바로 총사령관의 몸을 적에게 넘겨주지 않으려고 단단히 에워쌌다. 그러나 적이 보이는 사소한 약점까지 놓치지 않는 것이 스파르타 전사들이었다. 창을 검으로 바꾸어 돌입하는 그들 앞에 페르시아 정예 1,000명은 적수가 되지 못했다. 그래도 페르시아 1,000명은 누구 하나 달아나지 않았다. 상처를 입은 총사령관의 주위를 에워싸고 차례로 피를 흘리며 쓰러졌다. 테르모필레에서 레오니다스와 300명이 맞이한 최후가 되풀이되는 듯했다.

총사령관의 전사라는 비보는 페르시아 병사들에게 퇴각 명령이 내려진 것과 동일한 효과를 냈다. 완전히 붕괴되었다. 페르시아 병사들은 강을 건너 방책 너머로 도망쳤다. 뒤쫓아 간 그리스 병사들은 방책 너머로 달아난 페르시아 병사를 울타리 안에 든 양을 죽이듯 쉽게 요리했다. 이제는 전투가 아니라 살육이었다.

페르시아 군대 가운데 제대로 형태를 갖추고 살아남은 부대는 그날 전투에서 후방에 포진하고 있다가 마르도니우스의 죽음을 알고 일찌감치 후퇴한 아르타바조스가 거느린 4만 명뿐이었다. 나머지 8만 명 가운데 테베를 목적지로 삼아서 도망친 그리스 병사들을 제외한 페르시아 병사의 숫자가 얼마였는지는 정확히 알려져 있지 않다. 다만 헤로도토스는 적어도 3,000명은 살아남았다고 기록했다.

그렇다면 '플라타이아이전투'에서 페르시아 쪽 전사자는 7만 명이 넘는다는 말이 된다. 만약 이것이 사실이라면 육군의 나라라는 자부심이 있었던 페르시아제국에 변명의 여지가 없는 엄청난 패배를 안긴 셈이 된다.

한편 그리스 쪽 사망자는 다음과 같다.

우익(스파르타가 주력): 91명

중앙(코린토스가 주력): 16명

좌익(아테네가 주력): 52명

계: 159명

　역사가인 헤로도토스가 남긴 이 기록은 아마 주요 전력인 중무장 보병의 전사자 숫자일 것이다. 후대의 플루타르코스는 투석병 등 경무장 보병까지 포함한 전사자 숫자는 10배 가까운 1,360명이었다고 전했다.

　아무튼 그리스 쪽의 압승이었다. 플라타이아이전투는 살라미스해전과 달리 당시 최강국인 페르시아로서는 변명할 거리가 없는 명백한 참패였다. 살라미스해전에서는 패한 것은 주력이던 페니키아 해군이지 육군 대국인 페르시아가 아니라는 변명이 가능했다. 그러나 플라타이아이에서 페르시아는 주력을 투입하고도 패배했다. 그야말로 '완패'를 맛보아야 했다.

　후세 역사가들은 이 플라타이아이전투를 다음과 같이 평했다.

　"승리의 영예는 거의 100퍼센트 파우사니아스와 그의 중무장 보병에게 돌려야 한다."

　전투가 끝나고 후반은 살육전이었지만 그마저 끝나자 진지로 돌아온 스파르타 병사들은 몸에 튄 피를 닦아내기 전에 총사령관을 에워쌌다. 페르시아 왕 크세르크세스가 테르모필레에서 레오니다스에게 했던 것처럼 마르도니우스의 머리를 잘라서 창끝에 꽂아 그리스 전군의 앞을 돌아다니며 보이지 않겠냐고 묻기 위해서였다. 파우사니아스는 확실하게 거절했다. 그런 일을 하면 우리도 야만인이 되고 만다는 이유였다.

야만인이 되기 싫었는지 스파르타 남자들은 곧바로 수긍했다. 총사령관이면서 진두에 서서 싸웠던 마르도니우스의 시체는 얼굴에 달라붙어 있는 피를 깨끗하게 닦아내고 하얀 천으로 싸서 구릉의 가장 높은 곳에 정중하게 매장했다.

그날 밤 승리 축하연은 페르시아 왕 크세르크세스가 마르도니우스에게 남기고 간 호화로운 천막에서 열렸다. 그리스 도시국가 연합의 모든 사령관과 대장이 초대된 자리에서 총사령관 파우사니아스가 말했다.

"크세르크세스는 이렇게 엄청난 부를 갖고 있으면서 왜 비교할 수 없을 정도로 가난한 그리스를 정복하려고 한 걸까."

이 말에 모두 웃음을 터뜨렸다. 언제나 엄숙한 얼굴을 유지하는 아리스티데스까지 웃었다고 전한다. 그러나 다음 순간 모두의 얼굴색이 바뀌었다. 페르시아인 조리사가 도망쳤다는 전언과 함께 차려 내온 음식을 보고 스파르타인을 제외한 모두가 낙담한 얼굴로 바뀌었다. 나온 것은 스파르타에서는 무술 훈련을 하며 집단생활을 할 때 주식으로 먹지만 이 세상에서 가장 맛없다고 평가받는 고깃덩어리가 떠 있는 탁한 수프였기 때문이다.

조리사가 도망친 것이 사실이라고 해도, 오리엔트의 부를 상징하는 금색과 푸른색으로 장식한 호화로운 천막과, 그 속에 있는 사람에게 제공된 스파르타의 실질성과 강건함을 상징한다고 해도 좋을 세상에서 가장 맛없는 수프는 유쾌한 조합이었다. 34세 스파르타 젊은이는 유례를 찾기 힘든 장군임을 실제로 증명했을 뿐 아니라 아이러니와 유머 감각까지 갖춘 사람이었던 듯하다.

훌륭한 아이러니와 유머에 더해 통칭 '검은 잡탕'이라고 불리는 세상에서 가장 맛없는 수프를 먹는 자리에서 결정한 것은 진지한 내용이었다.

첫째, 무리를 이루어 도주한 아르타바조스가 지휘하는 병사 4만 명은 내버려두기로 했다. 이들 페르시아 병사는 살라미스해전 이후의 페르시아 왕보다 빠른 속도로 아시아 쪽으로 도망쳤을 것이 분명하기 때문에 방치해도 상관없었다.

둘째, 마찬가지로 상당한 무리를 이루어 전쟁터에서 도망친 테베의 문제였다. 파우사니아스는 이 건에 대해서는 자기에게 맡겨달라고 말했다. 테베는 테르모필레에서 그리스 쪽에서 함께 싸우다가, 마지막에 스파르타의 레오니다스와 병사 300명을 버리고 페르시아 왕에게 항복한 나라였다. 파우사니아스는 테베가 스파르타만의 문제라며 자기네 힘으로 결론을 내겠다고 말한 것이다. 다른 도시국가 대표들은 사정이 사정인지라 딴 의견을 내지 않았다.

다음 날 파우사니아스는 스파르타 병사 1만 명을 이끌고 도망친 테베 병사를 토벌하러 갔다. 테베의 성문 앞에 선 파우사니아스는 테르모필레와 플라타이아이에 참전한 테베 군대의 책임자를 인도할 것을 요구했다. 테베 쪽은 성문을 닫은 채 거부했다.

파우사니아스는 테베 주변 일대를 불태우라고 명령했다. 공격 작전은 며칠 안에 끝났다. 테르모필레 이후 페르시아 쪽에 가담했던 테베도 플라타이아이전투 이후 그리스에서 자신들만 고립되었다는 것을 모를 정도로 어리석지 않았다.

정당한 재판을 받는다는 조건으로 책임자 3명을 스파르타 쪽에 넘기는 것을 수용했다. 인도된 테베 요인 3명은 파우사니아스의 명령에 따라 코린토스로 호송되었다. 재판을 시작하기 전 코린토스에 구류하기 위해서였다. 그러나 파우사니아스는 코린토스로 호송하는 역할을 맡은 대장에게 밀명을 주었다.

코린토스에 도착하자마자 죽이라는 명령을 받은 호송 대장은 플라타이아이전투에서 코린토스 병사를 이끌고 중앙에서 싸웠던 무장이었다. 지난 반달 동안 파우사니아스에게 호감을 품게 된 그 코린토스인은 파우사니아스의 밀명을 충실하게 이행했다.

파우사니아스는 이 요인 3명 이외의 테베 시민에게는 손가락 하나 대지 않았다. 테르모필레의 원수를 갚는다는 구실로 도시국가와 거기에 사는 사람들을 모두 말살할 정도로 광기에 사로잡히지 않았다. 베테랑 병사들 가운데 몇몇이 그에게 불만을 터뜨렸지만 34세 젊은 장군은 이를 계속 무시했다.

테베 문제를 일단락 지은 다음에는 북상해서 테르모필레로 향했다. 지난해 전쟁터였던 곳에는 레오니다스와 스파르타 병사 300명의 시체가 들판에 버려진 채로 있었다. 1년이 지나 누구의 유골인지 가늠할 수 없는 백골이 산을 이루고 있었다. 파우사니아스는 그것들을 모두 모으게 해서 마차에 싣고 스파르타로 가져가기로 결정했다. 플라타이아이전투의 최대 공로자인 스파르타 중무장 보병의 귀환은 유골과 함께한 개선이었다.

그들은 귀환하는 도중에 델포이에 들렀다. 델포이에 있는 아폴론 신전은 스파르타인의 신앙을 불러 모으는 신전으로 알려져 있다. 그곳은 스파르타인이 가장 좋아하는 신전이고, 무슨 일이 발생할 때마다 달려가서 신탁을 묻는 성지였다. 그들은 델포이에서 용사들의 유골을 말끔하게 정리했을 것이다. 또 살아 있는 용사들은 승리를 내려주었다고 믿는 아폴론에게 감사 기도를 올렸을 것이다.

34세 스파르타 젊은이도 신에게 감사를 올리는 일에 빠지지 않았다. 그러나 그는 감사를 올리는 저 병사들을 이끌고 승리를 거둔 사령관이었다. 그래서 승리한 군대의 우두머리에 어울리게 다음과 같은 말을 새긴 동판을 아폴론 신에게 봉납했다.

"파우사니아스, 그리스 전군의 총사령관. 적 페르시아 군대를 괴멸한 것을 기념하며 감사의 마음을 담아서 이를 봉납함."

이 행위가 스파르타 국정을 실제로 움직이고 있는 '에포로스 5명'의 시의심猜疑心을 자극할 것이라고는 이때의 파우사니아스는 생각조차 하지 못했을 것이다. '에포로스 5명'은 번역하면 '감독관 5명'이다. 이에 대해 독자에게 일러둘 것이 하나 있다. 앞으로 '에포로스 5명'이라는 말이 나올 때마다 단순히 '에포로스 5명'이 아니라 "소인한거위불선^{小人閑居爲不善}(소인은 한가로이 혼자 있으면 좋지 못한 일을 한다)"의 '소인 5명' 이라고 생각하며 읽어주기를 바란다. 사전에서는 시의심을 "질투하고 의심하는 마음"이라고 설명한다. 타자를 질투하고 의심하는 마음은 한가로운 소인밖에 갖지 않는 심정이다.

분명 파우사니아스라고 이름을 명기한 것은 개인주의를 무엇보다 싫어하는 스파르타에서는 이례적인 일이었다. 그러나 뭐라고 해도 그는 아직 34세였다. 이제까지 한 번도 경험해본 적 없는 모든 것을 홀로 짊어져야 하는 어마어마한 중압감을 반달 이상 견디고 또 견딘 끝에 폭발한 외침이라고 생각해야 했다. 전력으로 질주한 육상선수가 결승선에 들어온 순간 지르는 외침과 비슷했다. 긴장이 끊어진 순간 폭발한 외침.

상대방 입장에서 볼 필요가 있다는 것을 아는 사람이라면 이 정도 일로 시의심 따위를 품지 않을 것이다. 그러나 스파르타의 '에포로스' 는 '소인'이었다. 그것도 경고 정도로 끝낼 중용 정신이 없는, 이탈리아어로 '피콜로 우오모^{piccolo uomo}'라고 부르는, 속좁은 소인들이었다.

그러나 소인들에게도 그들 나름대로 생존법이 있다. 그것은 시의심이 생기더라도 곧바로 드러내지 않는 것이다. 파우사니아스와 플라타이아이 용사 1만 명은 스파르타 시민의 대환영을 받으며 조국으로 개선했다.

에게해, 다시 그리스인의 바다로

제2차 페르시아전쟁 2년째에 해당하는 기원전 479년은 스파르타만 이름을 드날린 해가 아니었다. 아테네 역시 당시 그리스 최고가 된 해상 전력을 이해에 힘껏 활용했다.

역사가 헤로도토스에 따르면 미칼레 곶 공략에 출동한 그리스 연합 해군의 승리 소식이 전해진 것은 플라타이아이 승리 소식이 도착한 것과 같은 날이었다. 그렇다면 기원전 479년 8월 말이 된다. 살라미스 섬에 소개 중인 아테네 정부는 플라타이아이에서 페르시아 육군을 괴멸시켰다는 소식과 미칼레 공략에 성공해서 페르시아 해군을 괴멸시켰다는 보고를 거의 동시에 받은 셈이다.

에게해를 단숨에 횡단해서 적의 해군기지를 직격한다는 매우 대담한 작전은 지난해 가을 살라미스에서 승리했기 때문에 실행 가능한 전략이었다. 다도해라고 불리는 에게해에 떠 있는 섬들은 대부분 살라미스해전 이전까지 페르시아 왕이 통보한 '땅과 물' 요구를 받아들여 민족으로는 그리스인이지만 페르시아 지배 아래 있었다. 따라서 그런 상황이라면 적의 한복판을 돌파해서 적의 기지를 직격하겠다고 나서는 것은 자살행위에 가까웠다.

그런데 그리스 군대의 살라미스해전 승리를 알게 된 이후 이 섬들은 차례로 그리스 쪽에 가담하기 시작했다. 그러지 않았다면 살라미스해전 직후에 그리스 해군이 안드로스 섬에서 월동할 수 없었다. 그때끼지 안드로스도 10년 동안 페르시아의 지배를 받았고 그리스 배는 물 보급을 위한 기항조차 하지 못했다. 당시 그리스 쪽에 가담한 것은 에게해의 남쪽 섬들뿐이었다. 에게해 북쪽의 렘노스, 레스보스,

키오스와 같은 큰 섬들은 바로 동쪽에 있는 이오니아 지방이 여전히 페르시아 지배 아래 있어서 그리스 쪽에 가담할 용기를 갖지 못했다.

그 에게해의 북쪽과 남쪽의 경계에 있는 것이 사모스 섬이었다. 페르시아 쪽은 이곳을 제1차 페르시아전쟁과 제2차 페르시아전쟁 때 해군기지로 삼았고, 그리스를 공격할 때 페르시아 해군이 출항한 곳도 사모스였다. 미칼레는 이 사모스에 근접한 곳의 명칭이다. 그곳과 사모스는 사이에 해협이 있지만 5킬로미터도 떨어져 있지 않았다. 사모스를 공격하지 않고 미칼레를 공격 목표로 삼은 것은 페르시아 쪽 방위 전력이 사모스에 집중되었고 미칼레는 방어가 허술했기 때문이다. 물론 아테네 해군 사령관인 크산티푸스는 계속 미칼레를 공격하면서 사모스 주민에게 밀사를 보내 페르시아에 반대하는 봉기를 일으키라고 촉구했다.

삼단 갤리선 250척으로 구성된 그리스 도시국가 연합 해군은 미칼레 공략을 별다른 고생 없이 성공했다. 그에 호응해서 사모스 섬 주민들도 20년 만에 페르시아 군대를 몰아내기 위한 봉기를 일으켰다.

사모스에 정박하고 있던 페르시아 해군은 살라미스에서 큰 타격을 입어서 사용할 수 없는 배까지 포함해 200척이 되지 않았다. 이번에는 양에서도 앞서는 그리스 해군의 맹렬한 공격을 받아 전멸했고 사령관 세 사람도 전사했다. 살아남은 소수의 병사만이 내륙에 있는 사르디스까지 도망쳤을 뿐이다.

이렇게 미칼레를 공략하고 사모스를 탈환했다. 그러자 이 '미칼레 공략 작전'의 효과가 빠르게 나타났다. 미칼레 곶에서 동남쪽으로

40킬로미터 거리에는 이오니아 지방의 유력한 도시국가 밀레투스가 있었다. 또 바다에서 북쪽으로 50킬로미터 떨어진 곳에 이오니아 지방의 유력한 항구도시 에페수스가 있었다.

사모스가 그리스 쪽으로 돌아온 것은 밀레투스나 에페수스 또한 그리스 쪽으로 돌아온다는 것을 의미했다. 게다가 에게해 북쪽에 있는 주요 섬들인 렘노스와 레스보스, 키오스까지 돌아오게 된다는 뜻이었다. 이런 파급효과를 생각하고 '미칼레 공략 작전'을 세운 것이었다. 그리고 이 작전은 살라미스에서 지내면서 전략을 생각한 테미스토클레스와 그 실행을 위탁받은 크산티푸스, 이 두 '스트라테고스'에 의해 실현되었다.

"쇠는 뜨거울 때 쳐라"라고 말하지만 어디를 치는가에 따라 효과는 하늘과 땅만큼 달라진다. '미칼레 공략 작전' 성공으로 에게해 남쪽에 있는 페르시아 군대를 일소한 다음, 그리스 연합 해군에 참가한 도시국가의 사령관들이 모두 사모스에 모여서 이후 전략을 토의하는 회의를 열었다.

총사령관이자 스파르타 왕인 레오티키다스는 페르시아와의 전쟁을 그것으로 끝내고 참전국은 자기 나라로 돌아갈 것을 주장했다. 그는 나이가 많았고 스파르타인이었다. 스파르타인은 페르시아인과 비슷해서 바다 위에서는 안심이 되지 않았다. 이 주장에 아테네의 사령관 크산티푸스가 반대했다. 계절은 막 9월에 접어들었고 승리로 사기가 오른 해군을 거느리고 그대로 북상해서 페르시아 군대가 침략해

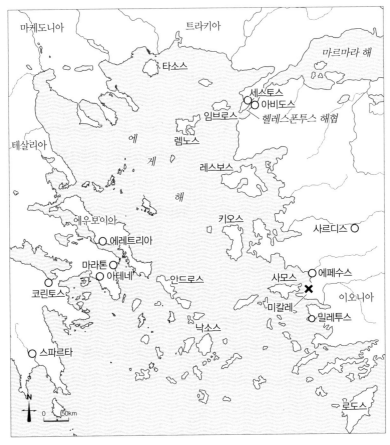

● 에게해와 이오니아 지방

오는 길목인 헬레스폰투스 해협을 공략해 그 길을 단절시켜야 한다고 강하게 주장했다.

그러나 스파르타 쪽은 물러서지 않았다. 스파르타는 해외에 관심이 없다고 말했다. 스파르타인에게해내海內는 펠로폰네소스 반도 내부고 그 외의 땅과 바다 모두가 해외였다. 결국 아테네 해군이 독자적으로 헬레스폰투스로 가기로 결정했다. 독자 행동이라고 하지만 250척 가운데 200척이 아테네 배여서 미칼레 공략 작전에 참가한 배는 대부분 크산티푸스의 지휘를 받으며 북쪽으로 향했다.

아테네 해군은 북상하는 과정에서 미칼레 공략 성공의 파급효과로 키오스, 렘노스, 레스보스 같은 섬들에서 배를 지원받아 배의 숫자가 늘어났다. 헬레스폰투스 해협에서 가장 좁은 지점은 서쪽으로는 세스토스 마을, 동쪽으로는 아비도스 시내였다. 이 두 지점을 연결하는 해상에는 배다리가 두 개 있었다. 페르시아 군대가 그리스를 공격하기 위해 크세르크세스가 명령해서 만든, 배들을 서로 붙이고 튼튼한 밧줄로 연결한 다음 그 위에 발판을 깐 다리였다.

페르시아 쪽은 당연히 이 두 지점, 특히 세스토스에 강력한 방위 전력을 보내 지키도록 했다. 이 세스토스에 크산티푸스가 지휘하는 아테네 군대의 공격이 집중되었다. 세스토스를 지키려는 페르시아 군대의 저항이 완강했다. 크세르크세스가 살라미스해전 뒤에 배다리를 건너 아시아로 놀아갈 때 사수할 것을 엄명했기 때문이다.

상대의 저항이 완강하자 크산티푸스는 군량을 공격하는 전법으로 바꾸었다. 세스토스는 페르시아 지배를 받고 있었지만 주민들은 그리스인이었기 때문에 페르시아에 대한 주민들의 비협조를 기대했던 것이다. 식량 부족보다 주민 봉기를 더 두려워했던 페르시아 방위대가 야음을 틈타서 작은 배를 타고 맞은편에 있는 아비도스로 달아날 때까지 2개월 동안 공방전은 계속되었다. 2개월 뒤 적은 도주했고, 그때를 기다리고 있던 주민들이 성문을 열었고, 마침내 배다리를 연결하고 있던 밧줄을 절단함으로써 세스토스 공략을 종료했다. 기원전 479년 12월 초였다.

겨울 바다를 아랑곳하지 않고 아테네의 외항인 피레우스로 귀환한 아테네 해군은 전리품인 긴 밧줄을 해상에 늘어뜨린 채 개선을 알린다.

플라타이아이에서 승리한 이후 강제 소개가 해금되어 아테네 시내는 서서히 귀국하는 사람들로 채워졌다. 해군의 개선을 맞이하는 아테네 군중 가운데는 소개 중에 16세를 맞이한 크산티푸스의 장남 페리클레스도 있었을지 모른다. 이렇게 마침내 제2차 페르시아전쟁의 두 번째 해가 끝났다.

첫해인 기원전 480년은 살라미스해전에서 그리스 쪽이 페르시아를 상대로 '결정타'를 날린 해였다. 두 번째 해인 기원전 479년은 플라타이아이전투 승리와 미칼레와 세스토스의 탈환 성공으로 그리스 쪽이 페르시아에 '결정타'를 날린 해였다. 이렇게 해서 에게해는 다시 그리스인의 바다로 돌아왔다.

세스토스 탈환 또한 파급효과를 낳았다. 육로를 따라 침공해 오는 페르시아의 공포에서 해방되었고, 북부 그리스인 트라키아 지방이 그리스로 돌아왔다. 그리고 그 서쪽에 위치한 마케도니아, 마케도니아 남쪽에 펼쳐져 있는 테살리아와 에게해가 그리스인의 손에 돌아왔을 뿐 아니라 그리스 본토도 그리스인의 손에 돌아왔다. 그리스를 '밀 한 줌'이라고 보았던 페르시아가 그 보리 한 줌에 철저하게 패배했다.

그사이 페르시아 왕 크세르크세스는 안전한 내륙에, 페르시아가 그리스 침공의 전초기지로 생각했던 사르디스에 머무르고 있었다. 그곳에서 플라타이아이와 미칼레의 패배 소식을 들었다. 크세르크세스는 격한 분노를 억누르지 못하고 가신이 누구든 가리지 않고 분노의 목소리를 쏟아냈다. 그래도 아직 괜찮았다.

40세가 된 페르시아 왕을 고뇌의 밑바닥으로 빠뜨린 것은 분노가 아니라 더 질 나쁜 감정이었던 듯하다. 오리엔트 귀공자를 습격한 이 인격 파탄은 플라타이아이나 미칼레 전투 결과 때문이 아니라 이미 살라미스해전 직후부터 시작되었던 것으로 보인다. 그때까지 그를 조절해왔던 자기 제어가 붕괴되었다. 아들의 애처에게 손을 댔고, 이 사실을 알고 미칠 듯이 화가 난 왕비가 그 여인의 사지를 절단하는 만행이 발생하면서 급기야 왕가는 엉망진창이 되었다. 크세르크세스는 사태를 해결할 의지가 전혀 없었고, 더욱 무분별한 행동을 일삼을 뿐이었다.

그는 플라타이아이전투의 패배를 알고 비로소 사르디스를 떠나 수사로 돌아가겠다고 말했다. 시르디스부터 수사까지 이어진 페르시아 유일의 쾌적한 도로를 흔들리는 가마를 타고 가면서 40세에 인격이 파탄 난 남자는 도대체 무슨 생각을 했을까?

헤로도토스에 따르면 페르시아와 그리스 양쪽 장군들 가운데 육체적으로 가장 아름다운 남자는 크세르크세스였다고 한다. 그는 이후에도 14년 동안 페르시아제국의 왕으로서 살았다. '왕 중의 왕'이라고 불렸지만 그 14년은 그리스에 완패한 사실이 짙은 그림자를 드리운 시간이었다.

광대한 제국의 각지에서 일상적인 행사처럼 일어나는 반란으로 골머리를 썩이던 그가 유일하게 편안한 기분을 누린 기분 전환의 시간이 건축 기사나 장식 직공과 함께 도면을 앞에 두고 있던 때였다는 점은 너무 슬프다. 아버지 다리우스가 착수했지만 완성에는 이르지 못한 일, 수사나 페르세폴리스가 당시 사람들을 경탄시킬 정도로 화려하고 아름다운 도시로 바뀐 것은 크세르크세스가 모든 정신을 거기에 쏟아 부었기 때문이었다.

그는 안락한 죽음조차 맞이하지 못했다. 54세가 되던 해에 왕위를 노린 가신에게 암살당하고 말았다. 게다가 사후 왕위 계승도 순조롭지 못했다. 이 가신과 왕의 장남 사이에 다툼이 일어났는데, 그로 인한 반란은 1년 뒤에야 수습되었으며, 그 와중에 가신과 장남 모두 살해되었기 때문이다. 이것이 그리스에서 돌아온 뒤 통치의 기운을 잃은 오리엔트 귀공자의 여생이었다.

대부분의 역사 연구자들은 그리스인이 페르시아전쟁에서 승리하면서 자기들이 가진 자질에 눈을 떴고 자신감을 갖게 되었다고 말한다. 나도 그에 찬성한다. 그 후 그리스인, 특히 아테네인은 최전성기를 구가했기 때문이다.

제1차에서 제2차로 이어진 페르시아전쟁, 특히 제2차 전쟁의 두 번째 해는 앞으로 그리스가 어디로 가야 하는지 방향을 명확하게 보여주는 데 도움이 되지 않았을까? 다르게 말하면 지침을 부여했던 셈이다.

페르시아(동방)는 '양'으로 압도하는 방법으로 공격해 왔다. 그리스(서방)는 '질'로 맞서 싸웠다. 이때 '질'이란 개개인의 소질보다는 모든 시민이 지닌 자질을 활용한 종합적인 질을 의미한다. 즉 한데 모아서 활용하는 능력이라고 말해도 좋다. 이를 통해 그리스는 승리했다. 보리 한 줌에 불과했지만 대제국을 상대로 이긴 것이다.

페르시아전쟁을 통해서 자기들이 지닌 모든 힘의 적절한 활용을 중시하는 정신이 그리스인의 마음에 생겨났다. 이를 바탕으로 그리스 문명이 이후 유럽의 모태가 되는 노정을 거쳐 유럽 정신을 형성하는 중요한 한 요소로 자리매김하지 않았을까.

이 상상이 정확히 과녁을 맞혔다면, 그리스의 뒤를 이어 오늘날 유럽이 동방과 확실한 차이를 만들어냈다는 의미에서, 그 차이는 이미 페르시아전쟁, 그것도 제2차 전쟁의 두 번째 해를 계기로 탄생했다고 말할 수 있지 않을까.

승부는 '양'이 아니라 '활용'에서 결정된다는 사실을 보여줌으로써 말이다.

4

안전보장

       기원전 478년, 제2차 페르시아전쟁이 종료되면서 에게해를 둘러싼 그리스 세계에서 페르시아 세력은 일소되었다. 그리고 기원전 334년부터 시작된 알렉산드로스 대왕의 동방 원정까지 144년 동안 그리스와 페르시아 사이에는 '전쟁'이라고 할 만한 규모의 싸움이 일어나지 않았다. 144년이라고 해도 마지막 3분의 1에 해당하는 시기에는 그리스가 상당한 혼미를 거듭해서 그리스 세계의 안전이 만족할 만한 수준으로 보장된 것은 페르시아전쟁이 끝난 뒤 100년 동안이라고 보는 것이 적절하다.

  그런데 '안전보장'이란 무엇일까. 역사의 흐름에 맡겼더니 그 결과로 100년 동안 안전이 보장되었다는 뜻일까. 아니면 페르시아전쟁 종료 직후부터, 안전을 보장할 수 없는 사태를 상정해 실행에 옮긴 많은 대책이 잇따라 나왔기 때문에 그 결과로 100년 동안 안전이 보장되었다는 뜻일까.

후세의 눈으로 역사를 본다면 전자다. 동일한 역사라도 그 시대에 살았던 사람의 관점에서 보면 후자로 바뀐다. 전자라면 애초에 흘러가는 대로 진행되는 것이 역사이므로 역사를 이렇게 저렇게 해보려는 사람들의 노력 전체가 무용한 것처럼 보인다. 그중에서 보통 사람 이상으로 부지런히 노력을 아끼지 않았던 지도자들의 경우 보통 사람 이상으로 어리석은 자들이며, 게다가 그들이 무엇인가를 했다는 것은 지위나 권력을 차지하기 위한 행동에 불과하다고 판단하기 일쑤다. 이렇게 생각하는 사람이라면 '안전'이 오랫동안 '보장'된 상태를 나타내는 '평화'를 '피스peace'라고 부르는 것이 어울린다. 영어로 '피스'라고 하면 그렇게만 말해도 실현될 듯한 기분이 들기 때문이다.

한편 '피스'의 어원인 라틴어 '팍스pax'는 입으로 말할 때 기분부터 달라진다. '팍스로마나'라고 불릴 정도로 그 말을 만들어내고 개념을 창조한 고대 로마인은 '평화'를 '오랜 시간에 걸친 안전보장의 연속'이라고 인식했고, 엄격하고 냉철한 인간들이 노력한 결과라고 생각했다. 이렇게 생각하면 권력자나 보통 사람을 포함해서 당사자 모두의 안전보장을 위한 노력이 바보스럽게 보이지 않는다. 설사 이런 종류의 노력이 후세에 보면 쓸모없게 끝났다고 해도 어리석은 행위로 보이지 않는다는 말이다. 그뿐 아니라 예상 밖의 사태까지 고려하며 대책을 궁리해냈기에 비록 100년이라지만 그리스인은 '평화'를 향유할 수 있었다. 페르시아 군대의 침공을 걱정하지 않아도 되었다는 말이다. 이를 지위나 권력을 얻기 위해서였다고 단정하는 것은 그야말로 '천박한 억측'에 불과하다. 역사를 이해하는 마음을 갖지 못한 사람이라고 생각한다.

역사학자들 가운데 살라미스해전에서 일약 이름을 드날린 테미스토클레스가 그 후 전투에서 육군과 해군 어디에서도 최고사령관으로서 그리스 군대를 지휘하지 않았다는 사실을 이상하다고 생각하는 사람이 적지 않다. 기원전 480년 가을 살라미스에서 페르시아 해군에 압승한 뒤 테미스토클레스는 전쟁터에 나오지 않았다. 아마 그는 매년 10명이 선출되는 '스트라테고스(사령관)'의 한 사람이 되었을 것이다. 그러므로 그가 원한다면 한 시기를 향유했던 명성을 배경으로 다시 군대를 거느리고 전쟁터에 나가도 이의를 제기할 사람이 없었을 것이다. 페르시아 쪽에 결정타를 날린 다음 해인 기원전 479년 그의 나이는 겨우 45세였다.

그럼에도 매우 중요한 1년 동안 전쟁터에서 군대를 통솔한 사람은 육군에서는 아리스티데스, 해군에서는 크산티푸스였다. 이 아테네 쪽의 두 사람과 스파르타의 파우사니아스 세 사람이 자신들에게 맡겨진 책무를 완수했기 때문에 기원전 479년은 페르시아와 맞선 전쟁을 마무리한 해가 되었다.

그렇다면 기원전 479년 45세였던 테미스토클레스는 소개지인 살라미스에 설치된 아테네 정부에 근무하면서 그 외의 모든 일에서 '물러나' 있었던 것일까. 대답은 당연히 "노"다.

플라타이아이에서 벌어진 육상전에서 아테네는 중무장 보병 8,000명, 궁수 800명이라는 당시 아테네가 할 수 있는 최대한의 병사를 참전시켰다. 같은 시기에 진행한 미칼레 공략을 목표로 한 해상전에도 아테네는 200척을 참전시켰다. 200척이나 되는 삼단 갤리선을 채우기 위해서는 배를 조종하고 노를 젓는 전투원인 중무장 보병과 경무장 보병을 합쳐 4만 명의 시민이 필요했다. 육군 8,800명은 아테네가 보낼 수 있는 최대 숫자였다.

육상전에 참전한 아테네 군대를 지휘한 사람은 마라톤에서 전투 경험이 있는 51세의 아리스티데스였다. 마라톤전투의 동료 테미스토클레스는 아리스티데스가 그리스 전군을 지휘할 정도의 그릇은 되지 못해도 차석을 맡을 능력은 충분하다는 것을 알고 그를 추천했을 것이다. 살라미스해전 직후 테미스토클레스의 명성을 고려할 때 만약 그가 반대했다면 아리스티데스는 파견되지 않았을 것이다.

또한 그 시점에 파우사니아스의 능력은 그의 나라 스파르타뿐 아니라 아테네인 사이에서도 미지수였다. 그렇다면 대담한 전략을 생각해낼 능력은 없지만 자기 군대 병사들을 다독이는 능력이 있는, 실적이 풍부한 아리스티데스에게 병사들을 맡길 필요가 있었다.

사모스 섬은 10년 전 제1차 페르시아전쟁 당시부터 페르시아 해군의 집결지였다. 따라서 에게해를 일거에 횡단해서 적 해군의 본거지를 공격한 것은 단순한 적 기지 공격이 아니었다. 에게해 최대의 페르시아 해군 기지를 공략하는 데 성공하면 살라미스해전 이후 상당히 동요하면서도 페르시아 지배에서 탈출할 용기를 내지 못한 이오니아 지방과 근접한 에게해 섬들을 그리스 쪽으로 끌어들일 수 있었다.

아무튼 돌 하나를 던졌을 뿐이지만 그 주위 일대의 돌담을 무너뜨리는 방법으로 적의 의표를 찌르고 효과 또한 발군인 전략을 생각해 낸 사람은 테미스토클레스 외에는 없다고 생각한다. '미칼레 공략 작전'은 사모스 섬에서 페르시아 세력을 일소하는 것으로 끝나지 않았다. 스파르타 군대는 사모스 탈환에 성공한 뒤 더 이상 에게해의 해전에 관심 없다고 말하며 본국으로 돌아갔다. 그런 그들은 그대로 두고 아테네 선단만으로 에게해를 북상하려 한 것이나 최대 목표인 페르시아 세력을 일소하기 위해서라면 무엇이든 활용하려고 한 것은 모두 테미스토클레스의 생각에서 나왔다. 그것은 페르시아 육군이 그리스를 공격할 때 활용한 좁은 헬레스폰투스 해협을 유럽 쪽과 아시아 쪽으로 확실하게 나누는 것을 목표로 한 전략이었다.

구체적으로는 먼저 해협에서 유럽 쪽에 위치한 세스토스를 탈환한다. 다음으로 세스토스의 맞은편에 있는 아비도스로 연결된 다리의 밧줄을 끊어서 '배다리'를 없앤다. 이것은 아시아에서 유럽으로 쉽게 건너오지 못하게 하려는 전략이었다. 페르시아는 초강대국이었지만 어디까지나 육군 전력이 토대였다. 당시 페르시아 육군은 육로를 따라 그리스를 공격해 왔다. '세스토스 공략 작전'은 그 육로를 차단하는 것이 목적이었다.

전략과 전술을 생각해본 적 없는 일반 사람들도 육로를 따라 공격해 오는 적에 대한 공포가 사라졌다는 것은 쉽게 이해할 수 있을 것이다. 이 사건이야말로 '페르시아의 위협에서 그리스를 해방시켰다'는 평가를 설명할 수 있는 구체적인 사례다. 그때까지 실전 경험이 전혀 없고 그때가 첫 출전이라고 해도 좋을 크산티푸스 같은 사람이 이와 같은 최고의 전략을 생각해낼 능력과 그것을 실행에 옮길 결단력까지 갖추었을 것이라고는 생각하기 어렵다. 따라서 이 또한 타인이 생각하지 못하는 것을 생각하고 그를 통해 실적을 거둔 테미스토클레스의 작품이라고 볼 수밖에 없다.

그렇다면 그는 왜 스스로 실행하지 않았을까. 육상전인 '플라타이아이전투'는 물론이고 살라미스해전을 경험한 해군을 이끌고 미칼레나 세스토스를 공략하려고 했다면, 만약 그럴 마음이 있었다면, 그는 충분히 할 수 있었다. 그런데도 실행하지 않은 것은 테미스토클레스가 스스로 정점에 이르렀음을 자각했기 때문이라고 생각한다. 정점에 도달한 뒤에는 내리막길을 걸을 수밖에 없다는 것을 잘 알고 있었기 때문이다.

테미스토클레스는 살라미스에서 승리한 뒤 스파르타의 초대를 받았는데, 다른 나라 사람에게 폐쇄적인 일국 평화주의 노선을 완고하게 지켜온 스파르타인에게서 오늘날의 표현을 빌리면 국보급 대환영을 받았다. 스파르타인은 늘 시의심을 갖고 아테네인을 바라보았지만 테미스토클레스에게만큼은 칭찬을 아끼지 않았고 올림픽의 우승자라도 된 것처럼 이 아테네인의 머리에 월계관을 씌워주었다. 스파르타의 베테랑 세대는 테미스토클레스에 대해 아테네인이지만 장군으로서 재능을 충분히 인정했고, 스파르타 청소년들은 동경 어린 시선으로 그를 올려다봤다.

다음 에피소드는 그 후 얼마 뒤에 개최된 고대올림픽에서 일어난 이야기다. 경기가 진행 중인 주경기장 관중석에 테미스토클레스가 들어왔다. 그때까지 선수들에게 집중했던 관객 전원의 시선이, 경기가 진행되고 있는데도 선수들에게서 떠나 관중석에 막 들어선 테미스토클레스에게 집중되었다고 한다. 테미스토클레스는 아테네 최고의 유명인일 뿐 아니라 그리스 최고의 유명인이었다.

이런 테미스토클레스가 살라미스해전 이후 전쟁터에 나가지 않은 것은 전쟁 결과가 좋지 않을 경우 자기 명예에 상처가 날 것을 두려워했기 때문이라고 생각하는 것은 참으로 '천박한 억측'이다. 그가 정작 두려워한 것은 마라톤전투 이후 밀티아데스의 전철을 밟는 것이 아니었을까.

기원전 490년에 마라톤 평원을 무대로 전투를 벌인 것이 마라톤전투다. 여기에 기원전 480년 스파르타 왕 레오니다스와 300명이 옥쇄한 테르모필레전투 그리고 살라미스해전을 포함한 세 전투를 2,500년 뒤 서양인들도 그리스인이 페르시아 군대의 침공에 맞서 싸운 3대 전투로 알고 있다. 그중에서 특히 마라톤전투는 근대에 재개된 올림픽의 마지막을 장식하는 경기인 마라톤의 기원으로 역사에 흥미가 없는 사람들도 알고 있는 사실이다.

마라톤선투는 2만 5,000명의 페르시아 군대에 맞서 1만 명의 그리스 군대가 압승을 거둔 전투였다. 이 승리의 최고 공로자는 사실상 최고사령관으로 아군 전력을 최대한으로 활용한 밀티아데스였다. 승리

소식을 조국에서 기다리고 있는 사람들에게 빨리 알리기 위해 마라톤 들판에서 아테네까지 달리고 달려서 승전보를 전한 뒤 쓰러져 죽은 병사의 이야기에서 훗날 마라톤이 탄생했다. 당시 아테네인들이 이 승리에 크게 기뻐한 데는 몇 가지 이유가 있다.

첫째, 패전으로 사기를 잃은 페르시아 군대가 그대로 철수했기 때문에 제1차 페르시아전쟁은 마라톤전투로 끝을 맺었다는 점.

둘째, 그때까지 무적으로 이름을 날렸던 페르시아 군대에 그리스 군대라고는 하지만 사실 아테네 시민군이 수적인 열세에도 압승했다는 점. 아테네 시민은 자기네 방위 체제의 핵심인 중무장 보병에 대해 절대적 자신감을 갖게 되었다.

셋째, 마라톤이라는 아테네에서 그다지 멀리 떨어지지 않은 곳에서 승리했다는 점. 마라톤에서 패하면 그 후 적이 단숨에 아테네로 밀려올 것이라는 공포에 떨고 있던 시민들은 이 공포에서 해방되자 크게 기뻐한 것이다.

이로 인해 승리한 장군 밀티아데스의 명성은 급상승했다. 아테네 시민은 그에게 전투를 맡기면 반드시 이긴다고 생각하게 되었다. 60세가 되어 쏟아지는 칭찬을 받자 밀티아데스의 마음이 움직였을지 모른다. 다음 해에 시민들의 요청을 받아서 이번에는 해군을 거느리고 파로스 섬 공략에 나섰다. 그런데 파로스 섬 공략전에서는 준비 부족에다 밀티아데스 본인이 중상을 입어 1개월가량의 공방전 끝에 아테네 군대는 퇴각하고 말았다. 이렇게 되자 아테네 시민들은 밀티아데스에게 격노했고 중상을 입은 최고사령관을 고소하기까지 했다. 고

　　　　　　　　　　　　　　　그리스인 이야기 I

소를 당한 '마라톤의 영웅'은 최악의 경우 사형을 피할 수 없었다. 이때 밀티아데스를 사형에서 구하려고 노력했던 사람이 마라톤에서 사령관 중 하나로 밀티아데스를 도운 테미스토클레스였다. 테미스토클레스가 애를 썼지만 사형을 벌금형으로 낮추는 것에 만족해야 했다. 밀티아데스는 불과 1년 전에 칭찬을 한 몸에 받았지만 이제는 50탈란톤이라는 막대한 벌금을 부과받고 아들 키몬이 조금씩 갚는다는 조건으로 겨우 사형을 면했다. 하지만 얼마 뒤 부상이 악화되어 끝내 세상을 떠났다.

당시 35세던 테미스토클레스는 이 사건에서 배운 바가 있었을 것이다. 민중이란 기대가 크면 클수록 그 기대에 미치지 못할 경우 실망 또한 커지는 생물이라는 점을 말이다. 또한 과도한 기대를 품은 자신들은 반성하지 않고 자신들이 맛본 실망의 정도를 더욱 크게 느끼면서 실망을 초래한 사람을 미워하는 성질을 가지고 있다는 것도. 그러나 마라톤전투 직후의 밀티아데스는 61세였는데 살라미스해전 직후의 테미스토클레스는 아직 45세였다. 그에게는 해야만 하는 일이 남아 있었다. 그것은 '혁신덩어리'라 할 수 있는 테미스토클레스가 처음으로 생각한 사업이었다.

살라미스해전 이후 아테네뿐 아니라 그리스 전역에 퍼져나간 명성은 그가 아이디어를 실현하는 데 도움이 되었을 것이다. 따라서 아테네에서 이의를 주장하는 목소리가 나온다 해도, 그 일파의 영수들을 살라미스해전 이전에 했던 것처럼 도편추방이라는 강경 수단에 호소하지 않고 입을 다물게 하는 데 도움이 되었을 것이다.

테미스토클레스는 살라미스해전 이후 전쟁터에 나가지 않아도 문제가 되지 않을 것이라고 생각했다. 후방에 있어도 전략을 세우는 것은 충분히 가능했기 때문이다. 사령관으로 전선에 보내기에 적합한 인물 또한 있었다. 누구든 활용하자는 주의인 테미스토클레스였기에 과거 반대파 영수였고 그 때문에 도편추방을 했던 아리스티데스와 크산티푸스를 육지와 바다로 보내는 데 망설임이 없었을 것이다. 그는 시민집회에 제안해서 1년 전에 국외로 추방했던 두 사람을 불러들였다. 그리고 두 사람은 제2차 페르시아전쟁에 결정타를 날려야 하는 기원전 479년의 두 전투에서 충분히 '결정타'를 날려주었다.

살라미스해전 이후 테미스토클레스가 전쟁터에 나가지 않은 것은 그에게 자기 제어 능력이 있었기 때문이라고 생각한다. '자기 제어'는 '지속하려는 의지'와 안팎으로 짝을 이루는 인간만이 지닌 능력이다.

아테네와 피레우스의 일체화

테미스토클레스는 또다시 강제 소개를 할 수는 없다고 생각했다. 공격해 온 페르시아 군대를 눈앞에 두고 아테네 주민 모두를 다른 지역으로 소개해서 시내를 비운 뒤 적을 바다로 끌고 가 결전을 벌인 작전이 성공했다. 그러나 기원전 480년의 전략을 되풀이할 수 없다고 판단했다. 적에게 공격을 당할 때마다 되풀이하면 그 전략에 익숙해진 적이 먼저 그에 대한 대책을 강구할 터였다. 아군 또한 얼마 지나지 않아 집으로 돌아간 과거를 떠올리며 소개 명령을 따르지 않을 가능성이 있었다. 뛰어난 전략은 되풀이하지 못하기 때문에 '뛰어난 전략'이다.

테미스토클레스는 앞으로 적이 공격해 와도 더 이상 아테네를 강제 소개하지 않고 지켜내는 것을 최대 목표로 삼았다. 문제는 그 목표를 구체적으로 어떻게 실현하느냐였다. 아테네 시내를 높고 견고한 성벽으로 에워싸는 방법은 처음 단계에서 배제했다. 그 시대에 도시를 둘러싼 공방전은 공격하는 쪽의 군사 기술이 아직 유치한 수준이어서 대부분 포위해서 식량 공급을 차단하는 전략을 활용했다. 당시 그리스에서 아테네는 가장 인구가 많은 도시였다. 테미스토클레스는 아무리 아테네를 강건하게 요새화한들 방어할 수 없다고 보았다. 한편 아테네는 당시 그리스 도시국가들 가운데 해군력이 최강이었다. 이 해군력을 활용하면 아테네가 식량 차단 전략에 굴복하지 않아도 되었다.

또한 에게해가 그리스인의 바다로 돌아왔다. 이는 아테네가 자국의 배로 식량과 필수품을 해외에서 운반해 올 수 있음을 의미했다. 그러나 아테네는 직접 바다와 연결되어 있지 않았다. 외항인 피레우스는 7.5킬로미터 떨어져 있었다. 테미스토클레스는 이 7.5킬로미터에 성벽으로 보호된 직선 도로를 뚫어 아테네와 피레우스를 연결해야겠다고 생각했다. 이것이 실현되면 바다를 면하고 있지 않은 아테네의 불리함이 해소될 터였다.

먼저 아테네 도시 전체를 에워싸는 성벽을 이전보다 한층 견고하게 재건하고 전체 길이만 따지면 그와 비슷한 피레우스 일대를 성벽으로 둘러싸야 했다. 그리고 두 곳을 길이 7.5킬로미터, 폭 180미터인 직선 도로로 연결하고 도로 양쪽에 6미터에 이르는 성벽을 쌓는 엄청난 공공사업이었다. 또한 피레우스 일대에는 아테네 외항으로 역사가 긴 피레우스 항구 외에 항구가 두 곳 더 있었다. 테미스토클레스는 피레우스에 항구의 기능을 집중하고 나머지 두 항구는 조선 기능을 전문으로 하는 항구로 개발하려고 했다. 앞으로 그리스 최고의 해운국을 유지하기 위해서는 배를 건조하는 능력도 그리스 최고가 되어야 하기 때문이다. 그리고 더 많은 선택지를 갖기 위해 아테네에서 팔레론을 잇는 도로 또한 성벽을 쌓아야겠다고 생각했다. 팔레론은 살라미스해전 당시 페르시아 해군이 기지로 삼았던 항구인데 강에서 내려오는 토사를 파내야 한다는 단점이 있었다. 그럼에도 선택지로 삼기에 충분했다.

물론 아테네와 피레우스를 잇는 도로 건설이 우선이었다. 그러나 이 도로 건설은 쉽게 완성할 수 있는 사업이 아니었다. 이 사업의 중요성을 많은 아테네 시민이 곧바로 받아들이지 않았다. 시민 대부분이 페르시아 군대가 파괴한 시내의 재건을 우선해야 한다고 말했다. 그렇지만 테미스토클레스의 제안에 시민집회가 찬성표를 던진 것은 그 사업을 제안한 사람이 테미스토클레스였기 때문이었다. 테미스토클레스는 시민집회에서 수도 아테네와 연결될 피레우스에 창고시설을 완비하고 상품거래소도 만들어서 이 항구를 그리스 최고의 통상센터로 키우겠다고 주장했다. 그러나 선견지명은 누구에게나 부여되는 재능이 아니다. 많은 사람이 단지 현재의 눈으로 세상을 바라보고 손으로 만질 수 있는 것을 통해 상상하려고 한다.

테미스토클레스의 생각은 당시 아테네인의 상상을 뛰어넘는 것이었다. 그렇지만 다름아닌 테미스토클레스의 제안이었다. 아테네의 유권자인 시민 대부분이 단지 그 이유로 찬성표를 던졌다. 일부는 자기에게 이익이 될 것이라고 생각하고 찬성표를 던졌다. 아테네가 해운을 중시하게 되면 직업이 확실하게 보증되는 조선 기사와 선원, 만든 물건이 많이 팔리면 즐거운 항아리 제작자를 비롯한 수공업 직공, 그리고 새로운 시장 개척에 늘 민감한 교역 상인이 그들이었다. 즉 아테네 사회에서 자산 규모가 중층이나 하층에 속한 제3계급과 제4계급에 속한 시민들이었다. 그러나 테미스토클레스는 그들이 그저 이해해주기만을 바라는 이상주의자가 아니었다. 그는 그들의 직종에 대한 우대 정책을 다음과 같은 구체적인 법률로서 가결시켰다.

첫째, 해운 관계자는 매년 반드시 20척의 삼단 갤리선을 진수할 것.

둘째, 수공업자나 상인에 대한 대폭적인 감세 실시.

이 우대 정책으로 관련 직종에 종사하는 사람들은 자신감을 얻었고 따라서 이 직종에 들어오는 젊은이가 늘어난 것은 당연한 귀결이었다. 이런 사정으로 인해 늘 이러쿵저러쿵 논의가 끊이지 않았던 시민집회는 엄청난 공공사업인데도 의외라고 할 정도로 매끄럽게 가결시켰다. 물론 반대하는 사람도 있었다. 민주정치를 채택한 이상 반대하는 사람이 있는 것은 당연하다. 이번에도 테미스토클레스의 제안에 반대 의견을 낸 쪽은 아리스티데스와 그의 일파였다.

아리스티데스는 인간학적인 면에서 매우 흥미로운 사람이다. 테미스토클레스보다 여섯 살이 많아 당시 50대 초반이었다. '온건파'의 지도자로 아테네 정계에 인재를 제공해온 명문 알크마이온 일가를 거느린 가장이기도 했다. 그는 '급진파'의 지도자로 인정받고 있는 테미스토클레스와 사사건건 부딪쳤다. 그렇지만 국가 존망의 위기라고 생각한 제2차 페르시아전쟁 때는 협력해서 조국 아테네를 위해 봉사했다.

살라미스해전의 영웅이 테미스토클레스라면, 그다음 해에 벌어진 플라타이아이전투에서 아테네 군대를 거느리고 승리한 사람은 아리스티데스였다. 하지만 이 사람은 제1차 페르시아전쟁을 결정지은 마라톤전투와 제2차 페르시아전쟁에 결정타를 날린 플라타이아이전투에서 모두 지위가 차석이었고 총사령관이 되지 못했다. 전군 총사령관이라는 승부의 열쇠를 손에 쥔 적은 한 번도 없었다.

마라톤에서 승부의 열쇠를 손에 쥔 사람은 밀티아데스였고, 살라미스에서는 테미스토클레스, 플라타이아이에서는 스파르타의 젊은 장군 파우사니아스가 그 열쇠를 손에 쥐었다. '승부의 열쇠를 손에 쥔다'는 것은 전군의 전략을 세우고 스스로 군대를 통솔해서 적의 주력부대와 맞서는 것을 의미한다. 마라톤의 밀티아데스, 살라미스의 테미스토클레스, 플라타이아이의 파우사니아스는 결과가 어떻게 나오든 그 책임을 홀로 짊어지겠다며 승부에 나서 승리를 획득했다. 그 때문에 일반 대중은 이들을 '영웅'이라 부르며 환호했다.

아리스티데스는 이런 의미의 '영웅'이 되지 못했다. 매우 중요한 '보조 역할'이었다. 따라서 '주역'으로서 환호의 갈채를 온몸으로 받아본 경험은 한 번도 없었다. 이 사람에게 주역을 맡을 재능이 없었던 것은 아니다. 좋은 기회가 왔을 때 주역으로 뛰어오를 용기라고 할까 대담함이랄까, 그 점이 결여되어 있었다.

사람을 알아보는 힘이 있는 이라면 아리스티데스를 보고 이 사람은 태어날 때부터 '어른'이었을 것이라는 인상을 받을 것이다. 그에게는 한 가지 버릇이 있었다. 자기는 배후에 있고 전면에 다른 사람을 내세워 실로 조종하려는 습관이었다.

제1차와 제2차 페르시아전쟁 사이 10년 동안 해군력 증강을 주장한 사람은 테미스토클레스였다. 그 주장에 계속 반대한 사람은 아테네 정계의 '온건파'로 전면에 나선 크산티푸스였지만 뒤에서 이를 조종한 것은 아리스티데스였다. 크산티푸스는 도편추방을 정적을 제거하는 수단으로 활용한 테미스토클레스에 의해 36세에 추방되고 말았다. 그리고 전면에 나서지 않았던 아리스티데스가 도편추방을 당한 것은 그로부터 2년 뒤의 일이다. 이 두 사람이 페르시아전쟁이 발발하자 귀국해서 테미스토클레스에게 협력해 위기에서 탈출하는 데 공헌한 사실은 더 이상 언급할 필요가 없다. 이런 점에서 보면 테미스토클레스에 대한 두 사람의 태도는, 뭐든지 반대하는 야당이 아니라 현대식으로 말하면 '책임 야당'이라는 느낌을 준다. 다만 국가 존망의 위기 때는 '책임 야당', 위기가 수습된 다음에는 '야당'으로 돌아가는 식이다.

그런데 이번 아테네와 피레우스 일체화 공공사업 반대에는 아리스티데스 스스로 전면에 나섰다. 50대에 들어선 아리스티데스에게 갑자기 부담을 떠안을 용기가 생긴 것은 아니었다. 이런 종류의 '용기'는 타고나거나 그렇지 못하거나 둘 중 하나다. 그런데도 아리스티데스가 전면에 나선 것은 전면에 내세울 사람이 달리 없었기 때문이다. 그때까지 늘 전면에 섰던 크산티푸스는 그가 이끌고 성공한 미칼레와 세스토스 공략 작전 다음 해부터 역사에서 모습을 감춘다. 언제 세상을 떠났는지도 알려져 있지 않다. 스스로 거둔 업적과 다음 세대 아테네 정계의 제일인자 페리클레스의 아버지라는 위치 때문에라도 만약 전사했다면 기록이 남았을 것이다. 따라서 병으로 세상을 떠났다고 생각할 수밖에 없다.

아무리 명문 알크마이온 집안 출신이라지만 크산티푸스의 아들 페리클레스는 아직 17세에 불과했다. 고대에는 그리스든 로마든 어른이 되는 것은 20세, 책임 있는 지위에 오르는 것은 30세부터라고 정해놓았다. 요컨대 이 시기 아리스티데스의 주위에는 적당한 인물이 없었다. 그래서 어쩔 수 없이 스스로 전면에 나서서 테미스토클레스에 대한 반대를 주장하게 된 것이다. 아리스티데스의 주장에도 나름대로 일리가 있었다.

당시 아테네 시민 대부분은 아테네와 피레우스의 일체화가 페르시아 군대의 침공을 상정하고 세운 안전보장 대책이라는 점을 이해했다. 페르시아는 육군의 나라이며 페르시아가 다시 침공해 오면 육지를 통해 육로로 올 것임을 아테네 시민 모두가 공통으로 인식하고 있었다. 페르시아는 이미 살라미스에서 대패했고 사모스 섬의 해군기지

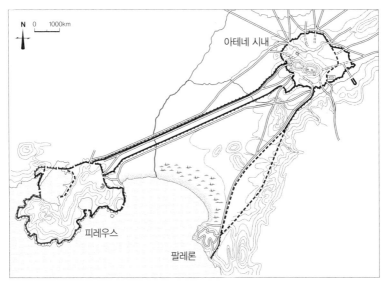

● 아테네와 피레우스를 연결한 성벽

도 붕괴되어 바다에서 공격해 올 일은 없었다. 당시 아테네는 최대 최
강의 해군국이었다. 걱정이 되는 것은 육지를 통한 공격뿐이었다. 이
렇게 생각했기 때문에 시민집회는 테미스토클레스의 제안을 쉽게 가
결한 것이다.

　그러나 육군을 주요 전력으로 삼는 나라가 그리스 내부에도 있었
다. 바로 스파르타였다. 아리스티데스가 반대한 이유는 스파르타를
자극해서는 안 된다는 것이었다. 아리스티데스는 페르시아의 공격에
효과적으로 대처하기 위해서는 그리스 도시국가들의 연합을 결성해
야 하고 그를 위해서는 아테네와 스파르타가 우호 관계를 맺어야 한
다고 주장했다. 그런데 아테네와 피레우스 일체화 사업을 강행하면

관계에 금이 가게 되고 이는 아테네를 위한 좋은 정책이 아니라는 주장을 펴면서 반대했다.

그렇다면 테미스토클레스는 스파르타에 대한 배려를 잊은 것일까. 잊었다고 말하기도 어렵고 잊지 않았다고 말하기도 어렵다. 다만 테미스토클레스는 선례가 있든 없든 대사업을 결행할 때 다음과 같은 마음이었을 것이다. '단 하나의 목적을 달성하기 위해 생각하고 완벽하게 성공하면 다른 목적에도 응용이 가능해진다.' 이 생각이 옳았다는 것은 훗날 로마가 도로망을 통해 실증했다.

아무튼 민주정치 아테네의 최고 결정 기관인 시민집회에서 가결했기 때문에 아리스티데스의 반대는 소수의견이 되었고 공사는 착공되었다. 아테네의 민주정치에는 소수의견 존중이라는 개념이 없어서 시민집회에서 가결된 이상 모두가 그 결정에 따라야 한다는 데 의문을 품는 사람은 없었다.

그런데 아리스티데스의 걱정을 실제로 증명이라도 하듯이 공사 개시로 시끄러운 아테네에 스파르타가 강력하게 항의를 해왔다. 스파르타를 가상 적국으로 삼은 공사이므로 즉각 중지해달라는 내용이었다. 스파르타는 우호국이었기 때문에 그대로 방치할 수 없었다. 테미스토클레스는 직접 스파르타로 가서 사정을 설명하기로 했다. 그리고 아리스티데스에게도 함께 가자고 제안했다. 스파르타로 떠나기 전 테미스토클레스는 비밀리에 공사 책임자 전원을 소집해 지시를 내렸다. 공사를 강행하라는 명령이었다. 그리고 아무리 서둘러도 아테네와 피레우스를 잇는 도로 폭과 성벽을 지키는 네 개의 탑 높이와 두께는 원안대로 해야 한다고 명령했다. 공사를 강행할지언정 중요한 것은 제대로 공사하라는 말이었다. 그 뒤 테미스토클레스는 스파르타로 출발했다.

아테네를 대표하는 전권대사이기도 한 테미스토클레스를 영접한 사람은 왕이 아니라 '5명의 에포로스'였다. 여러 차례 말했지만 도시국가 스파르타의 국가 전략을 결정하는 것은 세습되는 왕이 아니라 시민집회에서 매년 5명씩 선출되는 '에포로스(감독관)'였다. 따라서 아테네를 대표해서 스파르타에 도착한 테미스토클레스의 교섭 상대는 지위로 따지면 '행정 관료' 느낌을 주는 '5명의 에포로스'였다.

5명의 에포로스는 테미스토클레스를 힐난했다. 그 공사는 스파르타를 염두에 둔 공사가 틀림없다며 즉시 중지할 것을 요구했다. 테미스토클레스는 스파르타가 아니라 페르시아를 염두에 둔 것이라고 단언했다. 그리고 아리스티데스 또한 처음에는 공사를 반대했지만 시민집회의 가결에 따르게 되었다면서 이렇게 덧붙였다. "스파르타 쪽에 설명하기 위해 아리스티데스가 도착할 테니 그에게서 당초의 의혹이 풀리게 된 이유를 들으면 당신들도 납득하게 될 거요." 그러면서 자신은 스파르타 쪽의 의혹을 해소하는 데 전혀 협력하지 않았다. 그뿐 아니라 아리스티데스의 참석이 지체되는 것이 의외라는 듯이 "꽤 늦는데"라고 말했다.

마침내 스파르타에 도착한 아리스티데스가 자기 역할을 했다. 아테네와 피레우스 일체화 공사는 제안자인 테미스토클레스는 물론이고 찬성표를 던진 시민집회 참석자 모두 페르시아를 염두에 둔 안전보장이라는 점에 생각을 같이했고 자기도 납득했음을 분명하게 밝혔다. 5명의 에포로스는 아리스티데스가 정의롭고 거짓말을 하지 않는다는 평판이 자자한 사람임을 알고 있었다. 그러나 스파르타의 다섯 에포로스는 시의심으로 똘똘 뭉친 사람들이었으며, 자신들이 시의심으로 국정을 결정해왔기 때문에 스파르타 국가체제가 유지되었다고 믿는 사람들이었다. 아리스티데스가 증언을 했지만 그들의 의혹을 벗기기에는 아직 충분하지 않았다. 그래서 테미스토클레스가 말을 꺼냈다.

"당신들이 직접 아테네로 가서 눈으로 보고 확인해보시오. 당신들이 스파르타로 돌아올 때까지 나는 인질이 되어 이곳에 있겠소."

시의심이 강하다는 것은 통찰력이 뛰어남을 의미하지 않는다. 오히려 시의심에 방해를 받아 통찰력이 둔해지는 경우가 많다. 스파르타의 다섯 에포로스는 테미스토클레스를 인질로 삼으면 안심이라고 생각하고 아리스티데스와 함께 아테네로 출발했다. 그러나 테미스토클레스가 밀명을 주어 누군가를 아테네로 보냈다는 것까지는 알지 못했다. 5명의 스파르타인을 되도록 오랫동안 아테네 시내에 잡아두고 더 이상 붙잡아둘 수 없게 되었을 때 공사 현장으로 데리고 가라는 밀명이었다.

에포로스들이 아테네로 가 있는 동안 비록 인질의 몸이었지만 테미스토클레스는 쾌적한 생활을 보냈다. 외출이 자유로웠기 때문에 유명한 스파르타의 중무장 보병들이 훈련하는 모습을 지켜보았다. 스파르타 병사들은 환호성을 지르며 테미스토클레스를 환영했다. 그는 살라미스해전의 영웅이었다.

베테랑 병사들은 한 수 접은 태도로 그를 대했고 젊은 병사들은 마치 록 스타 주위를 에워싼 팬들처럼 그를 맞이했다.

세상에서 가장 맛없다는 평가를 받는 돼지고기 덩어리와 피를 넣어 끓인 잡탕은 스파르타의 강건함을 상징하는 것이기에 그들과 함께 맛보았을지 모른다. 아무튼 목적은 시간을 보내는 것이었다. 잡탕 정도는 견딜 가치가 있었다. 이렇게 지내는 동안 아테네로 갔던 에포로스들이 돌아왔다. 그들은 분노로 미쳐서 날뛰었다. 확실한 이유도 없이 며칠 동안 발이 묶였고 마침내 공사 현장에 도착하니 이미 공사는 완성 단계에 있었기 때문이다. 그들은 귀국하려는 테미스토클레스에게 분노를 쏟아냈다.

이쯤 되자 테미스토클레스도 가면을 벗어던졌다. 그는 5명의 에포로스뿐 아니라 전체 시민 앞에서 발언할 수 있게 해달라고 요구했다. 그리하여 왕을 비롯해 전원이 중무장 보병인 스파르타 시민 앞에서 연설을 했다.

아테네와 피레우스 사이를 연결하는 도로의 건설은, 살라미스해전 직후 아테네 홀로 결단한 강제 소개에서 얻은 교훈에 따라 다시는 그런 일을 되풀이하지 않기 위한 아테네의 안전보장 정책 중 하나입니다. 다만 아테네의 방위를 보증하는 것은 아테네만의 이익이 아니라 그리스 전체의 안전보장에도 깊이 관련된 문제임을 페르시아전쟁을 경험하면서 우리 그리스인들은 납득하게 되었습니다. 즉 그 공사는 아테네의 방위를 위한 것임과 동시에 아테네의 동맹인 그리스 전체 도시국가들의 방위를 위한 공사이기도 합니다. 그리고 앞으로 이것이 그리스 다른 도시국가 사이에서 문제가 된다면 아테네는 완벽하게 평등한 입장에서 대화를 통해 평화롭게 해결할 것을 맹세합니다.

또한 아테네가 이 공사로 얻은 안전보장을 다른 도시국가들이 따라 하는 것은 자유입니다. 그러므로 아테네의 사례를 모방하든지 아니면 따르지 않더라도 아테네의 설명을 받아들여서 아테네가 하는 것을 인정하든지는 각 도시국가의 자유로운 재량에 맡겨야 합니다.

테미스토클레스는 당당하게 정론을 펼쳤고, 그 결과 스파르타가 이를 받아들여 유쾌하게 정리되었다. 스파르타인들이 받아들인 이유에는 앞으로 최고의 해운 국가로 도약하는 아테네와 관계를 악화시킬 필요가 없다는 생각도 있었다. 어쨌든 테미스토클레스는 무사히 아테네로 귀국했고 아테네와 피레우스 일체화 공사는 완성을 위한 막바지 단계에 이르렀다.

정론을 펼칠 작정이었으면 처음부터 그렇게 하면 좋지 않았을까 생각할 수 있지만 인간세계는 그렇게 단순하지 않다. 스파르타인을 포함해서 인간이란 아직 현실이 되지 않은 단계에서 정론을 들으면 반드시 거기서 불평을 터뜨릴 요소를 찾아낸다. 그러나 현실을 앞에 두고 정론을 들으면 진심으로는 납득하지 못해도 그 정도에서 마무리하려는 마음이 들고 대응 또한 부드럽게 바뀌는 경우가 많다.

테미스토클레스도 상당한 정도까지 완성된 공사를 보여준 다음에 비로소 정론을 펼쳐서 승부를 걸었던 것이다. 목적은 아테네와 피레우스의 일체화였다. 그것을 강국 스파르타의 기분을 상하게 하지 않으면서 현실화하는 것이 그가 생각한 최상의 모습이었다.

로마의 경우에는 오스티아라는 외항이 있었다. 수도 로마와 오스티아는 테베레 강으로 연결되어 있었다. 그런데 아테네와 피레우스 사이에는 강이 없었다. 게다가 로마와 오스티아는 22킬로미터 정도 떨어졌지만 아테네와 피레우스는 7.5킬로미터 떨어져 있었다. 아테네와 피레우스의 일체화는 '의의'와 함께 '현실성'도 존재했다. 로마와 오스티아는 서로 다른 두 사람이지만 아테네와 피레우스는 같은 한 사람의 상반신과 하반신이라고 해도 좋았다. 이와 같은 사업은 전례도 없었고 이후에도 없었다. 테미스토클레스의 독창적 '작품'이었다. 다만 후세 연구자들은 이 '작품'이 강행으로 진행되었기 때문에 결함을 갖고 있음을 지적한다. 재료 조달이 원활하지 않거나 재료를 다듬을 시간이 없어서 석재의 크기가 일정하지 않고 묘석^{墓石}을 끼워놓은 곳마저 있었다. 그러나 완벽하지는 않더라도 처음에 생각한 대로 만드는 것이 중요했다.

로마인과 달리 사회자본을 중요하게 여기지 않았던 그리스인에게는 보기 드문 이 인프라 공사는 테미스토클레스의 뒤를 이어 아테네를 짊어지게 된 페리클레스에 의해 대대적인 개조가 행해졌고 그를 통해 말 그대로 완전한 벽, 즉 '완벽^{完璧}'해졌다. 그리고 당시 아테네인 사이에서 '성벽'이란 말로 통용되던 이 공사는 완성 이후 그리스 세계에서 거대한 통상 센터가 될 것이라는 테미스토클레스의 말을 현실로 만들었다.

먼저 아테네는 해군, 해운, 교역의 힘에서 모두 앞서 나갔다. 이로써 코린토스와 아이기나를 완전히 따돌렸다. 그 후 아테네는 국내 정치가 혼미해지는 시기에도 에게해의 통상 센터에 머물지 않고 동지중해 전역에서 통상 센터의 지위를 지켰다. 그러다가 테미스토클레스 시대로부터 150년 뒤에 이 지위에서 내려오게 된다. 마케도니아의 젊은 왕 알렉산드로스가 이집트에 건설한 알렉산드리아가 등장한 이후의 일이다. 테미스토클레스는 '살라미스의 영웅'에만 머무르지 않은 남자였다.

스파르타의 젊은 장군

이와 동일한 시기에 '플라타이아이의 영웅'은 무엇을 하고 있었을까.

제2차 페르시아전쟁 2년째인 기원전 479년, 그리스 도시국가 연합군을 거느리고, 플라타이아이 평원에서 페르시아제국이 자랑하던 주요 전력인 육군을 완벽하게 무너뜨린 파우사니아스는 아직 34세였다. 젊음 탓인지 승리의 기쁨을 잘 갈무리하지 못했던 듯하다. 델포이에 있는 아폴론에게 바친 신전에서 "파우사니아스, 그리스 전군의 총사령관. 적 페르시아 군대를 괴멸한 것을 기념하며 감사의 마음을 담아서 이를 봉납함"이라고 새긴 동판을 바쳤는데 그것이 다섯 에포로스의 주의를 끌었다.

스파르타는 리쿠르고스가 남긴 '헌법'만 따르는 외곬 국가여서 개인이 드러나는 것을 극도로 싫어했다. 그 개인이 비록 왕이라고 해도 경계의 대상이 된다는 점에서는 다르지 않았다. 그뿐 아니라 왕에 대한 압박이 더 혹독했다. 리쿠르고스 '헌법'은 권력을 견제해 국내 안정을 도모하겠다는 생각을 토대로 성립되었기 때문이다. 스파르타가 이런 성격의 도시국가인 이상 '5명의 에포로스'가 스파르타의 법을 지키는 것이야말로 자기들에게 부여된 책무라고 믿어 의심치 않게 된 것은 어쩌면 당연한 일이다.

델포이에서 있었던 일을 알게 된 그들은 군이 델포이까지 찾아가 파우사니아스가 봉납한 동판을 떼어내서 내용의 일부를 고쳤다. "파우사니아스, 그리스 전군의 총사령관"이라는 구절에서 파우사니아스의 이름을 삭제했다. 파우사니아스 개인에게는 별다른 처분이 없었다. 그러나 이 일이 있은 뒤 스파르타의 젊은 장군은 다섯 에포로스의 요주의 인물 리스트에 올랐다.

파우사니아스가 타자에게 경의를 표하고 자기를 낮추는 겸양의 미덕을 갖추지 못했을지 모른다. 그러나 겸양의 미덕과 천재는 원래 양립하기 어려운 것이다. 또한 파우사니아스는 스파르타보다 그리스를 먼저 생각하는 성향도 있었다. 플라타이아이에서 전투가 끝난 직후 이런 일이 있었다. 파우사니아스에게 스파르타 부하 병사들이 몰려왔다. 테르모필레에서 페르시아 왕이 레오니다스의 시체에 했던 것처럼 전사한 적장 마르도니우스의 머리를 잘라서 창에 꽂아 전군 앞에 보여주자고 말했다. 34세의 젊은 장군은 그 제안을 거부했다.

"그와 같은 행위는 야만적인 민족에게는 허용될지 모르지만 우리 그리스인들은 그렇게 하지 않는다."

델포이의 아폴론 신전에 봉납한 동판에 쓴 글도 '파우사니아스, 그리스 전군의 총사령관'이지 '파우사니아스, 스파르타 사령관'이 아니었다. 현대 연구자들 가운데 어떤 사람은 파우사니아스가 스파르타인답지 않은 스파르타인이었다고 말한다. 그러나 100퍼센트 스파르타인답지 않았다면 다른 인생을 선택했을 것이다. 그의 불행은 그가 50퍼센트 정도만 비#스파르타적이고 나머지 50퍼센트는 스파르타적이었다는 데 있다.

플라타이아이전투 직후 다섯 에포로스의 진심은 파우사니아스를 귀국시켜서 일정 기간 근신시켜야 한다가 아니었을까. 그러나 이 시기 스파르타에는 자국 병사들을 맡길 만한 인재가 거의 없었다. 스파르타 군대를 맡기 위해서는 현직 왕이거나 그 아래 지위, 즉 파우사니아스처럼 전왕의 아들이거나 아직 미성년인 다음 왕의 후견인이어야 했다. 페르시아전쟁의 여파가 아직 사라지지 않은 당시에 지휘관은 쉽게 찾아낼 수 없었다.

어쨌든 플라타이아이전투에서 파우사니아스의 공적은 뛰어났다. 나이도 30대 중반이었다. 다른 도시국가라면 파우사니아스를 계속 전선에 투입했을 것이고 누구도 그것을 법을 깨트리는 행위라고 생각하지 않았을 것이다. 그러나 스파르타는 그때까지 이미 250년 동안 리쿠르고스의 '헌법' 하나만으로 살아온 나라였다. 개인으로서 찬양받아도 좋은 사람은 테르모필레에서 옥쇄한 레오니다스 정도였다. 레오니다스가 그곳에서 죽었기 때문이었다. '죽은 영웅'은 해롭지 않지만

'살아 있는 영웅'은 유해한 존재가 될 수 있었다. '소인한거위불선'까지는 아니지만, 이 시기 5명의 에포로스는 파우사니아스와 스파르타를 위해 또한 그리스 전체를 위해서도 '좋지 못한 일'을 하고 말았다.

　플라타이아이에서 개선하자마자 파우사니아스는 스파르타 육군 사령관 지위에서 해임되었다. 그를 대신해 사령관이 된 것은 현직 왕인 레오티키다스였다. 그는 파우사니아스가 페르시아전쟁에서 전략을 세우기 위해 애쓰고 있을 때, 그와 동시에 진행된 '미칼레 공략 작전' 총사령관으로서 아테네 쪽 크산티푸스와 협력해 사모스 섬에서 페르시아 군대를 몰아냈다. 그러나 사모스 섬 탈환이 끝난 뒤 그대로 북상해서 헬레스폰투스 해협의 요충지인 세스토스를 공격하자는 아테네 군대의 제안에 레오티키다스는 더 이상 에게해에 관여하고 싶지 않다고 말하고 스파르타 병사들을 데리고 귀국했다. 5명의 에포로스가 보기에 이 사람이야말로 스파르타의 국익에 적합하다고 생각한 모양이었다. 펠로폰네소스 반도에 적의 침입을 막는 일을 최우선으로 생각하는 스파르타의 안전보장 정책을 충실하게 수행하는 사령관으로 보였을 것이다. 5명의 에포로스는 파우사니아스를 대신해서 스파르타 육군 사령관에 취임한 이 사람을 그리스 중부 테살리아 지역을 제압하는 일에 파견했다. 테살리아는 플라다이아이 전투가 일어나기 전 마르도니우스가 거느린 페르시아 육군이 겨울을 보낸 지역이었다.

　기원전 478년에 이루어진 테살리아 파견은 아무 성과 없이 끝났다. 당연했다. 그리스 중부에 위치한 테살리아 지역은 페르시아 대군의 침공을 받고 복속당해 어쩔 수 없이 페르시아에 겨울 야영지를 제공했다. 페르시아 군대가 플라타이아이에서 완패한 뒤에는 자연스럽게 그리스 쪽으로 되돌아왔다. 따라서 테살리아에 군대를 파견할 이유가 없었고 실제로 아테네는 군대를 파견하지 않았다.

그러나 기원전 478년 당시 에포로스 5명은 해임한 파우사니아스를 스파르타 안에서 근신시킬 수가 없었다. 델포이에 봉납한 동판의 일부를 지웠지만 '플라타이아이의 영웅'이라는 명성까지 지울 수는 없었다. 그래서 파우사니아스를 육군 사령관에서 해임하고 곧바로 해군 사령관으로 임명했다. 35세의 젊은 스파르타 장군은 해상에서도 성실한 자세로 임해 에포로스들을 깜짝 놀라게 하는 전과를 거두었다.

사모스 섬을 탈환했고 헬레스폰투스 해협의 요충지 세스토스의 공략에도 성공해서 살라미스해전 이후 이오니아 지방과 가까운 섬들은 모두 그리스 쪽으로 돌아왔다. 이렇게 에게해에서 페르시아 세력을 몰아냈다고 생각한 그리스인은 기원전 478년 에게해로 대규모 병력을 더 이상 보낼 필요가 없다고 생각했다. 탈환한 지역을 지키면 충분하다고 생각했을 것이다. 그러나 그리스 도시국가 연합군의 해산까지는 생각하지 않았던 모양이다. 기원전 478년 해군 연합 총사령관에 취임한 파우사니아스 휘하에는 100척 가까운 삼단 갤리선이 배치되었다. 스파르타를 비롯한 펠로폰네소스 반도에서 20척, 아테네에서 30척, 페르시아의 지배에서 벗어나 자유 도시국가가 된 이오니아 지방과 레스보스, 키오스, 사모스, 로도스 섬에서 보낸 배를 더해 100척 가까운 전력을 갖춘 것이다. 이 100척을 지휘할 자격을 부여받은 파

그리스인 이야기 I

우사니아스에게는 에게해에서 페르시아 세력을 몰아냈기 때문에 순찰 업무 외에 다른 명확한 공격 목표가 부여되지 않았다. 35세 젊은 장군은 어떻게 하느냐에 따라서 한직이 될 수 있는 자리를 한직으로 만들지 않았다.

100척을 지휘하는 파우사니아스는 그대로 에게해를 벗어나 동지중해로 들어가 키프로스 섬을 급습했다. 대의명분이 없었던 것은 아니다. 지중해의 동쪽 해안과 가까운 해상에 떠 있는 이 섬은 페르시아 영토이기는 했지만 주민은 그리스인이어서 그리스인을 페르시아의 지배에서 해방시킨다는 대의명분이 없지는 않았다. 그러나 키프로스는 지중해에 떠 있는 섬들 가운데 시칠리아, 사르데냐, 크레타에 이어 네 번째로 큰 섬이었다. 100척 정도 병력으로 간단하게 공략할 수 없다는 것은 섬을 한 바퀴만 돌아도 알 수 있는 일이었다. 이곳은 페니키아에서 가까워 페르시아 쪽에서도 가만히 앉아 있을 수 없는 지역이었다. 또한 페니키아인은 2년 전에 살라미스에서 철저하게 패배했고 그 원한이 여전히 남아 있었다. 적진에 너무 깊숙이 들어갔다고 판단한 파우사니아스는 더 이상 들어가지 않았다.

그래서 병력을 거두었지만 단순한 퇴각이 아니었다. 100척을 이끌고 에게해를 따라 돌아간 것이 아니라 에게해를 단숨에 북상해서 헬레스폰투스 해협을 빠져나가 마르마라 해를 건너 비잔티온^Byzantion 앞에 도착하자마자 곧바로 공격을 개시했다. 당시 그리스어로 '비잔티온'이라고 불렀던 이 도시는 로마 후기에 '콘스탄티노플'로 불리게 되

● 비잔티온 공략

368

그리스인 이야기 I

었고 15세기 터키에 정복당한 뒤 '이스탄불'이 되었다. 비잔티온이던 이 시기에는 그리스 세계의 주변에 있는 작은 도시에 불과했고 그리스나 페르시아 모두 중요하게 생각하지 않은 곳이었다. 비잔티온 공략을 생각해낸 파우사니아스는 역시 스파르타인답지 않은 스파르타인이었다. 아테네인 또한 주목하지 않았다는 점에서 동시대인의 사각지대를 파고든 셈이다.

그러나 생각해보면 납득이 가는 '사각지대'였다. 즉 페르시아의 침공 경로를 완전히 끊기 위해서는 헬레스폰투스 해협의 요충지인 세스토스를 수중에 넣은 것만으로 충분하지 않았다. 그 동북쪽에 있는 비잔티온까지 수중에 넣으면 완전해진다는 사실을 알았던 것이다.

왜 파우사니아스는 테미스토클레스조차 주목하지 않았던 비잔티온에 주목한 것일까. 아마 플라타이아이전투에서 후방에 포진해 있다가 거의 손실을 입지 않고 도주한 사르디스의 장관 아르타바조스와 페르시아 병사 4만 명의 도주로를, 추적까지는 하지 않더라도 주의는 기울여야 했기 때문일 것이다.

아르타바조스와 4만 명의 패주는 상당히 힘든 행군이었다. 헬레스폰투스의 좁은 해협을 통해 아시아로 가기 위해서는 정해진 길로 가야 했지만 플라타이아이전투 결과를 알고 있었던 이 지방의 그리스인들이 일제히 봉기를 일으켜 장관과 4만 명의 병사 앞을 가로막았기 때문이다.

아르타바조스는 패배 후에 다시 싸우는 일을 피하고 싶었다. 상당히 현실적인 지도자였던 이 페르시아의 장관은 지름길인 트라키아 지방 횡단을 포기하고 산을 따라 크게 우회해서 비잔티온으로 나와 그곳에서 아시아로 돌아가려고 했다. 적어도 12만 명이 넘었던 페르시아 군대 가운데 유일하게 질서 정연하게 도주한 4만 명은 세스토스에 연결된 배다리를 통하지 않고 멀리 비잔티온을 경유해서 별다른 피해를 입지 않고 고국으로 귀국했다.

이런 사실은 아시아의 유럽 침입을 완전히 봉쇄하려면 비잔티온과 세스토스를 모두 손안에 넣을 필요가 있음을 증명했다. 일찍이 헬레스폰투스의 요충지 세스토스는 지난해인 기원전 479년 가을에 아테네인 크산티푸스가 탈환했다. 그리고 1년 뒤 비잔티온은 스파르타인 파우사니아스에 의해 그리스 쪽으로 넘어왔다. 다만 탈환은 간단하게 끝나지 않았다. 세스토스 때도 그랬지만 이 지역의 중요성을 알고 있던 페르시아 쪽에서 방위대를 배치했기 때문에 먼저 그들을 격파할 필요가 있었고 주민들의 반페르시아 봉기가 그 뒤를 이었다.

세스토스 탈환도 해를 넘겨 이루어졌는데 비잔티온 공략이 끝난 것도 기원전 477년에 들어선 이후의 일이었다. 이것은 바다 민족이 아닌 스파르타인이 해상 전력을 활용해서 거둔 최초의 쾌거였다. 페르시아 침공에 맞서 싸우기 위해 결성된 그리스 도시국가 연합군은 결성 때 만든 규정에 따라 육군과 해군 모두 스파르타인이 총사령관을 맡았다.

아르테미시온과 함께 살라미스와 미칼레 전투에 참전한 해군 전력 대부분은 아테네가 담당했지만 전군을 지휘하는 총사령관은 늘 스파르타 왕이 맡았다. 그렇지만 스파르타인들은 자기들이 바다에 익숙하지 않다는 것을 알고 있어서 전략 수립이나 총지휘는 전적으로 아테네인인 테미스토클레스나 크산티푸스에게 일임하는 '양식良識'은 있었다.

그런데 비잔티온 탈환 작전은 명목상으로나 실질상으로나 스파르타인 파우사니아스가 지휘해서 거둔 승리였다. 스파르타에서는 이 쾌거에 환호를 올렸는데 일반 병사들만 승리를 기뻐했다. '5명의 에포로스'는 승리를 기뻐하지 않았다.

여러 차례 말했듯이 아테네와 스파르타는 모두 시민개병 제도를 채택한 나라였다. 다만 아테네 병사는 '겸직'이었던 것과 달리 스파르타는 '전업'이었다. 자기들이 프로라고 생각하는 사람들은 승리만으로 기뻐하는 경향이 있다. 그러나 리쿠르고스의 '헌법'을 감시하는 역할을 맡고 있는 5명의 에포로스가 보기에 파우사니아스의 쾌거는 마냥 기뻐할 수만은 없는 일이었다. 그 이유는 이렇다.

첫째, 스파르타 방위를 중요한 과제라고 생각하는 리쿠르고스의 '헌법'을 위반했다.

둘째, 스파르타의 위세가 미치는 범위를 펠로폰네소스 반도 내로 한정한 이제까지의 스파르타 국가 정책을 위반했다. 물론 스파르타를 맹주로 한 '펠로폰네소스동맹'이 예전부터 있었지만 그 동맹의 범위에는 에게해가 들어 있지 않았다.

하지만 5명의 에포로스는 비잔티온 공략에 성공한 파우사니아스에 대해 좀처럼 명확한 태도를 취하지 못했다. 스파르타 국내에서 파우사니아스에 대한 병사들의 지지가 워낙 높았기 때문이다. 이런 스파르타의 내정을 알게 된 아테네는 그것을 활용하기로 결정했다.

유럽과 아시아를 나누는 헬레스폰투스 해협을 압박하는 것은 페르시아 군대의 침략 경로를 차단한다는 점에서 중요했다. 그러나 세스토스와 그 맞은편을 잇는 배다리를 파괴하는 것만으로는 충분하지 않았다. 비잔티온 공략은 페르시아가 그리스를 침략하는 경로를 완전히 차단해서 서쪽에 있는 트라키아 지방 주민을 페르시아의 위협에서 해방하고 그를 통해 최종적으로 그리스 쪽으로 돌아오게 하는 데 도움이 되었던 것이다. 트라키아 지방에서는 예로부터 아테네인의 식민이 성황을 이루었다. 이 지역은 광물이 풍부해서 아테네인의 해외 자산이 집적되는 곳이었다. 페르시아전쟁 승리로 트라키아는 아테네로 돌아왔다. 세스토스를 손안에 넣으면서 그것이 명확해졌다.

비잔티온 공략은 아테네인에게 다른 생각을 하게 만들었다. 아테네인은 스파르타의 '에포로스' 등이 이해할 수 없을 정도로, 그리스인들 중에서 특히 경제에 밝았다. 아테네인에게 비잔티온은 흑해 연안이라는 새로운 시장의 개척을 의미했다. 비잔티온은 흑해로 들어가는 입구에 있었다. 그곳을 압박하는 것은 페르시아 군대의 침략 경로를 완전히 차단한다는 군사적 전략 외에도 흑해 연안으로 진출이라는 경제적 이점까지 안겨줄 터였다.

그런데 스파르타의 파우사니아스가 비잔티온을 점거하고 있었다. 어떻게 하면 파우사니아스를 몰아내고 세스토스뿐 아니라 비잔티온까지, 즉 에게해에서 흑해까지 전략적·경제적 요충지인 해역 전체를 아테네의 손안에 넣을 수 있을까. 그 해법은 구체적으로 스파르타 내부에 있는 반파우사니아스 세력인 에포로스들에게 파우사니아스를 몰아낼 재료를 제공하는 것이었다. 아리스티데스가 이를 실행하기 위해 나선 것으로 보인다. 5명의 에포로스는 아테네 정계의 거물들 중에서 테미스토클레스에게는 경계심을 품고 있었다. 장군으로서는 인정하지만 테미스토클레스의 지지층이 아테네 서민이고 그것이 스파르타의 하층민에게 악영향을 줄지 모른다고 우려했기 때문이다. 스파르타는 페리오이코이와 헬롯이라고 부르는 자기 나라의 하층민들에게 시민권을 부여하지 않았다.

한편 테미스토클레스의 경쟁자로 인정받는 아리스티데스는 아테네의 명문 알크마이온 집안을 대표하는 온건파의 우두머리로 알려져 있었다. 소수 지배를 채택하고 있는 스파르타인은 '급진파' 지도자인 테미스토클레스보다 '온건파' 아리스티데스 쪽을 더 신뢰했다. 따라서 아테네 온건파는 파우사니아스에 대한 정보를 모아서 스파르타의 에포로스들에게 보냈다. 밀고한 것이 아니었다. 믿기 때문에 모아서 보낸다는 식의 정보 제공이었다. 그러나 그 내용은 증거가 없는 정보로 저잣거리의 소문, 무책임한 중상에 불과했다.

"막 36세가 된 스파르타 장군이 페르시아 힘을 빌려서 그리스를 정복하는 꿈을 가슴속에 품고 있다더라."

"페르시아 왕 크세르크세스에게 공주와 결혼을 신청했다더라."

"정복 후 그리스에서 페르시아 왕의 최측근이 될 예정이라더라."

"비잔티온에서 페르시아의 풍습에 물들어 페르시아인 포로들로 구성된 친위대가 없으면 외출도 하지 않는다더라."

"공방전 중에 붙잡힌 포로들을 죽이지 않은 것은 그렇다고 해도 공방전을 함께했던 아테네나 다른 도시국가 사람들에 대한 행동이 독단적이고 전횡적이었다고 하더라."

이런 정보를 손에 넣은 5명의 에포로스는 파우사니아스를 국내로 소환해서 재판을 열기로 결정했다.

'법'은 권력자의 폭주를 억제하는 역할을 한다고 굳게 믿는 스파르타의 에포로스들에게는 상대가 왕이라고 해도 재판에 회부할 권리가 있었다. 다만 스파르타에서는 5명의 에포로스가 검찰 임무를 하지만, 판결을 내리는 일은 '게루시아Gherusia'라고 불리는 60세 이상의 현역을 마친 28명에 왕 2명을 더해 30명으로 구성된 '장로회의'가 맡았다. 36세에 본국으로 소환된 파우사니아스를 재판한 장로회의에서 내린 판결은 다음과 같았다.

"동맹국의 사람들에 대한 독단적이고 전횡적인 행동은 유죄이며 경고 처분."

"다만 다른 고소 내용은 증거 불충분으로 무죄."

그렇지만 에포로스 5명은 사실상 목표를 달성했다. 그 후 파우사니아스는 스파르타 군대를 통솔하는 지위에 오를 수 없게 해달라는 에포로스들의 신청을 장로회의가 인정했기 때문이다.

이제 개인이 된 파우사니아스는 얼마 동안 스파르타에 머물러 있었던 듯하다. 왕족 중에는 그에게 동정을 보내는 사람이 적지 않았는지 한 사람의 딸을 아내로 맞이해 아들을 얻었다. 그러나 여전히 그를 요주의 인물로 보는 에포로스에게 염증을 느꼈는지 결국 조국을 버렸다. 파우사니아스는 레오니다스의 아들로 아직 미성년인 왕의 후견인 자리를 동생에게 맡겼다. 그리고 아내 외에는 무엇이든 버리고 따르겠다는 몇 명과 함께 삼단 갤리선을 타고 이오니아 지방의 가장 북동쪽에 위치한 해변 도시 콜로나이로 이주해 그곳에서 살았다.

콜로나이에서 북쪽으로 30킬로미터 가면 트로이의 옛 전쟁터가 있다. 파우사니아스의 성격으로 볼 때 호메로스의 영웅들에게 친근감을 품고 있었을 테니 그런 이유로 콜로나이로 이주했을지도 모르겠다. 아무튼 개인이 된 '플라타이아이의 영웅'은 그곳에서 평온한 제2의 인생을 보낼 수 있었다.

내가 스파르타 '5명의 에포로스'를 '소인한거위불선'의 '소인'이라고 간주한 데는 이유가 있다. 그들은 미래를 읽어낼 능력이 없었지만 이들 외에 국정을 담당할 기관이 존재하지 않았다.

파우사니아스에게 판결을 내린 단계에서 5명의 에포로스는 파우사니아스를 대신해 도르키스를 비잔티온에 보내 통치를 맡겼다. 그러나 그것을 보고 가만있을 아테네가 아니었다. 아테네는 곧바로 근처에 있는 키몬을 비잔티온으로 보냈다. 키몬은 '마라톤의 영웅' 밀티아데스의 아들로 당시 38세였다. 아버지와 닮아서 전투 감각이 뛰어나 아리스티데스가 테미스토클레스의 대항마로 키운 젊은 장군이었다.

도르키스가 비잔티온에 도착했을 때 이미 그곳에는 키몬이 들어와 있었다. 도르키스는 무능해서 비잔티온에 스파르타 병사가 머무는 것은 고사하고 이미 주둔한 스파르타 병사들과 함께 쫓겨났다. 스파르타인은 정황이 자기들 생각한 대로 되지 않을 때 그 정황을 자기들에게 유리하게 바꾸기 위해 노력하기보다는 모든 것을 버리고 돌아가는 습관이 있었다. 따라서 파우사니아스 사건으로 다음 두 가지가 바뀌었다.

첫째, 에게해에서 흑해에 이르는 지방의 요충지 모두를 스파르타의 경쟁국인 아테네가 점거하게 되었다.

둘째, 에게해를 에워싼 지방에 사는 모든 그리스인에게 스파르타는 믿을 수 없다는 생각을 심어주었다.

그 시기 그리스인들의 입장에서 보면 스파르타를 믿지 못한 것도 무리는 아니었다. 사실 페르시아전쟁은 이오니아 지방의 도시국가 밀레투스가 페르시아의 지배에 저항해 일으킨 반란에서 시작된 전쟁이었다. 당시 밀레투스는 아테네와 스파르타에 구원을 요청했는데 스파르타는 에게해에 관심이 없다는 이유로 구원 요청을 거부했다. 아테네는 거절하지는 않았지만 삼단 갤리선 20척을 보내 어정쩡한 구원을 했다.

그리스 본토에 있는 두 강국의 대응에 절망한 것은 밀레투스만이 아니었다. 소아시아의 서쪽 해안 일대에 북쪽에서 남쪽으로 펼쳐진 이오니아 지방과 그 근처 바다에 있는 섬들 모두 페르시아의 지배를 받아들였다. 제2차 페르시아전쟁 때 많은 그리스인이 육군과 해군 모두 페르시아 쪽에 서서 싸웠는데 당시 그 사람들은 그럴 수밖에 없었다. 이 상황이 크게 변한 것은 '살라미스해전'과 '플라타이아이전투'와 '미칼레 공략 작전' 이후였다.

어쨌든 에게해에서 페르시아 세력이 사라졌다. 이오니아 지방과 에게해의 섬들은 페르시아의 쇠사슬에서 해방되었다. 상황은 호전되었지만 여전히 스파르타는 자기들과 관계없다고 생각했다. 그렇지만 페르시아의 지배 아래로 다시 들어가고 싶지도 않았다. 그렇게 생각한 그리스인들의 시선이 아테네로 향한 것은 당연한 일이다. 게다가 당시 아테네는 200척을 보유한 해군 대국이었다. 스파르타 5명의 에포로스가 '델로스동맹' 성립의 산파 역할을 맡은 꼴이 되었다.

델로스동맹

그리스 역사뿐 아니라 서양사에서도 유명한 '델로스동맹'은 그 이름에서 보듯이 동맹의 본부는 지중해 전역에 아폴론 신앙으로 잘 알려진 델로스 섬에 있었다. 이에 따라 그전부터 존재하던 스파르타를 맹주로 하는 '펠로폰네소스동맹'과 양립하는 형태로 아테네를 중심으로 한 '델로스동맹'이 탄생했다.

동맹의 목적은 여러 나라가 협력해서 집단방위를 하는 체제라는 점에서는 동일했다. 하지만 '델로스동맹'은 아테네의 제안으로 성립된 것이 아니라는 점에 대해서는 현대 학자들 생각이 일치한다. 물론 아테네로서는 우연히 일이 딱 들어맞았다는 것은 확실하다.

첫째, 제안한 것이 아테네가 아니있고 스파르타가 물러갔기 때문에 나온 제안이어서 스파르타는 항의를 하고 싶어도 권리가 없었다. 또한 델로스동맹은 에게해역의 집단방위를 목적으로 하기 때문에 펠로폰네소스 반도만의 안전보장을 목적으로 하는 '펠로폰네소스동맹'의 이해와 충돌하지 않았다.

둘째, 자국의 안전보장을 아테네와 피레우스 일체화로 이룬 아테네는 에게해 전역을 끌어들인 델로스동맹이 그 연장선상에 있어서 상당히 좋은 상황이었다.

셋째, 보유한 배와 조선 능력 모두 동맹 참가 도시국가들의 10배가 넘는 힘을 갖고 있어서 아테네가 동맹을 주도하게 된 것은 당연했다.

이런 이유로 아테네는 배가 왔기 때문에 그 배에 올라탔을 뿐이었다. 설령 배가 와도 올라탈 용기가 없는 사람도 있다는 점에서 이 또한 좋은 기회의 활용이었다.

동맹에 관한 여러 가지 토의를 하는 회의 역시 에게해의 남쪽에 있는 델로스 섬에서 열렸다. 주변 바다는 다도해라는 이름에 걸맞게 섬 하나를 지나면 수평선에 다음 섬이 보일 정도로 섬이 많았다. 그리스에서 정치적으로 중요한 사건은 주로 겨울에 일어났는데 이 계절에 바다로 나가는 것이 완전히 안전하다고는 할 수 없었다. 그럼에도 델로스 섬에 모인 도시국가는 많았다. 그만큼 동맹 결성에 대한 관심이 높았음을 보여준다.

아테네는 52세의 아리스티데스를 수석대표로 보냈다. 테미스토클레스는 '목적을 위해서는 수단을 가리지 않는' 사고방식을 가진 사람이었다. 이와 달리 아리스티데스는 '목적을 위해서라고 해도 수단을 가려야 한다는' 사고방식을 가진 사람이었다.

전쟁 때의 지도자와 평상시의 지도자는 차이가 나는데 평화의 성립을 꾀하는 토의에는 평상시의 지도자가 더 적합했다. 거기에다 가끔

의표를 찌르는 테미스토클레스가 앞에 있으면 긴장이 감도는데 정의로운 사람이라는 평판을 가진 아리스티데스라면 거짓말을 하지 않기 때문에 안심할 수 있다는 장점도 있었다.

아리스티데스는 조정자로서 능력이 뛰어났는지 '델로스동맹'을 단시간 내에 결성했다. 작은 도시국가들까지 포함하면 300개국이 넘는 나라가 참가했다. 4년에 한 번 휴전하고 개최하는 고대올림픽의 존재 이유에서 알 수 있듯이 연중 다툼을 벌이는 그리스인들을 하나로 묶는 것은 결코 쉬운 일이 아니었다.

델로스동맹은 그 후 반세기에 걸쳐 존속했다. 존속이 가능했던 것은 다음과 같은 이유 때문이다.

첫째, 대국 페르시아로부터 몸을 지키기 위해서는 집단방위밖에 방법이 없다는 것을 그리스인들은 잘 알고 있었다. 주변 국가들과 사이가 좋지 않아도 위기의식은 공유할 수 있었다.

둘째, 동맹에 참가한 도시국가들은 일정하게 정해진 금액만 참가 자금으로 냈다. 더 이상의 추가 자금 요구는 없었다. 크고 작은 도시국가들은 저마다 국력과 사정에 따라 참가하는 것이 허용되었다.

참고로 군선이 모두 삼단 갤리선이던 당시 이를 운용하기 위해서는 배를 조종하는 임무를 맡은 선원, 현대라면 모터에 해당하는 노를 젓는 선원, 그리고 당시의 해병이던 선부원까지 포함하면 적어도 200명의 선원이 필요했다. 아테네가 200척을 바다에 띄우면 무려 4만 명의 아테네 시민이 바다에 나가는 셈이었다. 델로스동맹 내에서 해군력이

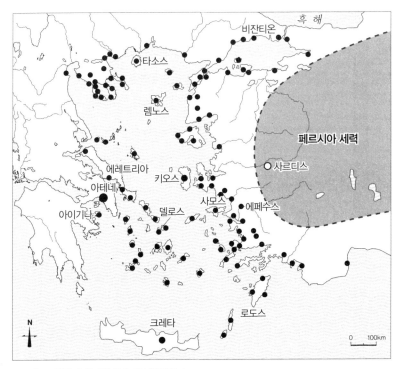

● 델로스동맹에 참가한 주요 도시국가들

그리스인 이야기 I

강하다고 평가받는 아이기나와 레스보스, 키오스도 아테네의 5분의 1에서 10분의 1 수준이었다. 그리고 제공하는 배의 숫자나 매년 지불하는 동맹 참가비는 국력에 따라 결정되었다. 삼단 갤리선을 전혀 제공할 수 없는 소규모 도시국가는 매년 참가비만 내도 상관없었다. 그럼에도 자기 나라가 공격을 받으면 다른 나라들에 구원을 요청할 수 있었다. 바로 이 점이 집단방위 체제의 장점이었다.

델로스동맹이 오랫동안 지속할 수 있었던 세 번째 이유는 형식상으로는 민주적으로 운영했지만 실제로는 비민주적으로 운영했던 데 있다. 처음부터 아테네가 완전히 주도권을 장악했다. 어떤 도시국가가 몇 척의 배를 제공할 의무가 있고 어떤 도시국가는 참가비를 얼마 내야 하는지 등 많은 사항을 아테네의 주도로 결정했다. 또한 모인 자금은 델로스 섬의 아폴론 신전에 보관하기로 결정했지만 그 사용 방법을 비롯해 자금과 관련된 사무적인 일은 아테네 정부의 관료들에게 일임했다. 이는 아테네가 다른 도시국가들보다 조직화에서 앞섰기 때문이기도 했다.

이 비민주적으로 보이는 운영 방식은 책임 소재를 명확하게 하는 데 도움이 되었다. 지휘 계통의 명확화는 전쟁터에서 필수불가결한 것이지만 평상시에도 조직을 기능하게 만드는 데 불가결한 조건이다.

기원전 477년에 탄생한 델로스동맹은 30년 후인 기원전 5세기 중반에 전성기를 맞았다. 그 무렵에는 참가국이 더욱 늘어났고 에게해에는 페르시아 배가 전혀 들어올 수 없는 상태가 되었다. 무엇보다 델로스동맹이 성공한 것은 군사적 집단방위 외에 다른 면에서도 도움이 되었기 때문이다. 즉 에게해에 면한 그리스 세계 모두가 하나의 거대한 경제권이 되었다는 점이 델로스동맹의 주요 성공 요소였다.

모습을 감춘 것은 페르시아 군선만이 아니었다. 해적 역시 모습을 감췄다. 그리고 몰아낸 페르시아 세력은 페르시아 군사력이었지 페르시아인 자체는 아니었다. 특히 이오니아 지방의 번영에는 페르시아제국과 교역이 배후에 있었다. 당시 페르시아제국에 속해 있던 페르시아인, 페니키아인, 이집트인은 페르시아에 대적하는 깃발 아래 모여서 동맹을 결성한 것은 자기들과 관계없다는 듯이 델로스동맹에 참가한 도시국가의 그리스인들과 교역 관계를 계속 유지했다. 게다가 고대는 다신교 세계여서 종교가 전면에 나설 여지도 없었다.

이처럼 델로스동맹이 변용을 하면서 오랫동안 존속할 수 있었던 것은 지금까지 살펴본 여러 사정이 있었기 때문이다. 그것이 여러 조건들과 맞아떨어지면서 시작되었다는 것은 좀 우습기는 하지만, 어쨌든 좋은 기회가 생겼을 때 그것을 활용하는 자에게 승리가 돌아가는 법이다.

영웅들의 그날 밤

기원전 471년 도편추방에 의해 테미스토클레스가 국외로 추방되었다. 살라미스해전 9년 뒤의 일이었다. 플라타이아 이전투 뒤 8년, 아테네와 피레우스 일체화 이후 7년, '델로스동맹' 결성 뒤 6년이 지난 때였다. 그렇다면 적어도 델로스동맹 성립 이후부터 6년 동안 수면 아래에서 공동모의가 진행되었을 것이다. 물론 후대에 만들어진 '공동모의'라는 말 자체는 헤로도토스의 『역사』와 그 후 기록된 투키디데스의 『역사』(또는 『펠로폰네소스전쟁사』)에 나오지 않는다. 그러나 그들의 서술 가운데 곳곳에 흩어져 있는 세부 사항을 더 들어가면 '공동모의'라는 말에 도달하게 된다.

테미스토클레스와 파우사니아스의 완전한 실추를 노린 이 모의 참가자들은 스파르타에서는 5명의 에포로스였고 그리스 쪽에서는 아리스티데스와 그 일파였다.

시간이 오래 걸린 데 대한 대답은 간단하다. 상대가 강력했기 때문에 좀처럼 기회가 생기지 않았다. 그리고 그리스 세계의 위기는 이제 과거 이야기가 되었다. 위기가 과거 이야기가 된 것은 두 사람의 공적 때문이지만 "10년이면 강산도 변한다"는 옛말이 있다. 인간은 은혜를 쉽게 망각하는 무리인데 은혜는 잊어도 다른 생각은 잊지 않는 일부 인간이 종종 그 허점을 이용한다.

6년 동안 아테네는 모든 것이 순조로웠다. 페르시아의 위협은 사라졌다. 아테네와 일체화된 피레우스는 에게해 최대의 항구로 변모했고 가까운 두 항구에 마련된 조선소 주변에는 그와 관련된 일에 종사하는 기사나 직공의 거주 지역까지 형성되었다.

먼저 테미스토클레스의 제안을 시민집회가 가결했다. 아테네는 매년 20척의 삼단 갤리선을 진수한다는 법에 따라 항상 내수가 보증되었다. 거기에 더해 델로스동맹이 성립한 이후 조선 능력이 충분하지 않은 중소 동맹 참가국들의 주문까지 아테네가 수주했다. 또한 아테네가 델로스동맹을 주도하면서 동맹 해군을 지휘하는 총사령관 자리에 아테네인이 취임하는 것에 이의를 제기한 도시국가도 없었다. 그 지위는 30대의 젊은 키몬이 연속해서 맡았다.

마라톤전투의 영웅 밀티아데스의 아들 키몬은 아버지를 닮아서 전투 감각이 뛰어났다. 이 젊은 장군의 지휘를 받으며 에게해는 점점 '그리스인의 바다'로 변해갔다. 많은 시민이 키몬에게 맡기면 걱정할 필요가 없다고 생각했다. 키몬이 아테네인들 사이에서 주목받게 된 계기는 마라톤전투 영웅의 아들이기 때문은 아니었다. 그는 살라미스 해전 때 테미스토클레스 밑에서 배 1척의 지휘권을 맡아서 사자와 같은 용맹함으로 맹활약을 보여주었다. 그가 밀티아데스의 아들임을 알게 된 사람들은, 막대한 벌금형을 선고받고 죽음에 이른 마라톤전투의 영웅을 떠올렸다.

그러나 이 시점에서는 테미스토클레스의 대항마를 찾고 있던 아리스티데스의 주목을 끌지는 못했다. 이때의 대항마는 키몬보다 열 살 연상인 크산티푸스였다. 그런데 크산티푸스가 다음 해에 미칼레와 세스토스 공략 작전에서 대활약한 뒤 아마 병으로 죽어 무대에서 퇴장하고 말았다. 아리스티데스가 키몬에게 눈독을 들인 것은 그 후였을 것이다. 아테네와 피레우스의 일체화를 위한 도로 건설에 항의한 스파르타에 상황을 설명하기 위해 스파르타로 갈 때 테미스토클레스가 먼저 가고 뒤따라 아리스티데스도 갔는데 그때 키몬과 동행했다. 키몬을 테미스토클레스의 대항마로 키우는 작전은 그 무렵부터 시작된 것이다.

젊은 키몬은 아버지에게 부과된 50탈란톤이라는 벌금 변상 때문에 중압감을 느끼고 있었다. 조금씩 변제하고 있었지만 여전히 상당한 금액이 남아 있었다. 이 시기 아테네에 칼리아스라는 큰 부자가 있었다. 이 사람을 키몬에게 소개해준 사람이 아리스티데스라는 확실한 증거는 없다. 그러나 아리스티데스가 이끄는 아테네 정계의 '온건파'는 테미스토클레스가 거느린 '강경파'와 달리 부유계급의 아성이었다. '온건파'의 한 사람인 칼리아스가 키몬의 누이동생과 결혼할 수 있다면 나머지 벌금을 대신 내주겠다는 제안을 했다. 키몬이 인품이나 외모가 뛰어나다는 평판을 받는 남자여서 그 누이동생도 밀로의 비너스를 닮은 미녀였을지 모르겠다. 아무튼 키몬의 어깨를 짓누르던 무게가 사라졌다.

다음 차례는 키몬의 결혼이었다. 이번에는 아리스티데스가 적극적으로 움직여 결혼 이야기를 정리했다. 키몬의 아내가 된 여인은 명문 알크마이온 집안의 딸이었다. 그녀는 과거 영수였던 메가클레스의 손녀딸로, 아테네뿐 아니라 그리스 전체에서 유명한 명문의 직계였다. 민주정치의 나라에서 불리할 수도 있겠다고 생각할 수 있지만 서민들은 늘 '귀인의 혈통'을 동경한다.

알크마이온 집안으로 키몬을 끌어들여 테미스토클레스의 대항마로 내세우겠다는 아리스티데스의 의도는 이것으로 완성되었다. 키몬은 명문가에 장가간 것으로 만족할 남자가 아니었다. 이제 살라미스

해전이나 플라타이아이전투와 같은 국가 존망을 건 전투는 필요 없어졌다. 그러나 아테네 한 나라의 안전보장 장치나 집단방위 체제인 '델로스동맹' 같은 제도는 만들고 나서 유지를 게을리하면 오랫동안 지속되기 힘들었다. 유지를 위해서는 평범한 방법도 있지만 화려한 방법도 활용할 수 있었다.

전술 감각이 뛰어난 키몬은 늘 주목받았다. 실제로 금광 획득이 목적이었던 타소스 섬 공략에서 아테네 건국의 시조로 인정받는 제우스의 유골을 가져와서 아테네 시민을 열광시켰다. 하지만 키몬은 전술의 천재였지 책사는 아니었다. 아리스티데스는 스파르타 에포로스들과 늘 우호 관계를 맺고 있었으나 그것을 굳이 겉으로 드러내지 않았던 반면 키몬은 이를 당당하게 공식화했다. 그리고 태어난 아들에게 라케데모니우스라는 이름을 붙였다. '라케다이몬(스파르타)의 아들'이라는 뜻이다. 스파르타에 대한 공감을 숨기지 않은 것이다. 그리스 시민들은 그 모습을 정직한 남자의 증거라고 받아들였다.

이렇게 명문 알크마이온의 일원이 되었고 화려한 전과를 거두고 귀국한 키몬의 명성이 높아짐에 따라 테미스토클레스의 존재감은 당연히 줄어들었다. 당시 키몬은 39세였고 테미스토클레스는 53세였다.

키몬은 기원전 471년 테미스토클레스를 도편추방에 처할 목적으로 열린 시민집회에서 그를 추방해야 한다고 강조한 당사자였다. 다만 투키디데스를 비롯한 동시대 역사가들 누구도 테미스토클레스가 도편추방에 처해진 이유를 명확하게 기술하지 않았다. 그러나 10년이

나 국외로 추방되었기 때문에 무엇인가 이유가 있었을 것이다. 그것
이 무엇인지 지금도 분명하지 않다.

헤로도토스가 『역사』에서 암시하는 것처럼 살라미스해전 직후에
페르시아 왕이 두고 간 재화를 장군들끼리 나누어 가진 것을 10년이
지난 뒤에 문제 삼았을지도 모른다. 그러나 명확한 것은 아니다.

현대에 들어서 학자들이 아크로폴리스 언덕에서 발굴된 모든 도편
들을 자세하게 조사한 적이 있었다. 이때 발굴된 도편들 가운데 작은
칼로 "네오클레스의 아들 테미스토클레스"라고 새긴 도편들에서 동일
한 인물의 손에 의해 새겨진 도편이 유난히 많다는 사실이 밝혀졌다.
글자 형태가 동일할 뿐 아니라 틀린 곳까지 동일했다.

또한 플루타르코스가 『플루타르코스 영웅전』에서 아리스티데스 항
에 쓴 것처럼 아테네 시민들 중에는 문맹자가 많았다. 문자를 쓰지도
읽지도 못하는 사람들에게 사전에 '네오클레스의 아들 테미스토클레
스'라고 새긴 도편을 누구의 이름인지 알려주지 않고 건네서 투표함
에 넣게 한 것일지도 모른다. 그렇다면 아테네인은 민주정치도 발명
했지만 부정투표도 발명한 셈이다. 아무튼 '살라미스의 영웅'은 그로
부터 9년 뒤에 도편추방을 당하고 만다.

53세에 찾아온 상황 변화에 테미스토클레스는 그다지 심각한 타격
을 입지 않은 것처럼 보인다. "추방? 그래, 까짓거" 이런 느낌으로 그
는 가족들은 그대로 두고 곧바로 아테네를 떠나 펠로폰네소스 반도
아르고스로 이주했다. 오늘날 학자들은 그가 아르고스를 거주지로 삼
은 것은 근신하는 모습을 보여줄 필요가 있는 상황에서 현명하지 못

한 선택이었다고 말한다. 그러나 테미스토클레스는 더 이상 근신하는 모습을 보여주지 않아도 된다고 생각한 것이 아닐까. 왜냐하면 스스로 정적을 제거하는 방법으로 도편추방 제도를 활용했고 목적을 이룬 뒤에는 다시 불러들여 요직에 앉혀서 활약할 기회를 주는 등 그 스스로 매우 불성실한 도편추방을 시행했기 때문이다. 심지어 필요하다면 시민집회에서 자기를 불러들일 수 있다고 생각한 것인지도 모른다.

그러나 아리스티데스는 테미스토클레스와 달랐다. 도편추방은 국외에서 10년 동안 살게 하는 것이기 때문에 아테네 국경 바깥이라면 어디서 살든 자유였다. 그런데 그가 왜 아르고스로 정했는지는 알 수 없다. 그리스 도시국가들 가운데 하나인 아르고스는 펠로폰네소스 반도 동쪽에 위치하며 남쪽으로 스파르타가 수도인 라코니아 지방과 국경을 맞대고 있었다. 국경을 맞대고 있는 나라들이 그렇듯이 전통적으로 스파르타와 사이가 나빴다. 아르고스는 페르시아 침공에 대항해서 결성된 그리스 도시국가 연합군에도 스파르타가 총사령관을 맡는다는 이유로 참가하지 않았다.

아르고스에서 아테네까지 육로를 택하면 좁은 이스트미아 지협을 건너 펠로폰네소스 반도를 빠져나와 동쪽으로 메가라를 횡단하면 된다. 해로를 택하면 더욱 간단했다. 배로 에피다우로스를 둘러서 아이기나, 살라미스 섬을 바라보며 북상하면 그날 안에 도착할 수 있었다.

아리스티데스는 테미스토클레스의 아르고스 이주를 어떻게 생각했을까. 아리스티데스는 처음부터 도편추방만으로 오랜 경쟁자의 위세를 실추시키기에는 충분하지 않다는 것을 알고 있었다. 그도 추방되고 1년 뒤에 귀국한 적이 있었다. 그리고 아테네 내부에는 여전히 테미스토클레스의 세력이 강했다.

한편 스파르타의 에포로스들도 테미스토클레스의 국외추방을 알고 오랫동안 품고 있던 시의심에 결말을 지을 때가 왔다고 느꼈을 것이다. '살라미스의 영웅'이 실각했다. 그렇다면 '플라타이아이의 영웅'을 쓰러뜨려도 저항감이 적을 것이다. 이렇게 생각한 5명의 에포로스는 트로이 옛 전쟁터와 가까운 콜로나이로 이주해서 은퇴 생활을 보내는 파우사니아스에게 본국으로 귀환하라는 명령을 내린다. 플라타이아이의 영웅은 당시 43세였다. 은퇴 생활을 한 지도 6년이나 지났다.

사실 에포로스들과 충돌해서 자진 망명한 스파르타인은 파우사니아스 외에 여럿 더 있었다. 이렇게 망명한 스파르타인들 가운데는 왕족 출신이 많았다. 이들은 주로 페르시아로 도망가거나 이탈리아 반도로 떠났다. 에포로스들은 어떤 의미에서 그들이 좌지우지하는 스파르타 체제에 대한 반역자들인 망명자들을 상대로 본국 소환 명령을 내리거나 자객을 보내서 암살한 경우가 한 번도 없었다. 스파르타를 떠나면 무해한 존재라고 보았기 때문일 것이다.

그러나 파우사니아스는 '플라타이아이의 영웅'이었다. 그 때문에 스파르타를 떠난 뒤에도 에포로스들 눈에는 유해한 존재로 비쳤다. 즉 스파르타의 내일을 끌고 갈 청소년들에게 악영향을 미칠 수 있는 존재라고 본 것이다. 스파르타의 '에포로스' 제도는 시의심에 사명감까지 더해지면서 폐해가 커진 셈이다.

여기서 기억해야 할 것은 파우사니아스가 50퍼센트 정도만 스파르타적이고 나머지는 비스파르타적이었다는 사실이다. 비스파르타적인 전략을 강행해서 플라타이아이에서 페르시아 군대를 괴멸시켰는데, 전투에서 승리하는 것을 가장 중요하게 여겼다는 점에서는 매우 스파르타적이었다. 무엇보다 그는 책임을 홀로 지는 총사령관이 되어본 적 없고 병졸 경험밖에 없는 에포로스들은 자신을 재판할 자격이 없다고 생각했다. 게다가 6년 전 재판에서 무죄 방면되었다. 따라서 이번 소환 명령을 지난번의 되풀이라고 가볍게 생각했을 것이다. 그러나 이번에는 에포로스 5명이 먼저 죄상을 분명하게 밝혔다. 그리고 물적 증거까지 준비하고 있었다.

파우사니아스의 죄상은 다음 두 가지로 요약된다.

첫째, 페르시아 왕 크세르크세스와 편지를 주고받고 페르시아 군사력을 이용해 그리스를 정복하려고 한 죄.

둘째, 그리스를 정복하기 위해 스파르타 국내의 헬롯을 선동해서 스파르타에 반하는 봉기를 일으키려고 한 죄.

그런데 문제는 페르시아 왕에게 보낸 편지의 발신지가 비잔티온이었다는 것이다. 앞서 파우사니아스는 비잔티온을 공략한 이후 곧바로 퇴각해야 했다. 이는 기원전 477년의 일로서 7년 전 이야기였다. 여기까지는 지난 재판과 큰 차이가 없지만 이번 고소에서 새로운 내용은 헬롯을 선동해서 반란을 일으키려 했다는 점이었다. 그렇다면 국가 반역죄가 되고 그에 대한 재판은 장로회의가 아니라 5명의 에포로스가 맡게 된다. 그리고 '물적 증거'로 제시된 편지에 대해 역사가 투

그리스인 이야기 Ⅰ

키디데스는 신뢰할 수 있는 역사적 사실로 소개했다.

스파르타 사령관 파우사니아스가 페르시아 왕 크세르크세스에게.
내 가슴속에 당신이 기뻐할 만한 생각을 갖고 있소. 당신의 딸을 아내
로 맞이하고 싶소. 그 대신에 우리는 스파르타와 다른 그리스 전체를
헌상할 것입니다. 구체적인 실현 방법에 대해서는 당신의 충고와 조언
에 따르겠소. 만약 내 제안에 흥미가 있다면 신뢰할 수 있는 인물을 중
개자로 보내주면 좋겠소.

크세르크세스는 이 편지를 읽고 기뻐했다. 곧바로 사르디스의 장관
아르타바조스에게 비잔티온에 있는 파우사니아스를 방문해서 왕의
편지를 전하라고 명령했다. 페르시아 왕의 가신은 파우사니아스를 만
나서 왕의 편지를 건넸다.

왕이 파우사니아스에게.
당신의 제안에 전적으로 찬성하오. 당신이 약속을 실현하는 데 방해가
되지 않으면 좋겠다고 밤이든 낮이든 생각할 정도요. 강력한 군대를 편
성하기 위해서라면 비용이 얼마가 들더라도 아무 상관 없소. 아르타바
조스를 활용하시오. 그는 유능하고 우리 두 사람의 희망을 실현하는 데
크게 도움이 될 사람이오.

이것이 페르시아와 내통하고 그리스를 배신한 것을 증명한다고 제

시한 물적 증거였다. 이 물적 증거를 스파르타에 있는 다섯 에포로스가 어떻게 손에 넣었을까. 전하는 바에 따르면 파우사니아스의 친한 친구가 편지를 읽고 공포를 느껴서 에포로스에게 제출했다고 한다. 투키디데스는 스파르타 국내의 농노들에게 반란을 일으키라고 선동했다는 증거는 존재하지 않거나 명확하지 않다고 기록했다.

물론 역사가 투키디데스의 권위가 절대적인 것은 아니다. 편지가 '가짜'라는 사실이 실증될 때까지 무려 2,300년의 세월이 필요했다는 점에서 그렇다. 그동안 계속해서 고대 그리스인이나 로마인뿐 아니라 중세에서 근대까지, 근대에서 현대까지 유럽인들은 파우사니아스가 뛰어난 장군이었지만 증오해야 마땅한 배신자라고 믿었다. 그러다가 20세기에 들어서 독일 학자들이 위작설을 주장했는데, 이것이 위작임을 아는 데 어떤 특별한 학식조차 필요하지 않다고 생각한다.

첫째, 페르시아를 상대로 한 공방전이 막 끝난 비잔티온 시내로 페르시아 쪽 고관이 태연한 표정으로 들어올 수가 없었다.

둘째, 파우사니아스가 비잔티온 공략에 성공한 해에 페르시아 왕 크세르크세스는 이미 수도인 수사로 돌아갔다. 중동에 있는 수사와 아르타바조스가 통치하는 소아시아 서부 사르디스 사이에는 '왕의 길'이라고 불리는 포장도로가 깔려 있었는데 이 길을 답파하려면 적어도 2개월 정도 걸렸다고 한다.

만약 파우사니아스가 페르시아 왕에게 편지를 보냈다면 먼저 비잔티온에서 사르디스로, 다시 사르디스에서 수사까지 편지를 가지고 여행해야만 했다. 그리고 그 편지를 읽은 페르시아 왕이 사르디스에 있는 아르타바조스에게 명령해서 파우사니아스가 기다리고 있는 비잔티온으로 그를 보냈다면 편지가 왕복하는 데만 최소 6개월이 걸렸다는 말이 된다. 공략에 성공한 뒤 곧바로 스파르타로 불려 간 파우사니아스에게는 그럴 시간 여유가 없었다.

20세기에 들어서 독일 학자들이 불을 붙인 위작설의 요지도 이 내용과 비슷하다. 이를 계기로 유럽에서는 파우사니아스 면죄설이 터져 나왔고 오늘날에는 그것을 진실이라고 보고 있다.

아무튼 헤로도토스도 어느 정도 의심을 품으면서 기술했다고 하는데 헤로도토스보다 더 실증적인 역사서를 쓴다고 자부했던 투키디데스가 아무런 의심도 품지 않았던 것은 왜일까. 한마디로 투키디데스는 파우사니아스를 좋아하지 않은 듯하다. 그는 파우사니아스에 관해서는 저잣거리의 소문 정도 중상이라고 보아야 할 일화까지 대부분 그대로 받아들여서 소개했다. 투키디데스의 『역사』에는 페르시아와 그리스 사이의 전투가 아니라 그 후에 아테네와 스파르타 사이에서 일어난 전투가 기록되어 있다. 아테네 사람 투키디데스가 보기에 파우사니아스는 한 시대 이전의 주역이었지만 당시 적국이 된 스파르타 사람이었던 것이다. 파우사니아스에 의한 플라타이아이 승리도 그 중요성을 인정하기는 했지만 아테네인 투키디데스가 보기에는 적국 스파르타의 인간이 이룩한 위업일 뿐이었다.

무릇 역사가는 공정한 입장에서 서술해야 하고 등장인물의 호불호에 휘둘려서는 안 된다. 그러면 무엇보다 인간 행위의 집적인 역사가 생기를 잃게 된다. 그런데 투키디데스가 누구를 좋아하고 누구를 좋아하지 않는지를 알면 저자의 입장이 명확해지므로 읽는 쪽에 도움이 되기는 한다.

아무튼 투키디데스 덕분에 파우사니아스는 스파르타의 에포로스들뿐 아니라 그 후에도 오랫동안 사람들에게 '배신자'로 단죄되고 말았다. 그 때문에 이제까지 등장한 사람들의 흉상은 소개할 수 있지만 파우사니아스의 흉상만은 소개할 수 없다. 하나도 남아 있지 않기 때문이다.

고대 그리스인의 흉상이 현대까지 남아 있을 수 있었던 것은 고대 로마인이 수없이 많은 모사품을 만들었기 때문이다. 그리스인을 존경했던 로마인은 공공도서관, 자택 서재 등에 그리스 위인들의 흉상을 두는 것을 좋아했다.

파우사니아스의 흉상만 존재하지 않는 것은 전투에 능숙했던 로마인조차 파우사니아스를 '배신자'라고 보았다는 증거다. 덕분에 페르시아제국을 완벽에 가까울 정도로 두들겼던 '플라타이아이전투'에 대한 후세의 평가까지 '살라미스해전'과 비교되지 못했다. 그 결과 스파르타가 주역으로 치른 전투로는 레오니다스와 병사 300명의 테르모필레 옥쇄만 후세에 이름을 남기고 말았다. 옥쇄해서 패배하기보다는 옥쇄하지 않고 승리하는 쪽이 얼마나 더 어려운 일인지 생각하지도 않고 말이다.

아무튼 본국 소환 명령에 따라 귀국한 파우사니아스에게는 6년 만에 찾은 조국을 채 맛볼 시간조차 주어지지 않았다. 그가 머물던 친구

집에 다섯 에포로스가 들이닥쳐 체포해서 연행하겠다고 알렸다. 파우사니아스는 옷도 갈아입지 못하고 단검조차 지니지 않은 채 재빨리 뒷문으로 도주해 가까운 신전 안으로 들어가 문을 걸어 잠갔다. 그것을 본 에포로스들은 부하들에게 명령해서 문에 흙을 바르고 지붕의 기와를 벗겨내게 했다. 그리고 신전 주위를 완전히 막아 출입하지 못하게 만들고 기다렸다.

먹을 것과 물도 없이 낮에는 태양이 내리쬐고 밤에는 차가움을 넘어선 한기가 밀려드는 그곳에서 파우사니아스가 무슨 생각을 했는지 알려진 것은 없다. 며칠이나 살아 있었는지도 알 수 없다. 떼어낸 지붕 틈 사이로 끊임없이 감시를 당하면서 신상만 서 있을 뿐 아무것도 없는 넓지도 않은 신전 안에서 그렇게 '플라타이아이의 영웅'은 죽음을 향해 갔다.

그런 상황에서 며칠 동안 살아 있었는지 아무도 검증을 해놓지 않아서 아는 의사에게 물어보았다. 그 의사의 전공은 뇌신경외과였는데 그가 법의학자에게도 물어서 해준 대답을 그대로 소개한다.

음식물과 물을 선혀 섭취하지 못할 경우 인간은 통상 사나흘이면 사망하게 된다. 최대한 길게 잡아도 일주일을 견디는 것이 한계라고 생각한다. 다만 음식물이 없더라도 수분을 충분하게 섭취할 수 있다면 한두 달 정도는 생존할 가능성이 있다. 스파르타 전사는 신전으로 도망쳤는데 그곳에는 음식물이 없었던 것은 확실하다. 수분은 하늘에서 내리는 빗물을 공급받을 수 있다면 어느 정도 비가 내렸는가에 따라 생존 기간이 결정될 것이다. 인간은 숨을 쉬는 것만으로 체중 1킬로그램 기준 하루에 15밀리리터(기온 28도 이하의 조건)의 수분이 체내에서 증발한다 (불감증설不感蒸泄이라고 부른다).

만약 체중이 80킬로그램이라면 하루에 1,200밀리리터의 수분이 불감증설로 체내에서 사라지고 태양이 내리쬐는 상황에서는 수분 상실은 더욱 많아진다. 따라서 하루에 적어도 2,000밀리리터 또는 그 이상의 수분 섭취가 생존을 위해 필수며 이것이 담보되지 않으면 앞에서 말한 한두 달의 생존은 불가능하다.

되풀이해서 말하지만 하늘에서 내리는 비를 통해 수분 섭취가 어느 정도 가능했는지가 관건이다. 지중해성기후를 감안할 때, 그가 단련된 육체를 지닌 스파르타 전사고 40대 중반이 되지 않았다는 조건을 뺀다고 해도, 도망친 다음부터 마지막 숨을 몰아쉴 때까지 최장 일주일 정도가 한계였을 것이다.

단검조차 지니고 있지 않아서 자살도 가능하지 않았다. 지붕을 떼어냈다는 점에서 사건이 일어난 계절이 비가 내리는 겨울이나 봄이 아니라 여름이었을 공산이 크다. 파우사니아스는 숨이 가늘어진 상태에서 밖으로 끌려 나왔다. 신성한 곳에서 죽으면 곤란했기 때문이다. 에포로스들은 파우사니아스가 신전 밖으로 끌려 나온 뒤 곧바로 사망했다고 발표했다. 동시에 물적 증거인 편지를 공표했다. 그것을 본 파우사니아스가 스스로 굶어 죽는 길을 선택했다는 것이 스파르타 쪽의 공식 발표였다.

그 후 스파르타의 에포로스들은 파우사니아스의 죽음으로 사건이 종결되었다고 결정한 듯하다. 더 이상 친구나 친척, 아들에게도 묻지 않았다. 그의 아들은 순조롭게 성장해 왕이 된 레오니다스의 아들을 이어서 다음 스파르타 왕위에 올랐다. 또한 그로부터 60년 뒤에는 파우사니아스의 손자로 그와 이름이 같은 파우사니아스가 스파르타 왕에 취임했다. 손자 파우사니아스는 왕이 된 후 에포로스 제도의 개혁을 시도했다. 그러나 그도 오랜 시간에 걸쳐 축적된 제도의 두꺼운 벽을 무너뜨리지 못했다.

사명감에 불타오르는 사람들에게 타자의 생사여탈권을 부여하는 것만큼 위험한 일은 없다. 그리스도교를 알지 못했던 고대인들은 아무 죄가 없는 남녀를 대량으로 불태워 죽인 중세 유럽의 이단 재판관이 주는 공포를 알지 못했다. 따라서 그들이 역사를 서술하면서 에포로스 제도의 폐해에 대해 절실함을 갖지 못한 것은 어쩔 수 없는 일이다. 스파르타의 에포로스들은 파우사니아스를 죽음으로 몰아넣은 뒤 관계자들을 추궁하지 않기로 결정했는데 그것은 스파르타인에게만 국한된 것이었다.

스파르타는 아테네에 특사를 보내 정식으로 요청했다. 파우사니아스가 스파르타 국내의 헬롯(농노)을 선동해서 반정부 활동을 하려고 했다는 것을 가까운 아르고스에 있는 테미스토클레스가 몰랐을 까닭이 없으니 조사해서 재판을 진행해달라는 요청이었다.

도편추방을 통해 테미스토클레스를 몰아낸 다음 아테네 정권을 장악한 사람은 키몬을 앞세운 아리스티데스였다. 여전히 시민의 지지가 강력한 테미스토클레스를 제거하는 데 도편추방만으로 부족하다고 생각한 아리스티데스였다. 이와 같은 스파르타의 요청을 좋은 기회라고 여겼다. 실제로 어떻게 움직였는지는 알려져 있지 않지만 아테네 정부는 아르고스에 있는 테미스토클레스에게 즉시 귀국할 것을 명령했다. 스파르타의 요청에 따른 심문과 그를 토대로 한 재판 출두가 그 이유였다.

아르고스에 있던 테미스토클레스는 파우사니아스의 마지막을 알고 있었을 것이다. 또한 파우사니아스의 죄목으로 지적된 내용에 대해서도 잘 알고 있었을 것이다. 에포로스들이 파우사니아스의 죽음 직후 그것을 모두 공표했기 때문이다.

테미스토클레스는 귀환 명령을 보내온 아테네 정부가 자신에 대한 대항 의식을 잊지 않은 아리스티데스의 손안에 있음을 잘 알았다. 테미스토클레스는 출두 명령에 응하지 않기로 결정했다. 그러자 아테네 정부와 스파르타 정부에서 체포 명령이 내려졌고 그것을 실행하기 위한 부대가 아테네와 스파르타 양쪽에서 아르고스로 출발했다.

54세가 된 테미스토클레스는 국외 추방이 아니라 '국제 지명수배'를 받게 되었다. 도피해야겠다고 결심한 테미스토클레스에게 누군가가 배를 제공했다. 테미스토클레스는 펠로폰네소스 반도를 크게 돌아서 이오니아 해로 들어가 북상해 코르푸(그리스 지명은 케르키라) 섬으로 도피했다. 코르푸 섬은 위로는 왕부터 아래로는 보통 시민들까지 기뻐하며 이 도망자를 환영했다. 그들은 살라미스의 영웅을 잊지 않은 것이다.

　그러나 얼마 뒤 아테네와 스파르타의 사절단이 코르푸 섬을 찾아왔다. 테미스토클레스의 신병 인도를 요구하며 그 말에 따르지 않으면 해군에 의한 공격을 불사하겠다고 전했다. 아테네와 스파르타가 공격하면 코르푸 섬은 감당할 수 없었다. 테미스토클레스는 곤혹스러워하는 왕을 보고 스스로 떠나겠다고 알렸다. 코르푸 왕은 테미스토클레스가 원하는 대로 그리스 본토로 건너갈 수 있는 배를 준비했다. 이뿐 아니라 도피 자금으로 많은 금화를 주었다. 도편추방에 의한 외국 생활이라면 자산 보유도 보증되고 추방된 곳으로 송금도 가능했지만, 국제 지명수배의 경우에는 국내에 있는 모든 자산을 몰수했다. 해외 자산이 없었던 테미스토클레스에게 이 도피 자금은 무엇보다 도움이 되었을 것이다.

　테미스토클레스는 코르푸 섬 바로 곁에 있는 에페이로스(현재 이피로스)로 건너갔다. 이 지역의 왕도 그를 따뜻하게 환대해주었지만 이마저 얼마 지나지 않아서 아테네와 스파르타가 알아차렸다. 그래서 테미스토클레스는 마케도니아왕국으로 도피했다. 마케도니아 역시 왕이 거주지를 제공해주었지만 얼마 후 그 땅에서도 떠나야 했다.

　테미스토클레스의 도피 경로를 우리가 알 수 있는 것은 도피한 곳이 알려질 때마다 아테네와 스파르타에서 부대를 파견했기 때문이다. 54세부터 60세까지 계속된 도피가 결사적인 도피였는지 고독한 도피였는지는 중요하지 않다. 어디를 가든 항상 도움의 손길을 내밀어주는 사람이 있어서 자유로웠다. 어쩔 수 없는 도피나 하고 싶지 않은 도피가 아니라 누군가 자기에게 도움을 주는 것 자체에 기뻐하는, 그래서 도피보다는 모험이라고 부르는 편이 적절하다는 생각이 들 정도다.

물론 아테네와 스파르타에 발각되지 않기 위해 주의를 기울여야 해서 유쾌한 시간을 보낸 것은 아니었다. 그런데 아테네 시민의 해외 자산이 집중된 트라키아 지방으로는 한 번도 발을 옮긴 적이 없었다.

여기서 그가 하나 더 주의를 기울여야 했던 것은 현상금 사냥꾼이었다. 살라미스해전 직후 페르시아 왕 크세르크세스는 테미스토클레스의 목에 200탈란톤의 현상금을 걸었다. 200탈란톤은 천문학적인 액수였다. 게다가 생사를 불문한다는 조건이었다.

그리스에서 가장 유명한 사람이었을 때는 현상금 사냥꾼을 주의할 필요가 없었다. 그러나 국제 지명수배가 되자 상황이 달라졌다. 이런 의미에서도 도피보다는 모험에 가까웠다. 도피 생활이 2년을 넘었을 때 테미스토클레스는 도피에 싫증을 느낀 때문인지 아테네 정부가 절대로 가지 않을 것이라고 생각한 곳에 상륙했다.

그곳은 이오니아 지방에서 가장 중요한 도시 가운데 하나로 알려진 에페수스로, 바로 옆에는 아테네 해군기지가 있는 사모스 섬이 있었다. 미칼레 곶을 중심으로 한 에페수스, 사모스, 밀레투스 일대는 아테네인들이 득시글거리는 곳이었다. 아테네 정부는 그곳을 도피처로 삼을 것이라고는 생각도 못 했을 것이다. 그러나 테미스토클레스는 그곳을 생각해냈다.

예전에 나도 바다에 면하고 있는 도시 에페수스에서 이런 생각에

잠긴 적이 있다. 과거 테미스토클레스가 눈앞의 바다 너머 사모스 섬의 아테네 군대 선단을 보면서 무슨 생각을 했을까 하고. 물론 지금은 그런 감상을 품고 있지 않다.

아테네 해군은 테미스토클레스가 창조한 것이나 다름없었다. 해군 관계자들은 그 사실을 잊지 않았다. 그리고 아테네 해군은 그후 때때로 본국 정부에 순종적이지 않았다. 도시국가 아테네의 안전보장은 해군에 달려 있다는 자부심이 있었기 때문이다. 그 자부심을 불어넣은 사람이 살라미스에서 대승을 거둔 테미스토클레스였다. 따라서 테미스토클레스가 에페수스로 도피했을 때 그곳과 가까운 사모스 섬 기지를 빈번하게 방문한 해군 관계자들이 비밀스럽게 원조했을 것으로 생각한다.

아무튼 아테네 정부는 테미스토클레스가 4년 동안 에페수스에 머물렀지만 이를 알아차리지 못했다. 그사이 테미스토클레스는 아테네 친구들의 도움을 받아서 함께 살게 된 가족과 에페수스의 유력자가 제공한 저택에서 유유자적하며 지냈다.

그러나 테미스토클레스는 유유자적한 생활만 하면 금세 싫증을 내는 사람이었다. 저택의 주인은 그리스인이면서 페르시아 사회와도 깊은 관계를 맺은 인물이었다. 그 사람과 이야기하던 중에 페르시아에서 전년도에 사망한 크세르크세스의 뒤를 이어 새로운 왕이 즉위했다는 사실을 알게 되었다.

60세가 되었는데도 테미스토클레스는 최후의 승부를 내야겠다고 결심했다. 저택의 주인에게 막 왕위에 오른 새로운 왕을 만나게 해달라고 부탁했다. 폭넓게 교역을 하고 있던 그 인물은 페르시아 궁정에 손을 써서 왕과 회견을 잡는 데 성공했다.

어디서 만났는지는 알려져 있지 않다. 그곳이 어디든 두 사람이 얼굴을 맞대고 만났다. 이 회견을 주선한 인물이 통역을 맡았을 것이다. 60세 아테네인은 31세 페르시아 왕에게 말했다.

"내 이름은 테미스토클레스요. 나만큼 당신 아버지에게 심한 타격을 입힌 사람은 없을 것이오. 그러나 나는 이제 당신 앞에 있소."

이제 막 페르시아제국의 우두머리가 된 31세 왕은 그날 아무 말도 하지 않았다고 한다. 그는 왕의 차남으로 태어났다. 수도에 장남을 남겨둔 크세르크세스는 차남부터 아들 모두를 그리스 원정에 동행시켰다. 그래서 이제 세상을 떠난 아버지의 뒤를 이어 왕위에 앉은 아르타크세르크세스 왕도 16년 전에 벌어진 살라미스해전을 절벽 위에서 관전하는 아버지 옆에서 지켜봤을 것이다. 그것은 젊은 왕에게 도저히 잊을 수 없는 '15세 가을의 하루'였을 것이다. 그날 페르시아 해군이 완벽하게 괴멸되는 것을 지켜봐야 했던 아버지를 절망의 나락으로 떨어뜨린 사람이 지금 눈앞에 있었다. 입을 다물고 있었던 것이 이해가 간다. 다음 날 다시 만나자며 헤어졌는데, 그날 밤 왕의 침소에서 한동안 기괴한 소리가 들렸다고 전해진다.

나는 이렇게 상상한다.

31세의 젊은 왕은 혼자 남은 침소에서 왕의 위엄을 보여주는 의상을 차례로 벗어 던지면서 솟아오르는 고양된 느낌을 억누르지 못하고 방 안을 뛰어다녔을 것이다.

"테미스토클레스가 왔다. 그가 왔다. 랄랄라."

다음 날 이야기는 처음부터 이상한 방향으로 흘렀다. 젊은 왕은 눈 앞에 있는 테미스토클레스에게 이런 말을 꺼냈다.

"당신에게 200탈란톤의 현상금이 걸려 있는데 스스로 출두했으니 그 현상금을 당신에게 주어야 하지 않겠소?"

테미스토클레스는 돈 이야기를 부드럽게 돌려서 이렇게 대답했다.

"내가 여기에 온 것은 당신의 보호를 받기 위해서요. 당신이 왕으로 있는 페르시아를 위해 일하고 싶은데 그러자면 1년의 유예기간이 필요하오. 1년 동안 페르시아어를 배우고 무엇을 해야 할지 생각해보고 싶소."

페르시아 왕은 바로 허락했다. 그것도 그냥 오케이가 아니라 테미스토클레스를 마그네시아라는 도시와 두 지방의 장관으로 임명했을 정도다. 이 세 곳에서 들어오는 수입을 생활비로 쓰라는 말이었다.

왜 마그네시아를 선택했는지는 알려져 있지 않다. 알 수는 없지만 절묘한 선택이었다. 우선 젊은 페르시아 왕은 테미스토클레스에게 개인적 원한을 가질 이유가 없었다. 테미스토클레스에 의해 그리스 정복의 야망이 분쇄된 아버지가 그 후 인격이 파탄 나 끝내 가신에게 암살되고 게다가 그 뒤를 이을 예정이었던 형까지 실해되지 않았다면 이 젊은 왕은 페르시아 왕위에 오를 수 없었을 것이다. 장자 계승이 당연시되던 페르시아에서 장남으로 태어나지 않은 그가 왕이 될 수 있었던 원인을 더듬어 올라가면 '살라미스해전'에 이르게 된다.

그러나 페르시아 제국은 티그리스와 유프라테스라는 큰 강이 흐르는 중동뿐 아니라 중근동, 이집트까지 대부분을 지배하고 있었다. 그 나라의 우두머리가 된 아르타크세르크세스 왕은 단순한 '하사'라면 광대한 제국의 도시 어디든 줄 수 있었다. 그런데 왜 굳이 소아시아의 서쪽 끝에 위치한 마그네시아를 준 것일까.

그리스 침공을 기도했다가 패퇴한 페르시아 왕 입장에서 단순히 '궁지에 몰린 새가 품 안에 들어오면 사냥꾼도 죽이지 않는다'로 끝낼 수는 없는 노릇이었다. 페르시아를 패퇴로 몰아넣은 그리스 주력군은 아테네와 스파르타였다. 이 두 나라에게만은 심술을 부릴 필요가 있다고 생각한 것이 아닐까. 그래서 아테네와 스파르타에 쫓기고 있는 테미스토클레스를 굳이 마그네시아의 통치자로 삼은 것이다.

마그네시아는 에페수스에서 30킬로미터, 사모스 섬에서 60킬로미터, 밀레투스에서 40킬로미터 정도 떨어져서 이오니아 지방 주요 도시들과 가까운 거리에 있었다. 물론 이들 도시는 모두 살라미스해전 후에 페르시아의 지배에서 벗어난, 당시 아테네가 주도하는 델로스동맹 참가국들이었다.

당시 완전히 그리스 세계로 돌아온 이오니아 지방과 가까운 거리에 있지만 마그네시아를 비롯한 테미스토클레스에게 부여된 지방은 분명히 페르시아제국 영토 내에 있었다. 이렇게 되자 펠로폰네소스 반도 바깥에는 관심이 없다는 스파르타는 물론이고 당시 에게해를 자기네 바다라고 생각하던 아테네도 쉽게 손을 뻗을 수 없게 되었다. 아테네 사령관들 가운데 테미스토클레스와 맞서 싸울 것을 알면서 용기 있게 그 지역을 공격할 사람이 있었을까.

그리스인 이야기 I

국제 지명수배가 미치지 않는 땅을 증여받은 테미스토클레스는 이오니아 지방과 국경을 접하고 있는 마그네시아로 이주한 뒤에는 그리스인과 교류도 완전히 자유로워졌다. 아테네에 사는 친구들이 정정당당하게 찾아왔다. 또한 마그네시아와 다른 두 지방은 테미스토클레스에게 막대한 수입을 안겨주었다.

품안으로 들어온 쫓기는 새는 죽이지 않는다는 식이었는지 어떤지는 알려져 있지 않다. 그러나 31세 페르시아 왕이 60세가 된 테미스토클레스에게 상당한 친절을 배푼 것만은 확실하다. 젊은 페르시아 왕은 유예기간 1년도 기다리지 않았다. 그는 테미스토클레스를 사냥에 초대했다. 사냥의 동행을 허락하는 것은 무기의 휴대를 인정하는 것이다. 그 1년이 지난 뒤에도 페르시아 왕은 계속 사냥에 테미스토클레스를 초대했다. 그때마다 젊은 왕은 테미스토클레스에게 모든 것을 상담했고 테미스토클레스는 적절하다고 생각하는 해결책을 내놓거나 충고와 조언을 했다고 전한다.

수사에 있는 페르시아 궁정에서는 테미스토클레스를 '왕에게 가장 영향력 있는 그리스인'이라고 부를 정도였다. 페르시아 왕은 테미스토클레스에게 무엇을 하라는 식의 구체적인 명령을 내린 적이 한 번도 없었다. 젊은 왕은 테미스토클레스가 자기 주위에 있어주기만 하면 충분하다고 생각했을 것이다. 적어도 이 명장이 거느렸던 아테네 해군에 공격당할 걱정은 하지 않아도 되었다.

테미스토클레스에게 마그네시아와 두 지방을 통치하는 것은 식은 죽 먹기였을 것이다. 조직을 정비하고 곳곳에 적절한 인물을 배치하고 중요한 일만 조정하면 되는 일이어서 해군을 움직이게 만드는 것보다 훨씬 쉬웠다. 주민들은 외국인 통치자의 선정에 감격했다. 그가 죽었을 때 마그네시아의 중앙 광장에 화려한 묘비를 세웠을 뿐 아니라 매년 유족들에게 수입의 일부를 보냈다는 사실에서 테미스토클레스는 장관으로서도 유능했음을 알 수 있다.

그러나 언젠가는 페르시아 왕이 테미스토클레스에게 그리스 공격을 위한 총지휘관을 맡아달라고 부탁할지도 모르는 일이었다. 테미스토클레스는 그에 대해 걱정하지 않았을까. 나는 걱정하지 않았을 것으로 생각한다.

페르시아 왕 아르타크세르크세스는 처음에는 할아버지 다리우스가, 두 번째는 아버지 크세르크세스가 그리스를 공격했다가 대패하고 퇴각할 수밖에 없었던 사실을 잘 알고 있었다. 그리스에 손을 댈 때마다 큰 화상을 입은 사실을 잊지 않았다. 그 타격은 그리스 군대와 치른 전투에 의한 병력 손실만으로 끝나지 않았다. 광대한 제국 곳곳에서 반란이 일어났고 할아버지와 아버지 모두 그 반란을 진압하는 데 애를 먹었다. 아버지는 가신에게 암살당했을 정도로, 패배는 왕이 지닌 권위의 추락으로 이어졌다.

그런 아버지를 보며 자란 아르타크세르크세스가 그리스에 손을 대지 않겠다고 결심한 것은 어쩌면 당연한 일이다. 그것이 이치에 맞는다. 테미스토클레스는 사냥을 하면서 가슴에 그런 마음을 품고 있는 젊은 왕을 관찰했고 페르시아와 그리스 사이에 이제 더 이상의 대규모 전쟁은 일어나지 않을 것임을 확신했다고 생각한다.

이 시기 아테네에는 키몬이라는 전투에 능한 사령관이 나타나 페르시아에 상당한 공격을 했지만 이에 대해 페르시아는 대규모 반격을 가하지 않았다. 또한 기원전 449년에 아테네와 페르시아는 강화조약을 맺었다. 아테네 쪽의 책임자 이름을 따서 '칼리아스 강화'라고 부르는데 내용은 상호 불가침조약이었다.

그 10년 전에 테미스토클레스는 이미 세상을 떠났다. 그러나 강화조약에는 기존의 사실을 확인하는 역할도 있었다. 페르시아 쪽에서 이 강화조약을 원한 사람은 46세가 된 아르타크세르크세스였다. 아테네 쪽에서 그것을 실현하기 위해 적극적으로 움직이며 테미스토클레스의 생각을 계승하고 강화해온 사람은 페리클레스로 그 역시 46세였다. 테미스토클레스보다 서른 살 젊은 페르시아인과 아테네인 두 사람이 페르시아와 아테네의 평화를 재확인한 것이다. 어떤 종류의 인간은 육신은 죽어도 이런 방식으로 '살아 있는' 경우가 있다.

기원전 459년, 테미스토클레스는 마그네시아의 자택에서 파란만장한 65년의 생애를 마감했다. 역사가 투키디데스는 페르시아 왕으로부터 아테네를 공격하라는 명령을 받고 스스로 독을 마시고 죽었다는 주장을 배제하고 병에 걸려 죽었다고 분명하게 밝혔다. 나도 그에 동감한다. 다만 단순한 '병사'가 아니라 '컨트리 젠틀맨의 일상에 지쳐서 병사했다'고 생각한다. 쫓기지도 않고 생활비에 제약도 없는 컨트리 젠틀맨의 생활은 5년이나 계속되었다.

마지막으로 역사가 투키디데스가 저서에서 테미스토클레스가 태어난 이후부터 세상을 떠나기 1년 전까지를 다루는 동안 내린 여러 평가를 요약하지 않고 순서에 따라 소개한다.

테미스토클레스의 존재 자체가 감탄할 수밖에 없는 경이로움.

그중에서 특히 필요해지면 반드시 발휘되는 유례를 찾기 힘든 강한 신념.

또한 기회에 따라 나타나는 천재적이라고 말해도 좋은 독창성.

그의 지력이나 기민함은 학문으로 얻은 지식이나 경험으로 얻은 축적에서 자유로웠고, 통찰력이 예리하면서 깊고, 슬쩍 보기만 해도 상황을 완벽하게 파악하고, 교활하다고 할 정도의 방법을 망설임 없이 실행에 옮겨서, 현재만이 아니라 미래를 내다보는 유효한 해결책을 강구할 줄 알았다.

그는 자기가 관여한 경우 실행에 옮기는 행위가 의미하는 것을 정확하게 알고 있었고, 그것을 타인에게 명쾌하게 설명하는 능력도 갖추었다.

그가 관여하지 않았다고 해도 그가 처한 상황에 대한 판단과 그에 대한 대응책들 가운데 잘못된 것이 없었다.

특히 뛰어났던 것은 타인이 상상도 하기 전에 앞으로 일어날 사태의 이익과 불이익 모두를 정확하게 꿰뚫어 보는 선견지명이었다.

그의 통찰력은 현재에 머무르지 않고 먼 미래까지 꿰뚫어 보았다.

테미스토클레스는 천부적인 재능을 타고난 사람이었다.

집중력과 순발력에서 타의 추종을 불허하는 힘을 발휘했고, 장애에 맞닥뜨리면 순식간에 해결책을 찾아내는 재능에서도 진정으로 경이로운 인물이었다.

테미스토클레스는 한 세대 이후의 아테네인에게 이런 평가를 받는다. 그는 화려한 묘를 세워주겠다는 제안을 뿌리치고 영원한 휴식의 땅으로 역시 조국을 선택했다. 그의 유언에 따라 유골은 친구들이 비밀리에 아테네에 갖고 들어가 비밀스럽게 매장했다. 국제 지명수배는 여전히 유효했으므로 도시국가 아테네는 비록 유골이라고 해도 범죄인의 귀국을 허락하지 않았기 때문이다. 물론 아테네 정부는 알고서도 모르는 척했다.

역사가 투키디데스는 테미스토클레스에 대한 평가와 그의 죽음에 대해 서술한 뒤 이와 같은 말로 이 시대를 마무리했다.

"이렇게 해서 스파르타인 파우사니아스도 아테네인 테미스토클레스도 각자 생애를 마감했다. 그러나 두 사람 모두 그들이 활약한 시대에 머무르지 않고 그 후 그리스에 빛나는 영광을 안겨주었다는 점에서 일치했다."

인간이란 위대한 일을 할 수 있는 한편으로 어처구니없이 어리석은 짓을 저지르는 생물이기도 하다. 이렇게 성가신 생물인 인간에게 이성의 눈을 뜨게 하기 위해 태어난 것이 '철학'이다. 반대로 인간의 현명함과 어리석음을 일괄해서 그 모든 것을 써가는 것이 '역사'다.

이 두 가지를 그리스인이 창조했다는 것은 우연이 아니다.

연표

연대(기원전)	그리스 세계	그 밖의 세계
8세기경	그리스 각지에 도시국가(폴리스) 성립. 그리스인의 식민 활동이 활발해짐. 제1차는 이오니아 지방, 남이탈리아, 시칠리아 지방 등지로, 제2차는 북부 그리스, 흑해 남쪽으로 식민 활동을 함. 이 무렵 에게해는 '그리스인의 바다'가 됨. 이 무렵 호메로스의 서사시 『일리아스』 『오디세이아』 성립.	[597, 586년] 바빌로니아 왕 네부카드네자르에 의한 두 차례에 걸친 '바빌론 유수'(두 번째 유수 때 예루살렘 함락).
776년	올림피아의 '성스러운 숲'에서 제1회 고대올림픽 개최.	
8세기 말	이 무렵 스파르타에서 리쿠르고스 '헌법'이 제정되어 신분제도와 정치체제가 정비됨.	
594년	아테네에서 솔론의 개혁이 시작됨(귀족정치에서 민주정치로). 채무에 의한 노예화 금지, 통화 평가절하로 경제 활성화, 재산에 따른 시민의 권리와 의무 제도 확립.	
580년	솔론, 자진 망명을 떠났다가 아테네로 돌아옴. 이 무렵 아테네 시민 간 다툼이 격화됨.	
578년경	솔론, 친족 가운데 한 사람인 페이시스트라토스와 함께 살라미스 섬 영유에 나섬.	

570년	살라미스가 아테네 영토로 귀속됨. 페이시스트라토스는 '살라미스의 영웅'으로 시민의 지지를 얻었지만 한편으로 페이시스트라토스에 반대하는 세력도 강해짐. 페이시스트라토스, '전략적 후퇴'에 따라 북부 그리스로 떠남. 트라키아에서 광산 개척에 착수, 광산업자가 되어 재산을 모음. 인접 지역 마케도니아의 왕, 낙소스 영유를 노리는 리그다미스 등과 친분을 쌓음.	
546년	페이시스트라토스, 쿠데타 일으킴. 군대를 이끌고 마라톤 평원 근처에 상륙. 아테네가 군대를 보냈지만 병사들이 전투에 참가하지 않고 그냥 돌아감. 이에 페이시스트라토스는 아테네로 무혈입성. 페이시스트라토스의 통치와 개혁이 시작됨. '그리스 고전기' 시작. 농지 개혁, 상공업과 해외 교역 장려, 독립 통화인 드라크마 주조 등 정책 실시. 그 외 뛰어난 그림을 새긴 항아리 제조가 성행하고, 호메로스의 『일리아스』『오디세이아』가 정본화됨. 페이시스트라토스의 안정된 통치 아래 강력해진 아테네를 향해 스파르타가 경계심을 강화하고 '펠로폰네소스 동맹'을 결성함.	[539년] 아케메네스왕조 페르시아의 키루스 대왕이 바빌로니아를 정복. 중동 전역이 페르시아 지배 아래 들어감. [538년] 키루스, 유대인의 예루살렘 귀환 허가.
527년	페이시스트라토스 사망(73세). 아들 히피아스와 히파르코스가 뒤를 이음. 이 무렵 망명했던 명문 알크마이온의 영수 클레이스테네스가 아테네로 귀국함.	
525년	클레이스테네스, 아르콘에 선출됨(40세).	페르시아, 이집트 정복.
519년	테베, 인접한 플라타이아이 침공. 플라타이아이는 스파르타에 원조를 요청하고, 스파르타는 아테네가 구원군을 파견해야 한다고 주장. 히피아스, 플라타이아이로 군대 파견. 테베와 첫 전투에서 승리를 거둠. 테베, 영내의 보이오티아 지방 남부를 페이시스트라토스의 후계자 일파와 대립하던 알크마이온 집안에 양도함. 페이시스트라토스의 맹우였던 낙소스의 통치자 리그다미스 사망.	[522년] 페르시아 왕 다리우스 1세 즉위.

514년	이 무렵 클레이스테네스 다시 망명을 떠남. 히파르코스가 살해됨. 클레이스테네스, 전초기지인 보이오티아 지방으로 돌아와 일족을 거느리고 아테네 국경을 향해 진군 시작. 이 무렵 클레이스테네스가 자비로 델포이 신전을 재건해 스파르타의 호감을 삼.	이 무렵 다리우스가 소아시아 서쪽 해안과 가까운 도시 사르디스를 손에 넣음. 수사에서 사르디스까지 '왕의 길' 개통.
511년	클레이스테네스와 스파르타 사이에 공모 관계 성립. 봄에 스파르타 군대가 아티카 지방으로 상륙했지만 테살리아 기병에 패배함.	
510년	스파르타 왕 클레오메네스, 중무장 보병을 거느리고 아테네로 진군해 아테네 군대와 테살리아 기병 격파. 히피아스, 스파르타에 항복하고 북부 그리스로 향함. 페이시스트라토스 체제의 종언.	
508년	클레오메네스 스파르타 왕, 아테네 민주정치 체제에 경계심을 품고 친스파르타 아테네인 이사고라스를 아르콘에 임명, 이사고라스 정권 수립을 목표로 했지만 시민 반대로 좌절. 이사고라스 일파는 체포되어 사형당하고, 클레오메네스 왕도 아테네 진출을 포기. 클레이스테네스 복귀. 치세가 시작되고 개혁에 착수. 일반 시민의 국정 참여를 최초로 인정. 각 지역을 10곳으로 나누고 각각의 행정구역(트리부스)으로 삼아 각 행정구역을 데모스로 통합. 아르콘과 별도로 10인으로 구성된 스트라테고스를 설치하여 군사와 행정 기능을 이관하고, 500인 위원회(불레)를 설치. 또한 국정 최고 결정 기관을 '시민집회'로 함. 도편추방을 제도로 도입.	
494년	그리스 식민지가 많은 이오니아 지방에 위치한 밀레투스가 페르시아 왕 다리우스에게 굴복. 에페수스, 할리카르나소스 등과 함께 페르시아 지배 아래 놓임. 계속해서 에게해의 레스보스, 키오스, 사모스 등 섬도 페	다리우스, '왕의 길'을 에페수스까지 연장하고 이오니아 지방 계속 침공.

	르시아 지배 아래 놓임. 밀레투스가 원군을 요청하지만 스파르타는 거부하고 아테네는 20척의 갤리선을 보내는 데 그침.	
492년	클레이스테네스 사망(73세). 명문 출신으로 트라키아 동부 지방 장관이던 밀티아데스가 페르시아의 침공을 받고 아테네로 귀국.	
491년	밀티아데스, 스트라테고스에 선출됨. 페르시아 군대, 전초기지로 삼은 사모스 섬에서 출발해 서쪽으로 진격 개시. 사르디스의 장관 아르타페르네스가 이끄는 1만 명의 제1군과 페르시아 장군 다티스가 이끄는 1만 5,000명의 제2군이 분리해서 진군. 아테네, 스파르타에 참전을 타진. 플라타이아이가 참전 표명. 페르시아 군대, 낙소스 섬 점령. 가을, 페르시아 군대가 에우보이아 섬의 에레트리아 근처 해변에 상륙. 에레트리아를 점령하고 에우보이아 섬에서 월동.	페르시아, 그리스 본토를 향해 진군 개시.
490년	제1차 페르시아전쟁이 본격적으로 시작됨. 봄, 페르시아 제2군(1만 5,000명)이 마라톤으로 향함. 여름, 양군이 마라톤 평원에서 격돌(마라톤 전투). 지휘관 밀티아데스의 작전이 주효해서 그리스 군대가 대승을 거둠. 스파르타군은 하루 늦게 전쟁터에 도착. 페르시아 제1군은 전쟁터에서 퇴각.	
489년	밀티아데스, 페르시아 지배 아래 있는 파로스 섬을 공략하러 출전. 8월, 파로스 공방전. 밀티아데스 오른쪽 다리에 중상 입음. 가을, 공방전의 결론을 내지 못하고 그리스 군대 철수 개시. 귀환한 밀티아데스, 대립하는 세력에 고발당해 유죄판결을 받은 다음 오른쪽 다리 상처가 도져 사망(61세).	마라톤 전투에서 페르시아가 패하자 페르시아의 지배를 받던 이집트, 바빌로니아를 비롯한 속주에서 반란이 지속적으로 발생.
488년	밀티아데스와 더불어 페르시아에 대해 강경파인 테미스토클레스와 온건파인 아리스티데스, 크산티푸스, 메가클레스, 히파르코스 등의 대립이 심각해짐.	

487년	테미스토클레스, 도편추방으로 히파르코스 추방.	
486년	테미스토클레스, 도편추방으로 메가클레스 추방. 테미스토클레스, 성능을 강화한 군선 건조 진행.	다리우스 사망. 크세르크세스가 페르시아 왕으 로 즉위.
485년	테미스토클레스, 페르시아에 항복한 아이기나에 대항하기 위해 새로운 군선 건조를 제안했지만 페르시아를 자극하지 말자는 온건파에 저지당함.	
484년	테미스토클레스(40세), 도편추방으로 크산티푸스를 추방하고, 뒤이어 482년에는 아리스티데스 추방. 200척이 넘는 신형 군선 건조 진행.	
481년	테미스토클레스, 정치와 군사를 1인의 '스트라테고스 아우토크라토르(최고사령관)'가 담당하게 하고, 다음 해에 최고사령관으로 취임.	크세르크세스가 거느린 페르시 아군이 수사를 출발. 겨울, 사르 디스에 집결.
480년	제2차 페르시아전쟁 발발. 페르시아 군대는 육군 20만 명, 해군 800척. 이에 그리스 군대는 육군 1만 명, 해군 330척이 안 되는 군선으로 맞섬. 봄, 다리우스의 후계자 크세르크세스가 이끄는 페르시아군이 사르디스를 출발해 헬레스폰투스 해협을 건너 그리스로 들어와, 북부 그리스를 남하해 아테네를 향해 진군. 스파르타 왕 레오니다스가 거느린 스파르타 병사 300명을 비롯해 그리스군이 국경지대인 테르모필레 고갯길로 향함. 8월, 페르시아군이 테르모필레에서 그리스군을 공격하며 '테르모필레전투'가 시작됨. 스파르타 중무장 보병의 분투로 페르시아 군대 2만 명이 전사, 퇴각. 아르테미시온 곶 앞바다에서 해전이 벌어짐. 테미스토클레스, 페르시아 배가 만 안으로 들어오는 것을 막아 육군과 합류를 저지. 다음 날, 페르시아군이 테르모필레에서 두 번째 총공격에 나서지만 다시 패퇴. 페르시아 최정예병 '불사부대'도 많은 수가 전사.	

	크세르크세스 왕이 지켜보는 앞에서 18만 명의 페르시아 군이 세 번째 총공격. 맞서 싸운 것은 테베 400명, 테스피 아이 700명, 스파르타 300명의 병사. 페르시아의 총공격에 테베 항복, 테스피아이 병사 괴멸, 마지막으로 남은 300명의 스파르타 병사가 옥쇄하고 테 르모필레진투 종료. 테미스토클레스, 아테네 시내의 주민 전원을 강제 소개 하고, 연합 해군을 이끌고 살라미스 만으로 향해 페르시 아 해군의 총공격에 대비. 크세르크세스, 아무도 없는 아테네에 입성. 거리와 신전 파괴. 9월 23일, 살라미스 만에서 양쪽 해군이 격돌. '살라미 스해전' 시작됨. 페르시아 해군 900척 대 그리스 해군 375척. 테미스토클레스가 이끄는 아테네 해군이 페르시아 해군 의 주력인 페니키아 해군을 살라미스 만 내로 유인해 새 로 건조한 배의 특징을 십분 활용해 승리. 크세르크세스, 육군을 남기고 소아시아의 사르디스로 철수. 그리스군, 이스트미아 회의에서 다음 해 미칼레 곶 공격 결정.	
479년	8월 28일, 그리스 군대가 중부 그리스의 플라타이아이 부근 평원에서 페르시아군 격퇴(플라타이아이전투). 스파 르타의 영웅 레오니다스의 조카 파우사니아스가 활약. 이 무렵 그리스 해군이 미칼레 곶 해전에서 승리. 페르시 아군의 전초기지였던 사모스 섬을 탈환. 11월, 아테네 해군이 헬레스폰투스 해협 서쪽 해안에 있 는 세스토스를 페르시아로부터 탈환. 해협의 배다리를 절단하고 페르시아군의 공격로 차단. 에게해의 섬들과 북부 그리스의 트라키아, 마케도니아, 테살리아가 그리스 쪽으로 돌아섬.	중국에서 공자 사망.
478년	테미스토클레스, 아테네 방어를 위해 아테네와 외항인 피레우스를 잇는 견고한 성벽 건설 착수. 파우사니아스, 페르시아의 지배 아래 있는 키프로스 섬 급습.	

477년	파우사니아스, 비잔티온(현재 이스탄불) 탈환 후 본국으로 소환됨. 독단적인 행동에 대한 경고를 받고 이오니아 지방 북부 콜로나이로 이주. 스파르타는 파우사니아스 대신 다른 장군을 비잔티온으로 보냈지만 통치에 실패. 아테네, 비잔티온을 비롯해 에게해에서 흑해까지 이르는 지방의 요충지 장악. 에게해 안전보장을 위해 아테네 중심의 집단방위 체제인 '델로스동맹' 결성.	
471년	테미스토클레스, 대항마였던 키몬(밀티아데스의 아들)의 주장으로 도편추방됨. 아테네를 떠나 펠로폰네소스 반도 동부 아르고스로 이주. 이 무렵 파우사니아스는 본국으로 다시 소환되어 유죄판결에 따라 체포됨. 도망친 신전에 갇힌 채 굶주림으로 사망 (43세). 그러나 파우사니아스의 유죄판결 근거가 되었던 페르시아 왕에게 보낸 편지는 후대 연구로 위작임이 증명됨. 이 무렵 온건파 아리스티데스가 테미스토클레스에게 본국 소환 명령을 내림. 테미스토클레스는 이를 무시하고 외지 생활을 계속하다 이오니아의 에페수스로 이주.	
466년	테미스토클레스, 페르시아의 새로운 왕 아르타크세르크세스와 만남. 아르타크세르크세스 왕의 배려로 소아시아 서쪽 도시 마그네시아와 두 지방의 장관직을 받고 조언자가 됨.	[465년] 페르시아 왕 크세르크세스 사망. 아들 아르타크세르크세스가 왕으로 즉위.
459년	테미스토클레스, 마그네시아에서 사망(65세). 아테네 역사가 투키디데스는 훗날 "이렇게 해서 스파르타인 파우사니아스도 아테네인 테미스토클레스도 각자 생애를 마감했다. 그러나 두 사람 모두 그들이 활약한 시대에 머무르지 않고 그 후 그리스에 빛나는 영광을 안겨주었다는 점에서 일치했다"라고 기록함.	
449년	**크산티푸스**의 아들로 아테네 지휘관이 된 페리클레스(46세)와 페르시아 왕 아르타크세르크세스(46세) 사이에 아테네·페르시아 강화조약 성립(칼리아스 강화).	

도판 출처

표지 　　　　 테미스토클레스 흉상, 바티칸미술관 소장(바티칸)

18쪽 　　　　 로마국립박물관 소장(로마), ⓒ Alamy Stock Photos

45쪽 오른쪽 　 대영박물관 소장(런던), ⓒ Ancient Art & Architecture Collection Ltd / Alamy Stock Photos

45쪽 왼쪽 　　 루브르박물관 소장(파리), ⓒ Bridgeman Images

58쪽 　　　　 나폴리고고학박물관 소장(나폴리), ⓒ Bridgeman Images

83쪽 　　　　 바티칸미술관 소장(바티칸), ⓒ Bridgeman Images

85쪽 　　　　 저자 소장, 신쵸샤 사진부 촬영

89쪽 　　　　 옥스퍼드대학교 애슈몰린박물관 소장(옥스퍼드), ⓒ Bridgeman Images

91쪽 　　　　 타란트국립고고학박물관 소장(타란트), ⓒ Alamy Stock Photos

122쪽 　　　 미국 오하이오 주 의사당 소장(콜럼버스), ⓒ The Ohio Statehouse

147쪽 　　　 페르시아 병사를 묘사한 릴리프(페르세폴리스), ⓒ Bridgeman Images

149쪽 오른쪽 카피톨리니미술관 소장(로마), ⓒ AKG / PPS통신사

149쪽 왼쪽 　 라벤나국립박물관 소장(라벤나), ⓒ AKG / PPS통신사

174쪽 　　　 크세르크세스를 묘사한 돋을새김 조각(페르세폴리스), ⓒ Heritage Image Partnership Ltd / Alamy Stock Photos

187쪽   하타케야마 모그(畠山モグ) 그림

189쪽   아고라박물관 소장(아테네), ⓒ AKG / PPS통신사

225쪽   레오니다스 상(테르모필레), ⓒ Stephen Frink Collection / Alamy
Stock Photos

238쪽   표지와 동일

410쪽   글립토테크(고전고대조각관) 소장(뮌헨), ⓒ Tarker / Bridgeman
Images

그리스인 이야기 I

| 펴낸날 | 초판 1쇄   2017년 4월 15일 |
| | 초판 14쇄   2024년 1월 3일 |

지은이	시오노 나나미
옮긴이	이경덕
펴낸이	심만수
펴낸곳	(주)살림출판사
출판등록	1989년 11월 1일 제9-210호

주소	경기도 파주시 광인사길 30
전화	031-955-1350 팩스 031-624-1356
홈페이지	http://www.sallimbooks.com
이메일	book@sallimbooks.com

| ISBN | 978-89-522-3614-2   04920 |
| ISBN | 978-89-522-3615-9   04920(세트) |